또 다른
세상의
연가

대한민국 군인, 그 가족들의 이야기

또 다른 세상의 연가 戀歌

대한민국 군인, 그 가족들의 이야기

군인가족 28인 지음
국방일보 엮음

황금나침반

| 차례 |

또 다른 세상의 연가(戀歌)

지난해 봄 국방부의 군사 전문지인 《국방일보》에서는 창간 42주년(11월 16일)을 앞두고, 특별 기획행사를 갖기 위해 취재기자들과 여러 군 관계자들에게 다양한 의견을 물었다. 그렇게 폭넓은 의견 수렴을 거쳐 마련된 것이 제1회 군인가족 생활수기 현상 공모였다. 군인가족들에게 문학적 재능을 마음껏 펼치도록 하고, 자긍심을 높일 수 있는 무대를 만들어 주기 위해서였다.

사실 생활수기 공모는 그동안 타 매체에서도 여러 번 다뤄 본 소재지만, 군인가족을 대상으로 하기는 이번이 처음이다. 그만큼 군과 군대, 그리고 군인가족은 밖의 사회에서 볼 때는 또 다른 세상이었던 것이다. 그러한 또 다른 세상 속의 애환을 끄집어내어, 보다 많은 사람들과 함께 공유하고자 했던 것이 생활수기 공모의 취지였다.

군인가족은 현역 군인과 더불어 우리의 든든한 안보 파수꾼이다. 오늘날 우리 군이 선진강군으로 발돋움할 수 있었던 것도 보이지 않는 군인가족들의 헌신적 희생이 있었기 때문에 가능했다. 그 헌신적 희생을 수기라는 형식의 글을 통해 눈으로 확인하며 가슴으로 느끼고 싶었다. 약 3개월간의 응모기간 속에서 총 152편의 작품이 공모에 참여했다. 당선작 선정을 위해 기획·문화담당 취재기자들이 돌아가면서 꼼꼼히 원고를 읽으며 예심을 했고, 본심은 외부의 전문 문인에게 위촉을 했다.

공모 마감이 끝난 후 심사에 들어가자마자 곧바로 반응이 터져 나왔다. 원고를 읽어 본 기자들의 첫 마디가 "작품 한 편 한 편이 너무 감동적이어서 우열을 가리기 어렵다"는 것이다. 나 또한 원고를 읽자마자 하얗게 밤이 새는 줄 모르고 작품에 빠져들었다. 이러한 감정은 본심 심사위원들도 마찬가지였다. "삶의 애환을 담은 진실이 글 속에 보석처럼 반짝여 어떠한 문학작품에도 결코 뒤지지 않는다"는 평이었다. 일반 출판사에서 출간을 하여 보다 많은 사람들이 읽을 수 있도록 하자는 의견이 나온 것도 이때였다.

그러나 과연 이러한 군인가족 생활수기를 상업적인 시장을 겨냥한 일반 출판사에서 받아 줄지는 솔직히 의문이었다. 그럼에도 불구하고 국내 최고의 단행본 출판사인 민음사출판그룹의 (주)황금나침반에서 흔쾌히 출간에 나서 너무도 기쁘고 감사하는 마음이다.

이 책의 저자이자 주인공은 수기 공모의 입상자인 스물여덟 분의 군인가족이다. 육·해·공군과 해병대 등 각 군의 군인가족이 모두 포함되어 있다. 한 마디로 군을 대표하는 가족이다. 군인가족들의 지난한 삶이 고스란히 녹아 있는 이러한 진솔한 글을 통해 국민들이 우리 군을 다소나마 이해하고 사랑할 수 있는 계기가 되기를 진심으로 바라마지 않는다.

2007년 봄
《국방일보》편집인 이정호

군인가족 수기는 군인이라는 직업을 갖고 있는 사람들, 그 사람들과 더불어 살아가고 있는 가족들의 이야기를 글로 쓴 것이다. 지금까지 군인가족들의 세상 사는 이야기는 단편적이나마 여기저기에 소개된 적이 종종 있었다. 그러나 금번 군인가족 수기 모음집처럼 육·해·공군의 모든 가족들을 대상으로 공모를 하고, 또 시상을 한 후 우수작을 모아 책으로 펴낸 경우는 한 번도 없었다.

이런 맥락에서 70만 국군의 대변지인 《국방일보》가 군인가족 수기 공모를 계획하고, 그 사연들을 세상에 알리고자 사업을 추진한 것은 매우 뜻 깊고 유익한 일임에 틀림이 없다. 동시에 소액이나마 군인가족 수기 공모에 소요되는 예산을 협찬하고 공동으로 참여한 군인공제회로서도 큰 보람과 기쁨이 아닐 수 없다.

사실 일반 사람들 중에는 군인가족이 편하고 화려한 생활을 하는 특수계층 정도로 오해하는 경우가 없지 않다. 그러나 수기 한 편 한 편에서 알 수 있듯이 남편에 대한 헌신적 내조 속에 두 집, 세 집 살림을 하며 자녀들 교육과 어른들을 모시는 삶은 한마디로 전쟁 그 자체다.

따라서 금번에 출간하는 군인가족 수기 모음집이 군인가족들에게는 온갖 어려운 여건에서도 현모양처의 길을 걷은 데 힘이 되고, 국민들에게는 군인가족의 고통과 어려움을 더 깊이 이해하는 계기가 될 것으로 믿는다.

군인가족 수기 공모를 위해 수고해 준 국방일보 기자들과 출판에 협조해 주신 민음사출판그룹 (주)황금나침반 관계자들에게 노고를 치하하며 고마운 인사를 전한다.

2007년 봄
군인공제회 이사장 조영호

1부

군인,
세상에서 가장
아름다운 삶

난 매일 '오늘'을 선물 받는다

참으로 기나긴 여름이었다.

더워도 그렇게 더울 수가 있을까!

그래도 시간과 세월 속엔 어쩔 수 없나 보다. 아침저녁으로 벌써 두꺼운 이불을 턱까지 끌어올리는 걸 보면 말이다.

태풍 '산산'이 온다 하더니 이곳 운천은 무사히 지나가고 오늘 저녁노을은 유난히도 곱다.

서향인 우리 아파트는 저녁노을 보는 재미가 참으로 쏠쏠하다.

나는 이 노을을 바라보는 것으로 하루를 마감하며 항상 감사의 기도를 드린다.

남편은 다른 동기생들보다 늦게 진급했다. 처음엔 다른 사람들은 진급도 잘 하던데, 이 사람은 무엇이 부족해서 진급을 못하나…… 걱

12

정도 하고 실망도 하고 내가 내조를 못한 탓인가 하는 자책도 많이
했다. 그러나 그 생각은 참으로 잘못된 것이라는 걸 알게 되었다. 내
가 말하는 그 늦은 진급도 못 하고 전역하는 동기생들을 볼 때 그이
가 얼마나 훌륭한지, 그리고 감사한지 알았기 때문이다.

진급을 하고 대대장으로 취임하던 날! 그이는 이 세상에서 가장 크
고 의젓해 보였다. 나 또한 나보다 더 행복한 사람이 있을까 하는 생
각이 들었다.

그이는 소신을 갖고 열심히 일하는, 후회 없는 지휘관이 되어 보리
라고 포부를 밝혔다. 나 또한 그이가 훌륭하게 지휘관 역할을 해낼
수 있도록 가족을 돌보고 내조를 잘하리라 다짐했다. 그러나 본의 아
니게 그이가 지휘관이 된 지 6개월 만에 나에게 '유방암'이란 커다
란 병이 찾아왔다. 말로 표현할 수 없는 아찔한 시련이었다.

포천으로 학교를 다니는 큰아이가 고3인 관계로, 나는 매일 새벽
포천까지 아이를 데려다 주었다. 학원을 다니지 않는 관계로 보충수
업인 0교시 수업을 듣게 하기 위해서였다. 그런데 아이를 데려다 주
고 올 때면 유달리 피곤함을 많이 느꼈다. 그래도 그냥 일찍 일어나
서 그러려니 했다. 그러다가 문득 이대로는 안 되겠다 싶어 큰 병원
에서 제대로 된 검사를 받아 봐야겠다는 생각이 들었다. 전에 수술을
받아 본 적이 있는 한양대병원에 찾아갔다. 검사 결과를 전하는 의사
는 매우 어두운 얼굴로 당장 입원을 해야 하며 반드시 보호자를 데려
오라고 했다.

'아, 안 좋은 일이 생겼구나……'라는 생각이 뇌리를 스치는데 몸

시 불안하고 현기증이 나서 쓰러질 뻔했다.

집에 와서 그이에게 자초지종을 얘기했더니 괜찮을 거라고 하면서 '오진일 거야, 오진!'이라고 했다. 그이가 내게 해줄 수 있는 최선의 위로였다. 그런데 입원하고 수술 스케줄을 잡는데 그이는 대대 전차포 사격이 있다면서 병원에 동행할 수 없다고 했다. 병원에 전화를 했다. 남편이 없어도 되냐고 물어보았더니 좀 의아해하면서 친정 부모님과 동행하면 괜찮다고 했다. 그래서 친정어머님과 언니들과 같이 입원 수속을 밟았다.

수술하는 날 아침! 그이는 내게 수술 잘 받으라는 문자 메시지만 달랑 남기고 전차포 사격을 하러 간다고 했다. 본인이 없어도 사격은 잘할 수 있지만 많은 사고 위험이 따르기 때문에 지휘관으로서 반드시 현장 지도를 해야 한다면서 말이다.

그러면서 "당신은 씩씩하니까 잘할 수 있을 거야"라고 했다.

물론 수술은 의사가 할 거고 나 또한 나 자신과의 싸움이지만 내심 서운하기도 했다. 옆 침대 환자는 귓속에 종기 하나 떼어 내도 남편이 와서 수발을 해주는데……. 난 속으로 의사가 오진이라도 한 것이었으면 좋겠다고 생각하며 수술실로 향했다.

"정신 드세요?"

간호사의 말을 듣고 내가 눈을 떴을 때는 여섯 시간이라는 기나긴 시간이 흐른 뒤였고, 가슴엔 숨을 쉬기도 힘들 만큼 압박붕대가 칭칭 감겨 있었다.

순간 난 내가 크게 잘못되었구나 하고 생각했다. 그래도 어쩌랴.

늙으신 엄마 앞에서 울 수가 없었다.

정신이 들고 나니 아이들은 학교에 어찌 갔는지 궁금하고, 웃을 일인지 모르지만 전차포 사격은 잘 끝났을까 하는 생각이 들었다.

그이 또한 두 아이들 학교 보내랴 부대 업무 보랴 정신없는 시간을 보냈다. 교복 입는 아이들 엄마 없는 티 안 나게 한다며 매일 새벽 교복을 다려 입혀 보냈다고 했다. 유달리 밥을 꼬박꼬박 먹고 다니던 아이들이라, 아침에 국까지 끓여서 먹여 보내느라고 다섯 시에 일어나도 바빴다고 했다.

주부습신까지 걸려서 지금까지 연고를 손에 달고 있다. 그리고 큰아이 통학은 대대 간부 한 분께서 조금 일찍 일어나서 갔다 오면 된다고 기꺼이 수고를 해주셨다.

사실 아무리 짧은 거리라 해도 운전은 힘든 것이다. 그리고 아침에 일찍 일어난다는 것도 쉬운 일이 아닌데……. 우리 아이를 위해 그렇게 해주셔서 지금도 얼마나 감사하고 고마운지 모른다. 그 덕분에 우리 아이는 국립 공주대에 입학을 하게 되었고, 장학금을 받으며 열심히 공부하고 있다.

내가 입원해 있는 동안 주임 원사 사모님께서 신경을 많이 써주셔서 병원에 있으면서도 한결 마음 편하게 있을 수 있었다.

내가 항암 치료를 받을 때였다. 아무것도 먹지 못하고 눈꺼풀 뜨는 것조차 무거워 쓰러져 있었는데, 군인가족 중의 한 분께서 비가 억수같이 쏟아지는 날 차도 없이 대중교통을 세 번이나 갈아타고 보온병에 누룽지 죽을 쒀서 가지고 오셨다. 일주일 동안 곡기라곤 입에 대지 못했는데 신기하게도 그 누룽지 죽이 속을 가라앉혀 주었다. 그 죽을 먹고 나서 회복도 빨라지고 밥도 먹을 수 있게 되었다. 난 그 가족이야말로 내 생명의 은인이라고 생각하고 있다.

입원과 퇴원을 반복하며 병마와 싸우고 또 싸웠다.

면역성이 없으니 각별히 주의하라고 했는데 덜컥 감기에 걸려 폐렴이 되고 말았다. 숨도 쉴 수 없는 고열로 쓰러졌을 때도 그이는 보고가 안 되서 병원까지 갈 수 없다고 했다. 마침 외박을 받고 집에 계시던 주임 원사님께서 나를 데리고 병원 응급실로 가주셨다. 낼모레면 육십을 바라보는 주임 원사님은 4층에서부터 날 업고 내려가셨다. 그래도 힘든 내색 한 번 안 하시고 병원까지 가셨다. 가는 내내 사모님께서는 내 손을 놓지 않고 힘을 실어 주며 용기를 주셨다. 그 손길이야말로 무엇으로 다 표현이 될까?

응급실에서 힘들겠다는 의사 말이 희미하게 들렸다. 보호자만 찾았다. 나는 정신을 추스르고 왜 저리 보호자를 찾을까 생각하며 정신을 놓았다 잡기를 반복했다.

간밤에 한숨도 못 자고 온 탓도 있겠지만, 산소 호흡기를 꽂고 링거를 맞으니 웬 놈의 잠이 그리도 쏟아지는지……. 그런데 자꾸 못 자게 깨웠다.

"할머니 눈 뜨세요……. 눈 뜨셔야 합니다."

'저놈의 의사가 날 보고 할머니라네…….'

기가 막혔다.

맞다, 난 할머니다. 항암 주사로 머리는 다 빠지고 약물 때문에 얼굴은 물론 혓바닥까지 새까맣게 변해 버린 터였다. 그러니 '할머니 맞다, 맞아. 후후…… 저 의사가 날 정확하게 본 거야' 하며 난 다시 한 번 흐릿해지는 정신을 부여잡았다.

그이는 내가 중환자실에서 이틀을 보낸 후에야 병원으로 왔다.

숨이 차서 대답도 못 하는 내게 와서는 "뭐 별것도 아닌데 오라 가라야. 쓰라는 것이 있어 몇 장 적어 줬어. 걱정 마……." 이러는 거였다.

나중에 알게 된 일이지만 앞으로 삼 일을 보자 했단다. 그러는 순간 당신 죽는구나 싶어 무서워서 혼났단다. 사실 사람이 죽는 것은 쉬운 일이 아니다. 내가 암에 걸려 수술했다고 했을 때도 많은 사람들이 "어머, 그이 죽나 봐……" 했다 한다. 폐렴에 걸렸을 때엔 나 자신부터 '나, 이제 죽는구나' 했다. 그렇지만 생명이 얼마나 소중하고 값진 것인지, 그리 쉽게 죽지는 않는 것 같다. 그래서 조금 힘들다고 자살하고 생명을 소홀히 하는 이야기를 들을라치면 참으로 어리석은 행위라고 생각한다.

난 병원에 누워서도 감사했다. 죽음이 결코 두렵진 않았다. '조금 더 빨리 극락으로 가는 건데 뭐……' 라는 생각에 담담했다.

코흘리개, 제 앞가림도 못 하는 아이를 두고 죽는 엄마들도 많은데, 난 그래도 아이들 다 키워 놨고 든든한 남편도 있으니 걱정이 안 됐다. 비록 토하고 못 먹을지라도 화상 입고 꼼짝 못 하는 환자들에 비하면 아픈 것도 아니라는 생각이 들었다.

병원비도 제법 많이 들어갔지만 든든한 남편이 있어 큰 걱정 없이 치료를 받을 수 있어 늘 감사했다.

우리 가정에 이런 아픔이 올라치면 그래도 내가 아픈 것이 낫다고 생각했다. 남편이 아프면 더 큰일이 아니겠는가……. 아이들이 아프면 그것 또한 가슴 아파 어찌 보겠는가…….

친정어머님껜 너무나 큰 불효를 했다. 어머니께서는 누군 아프고 싶어 아프냐며 걱정 말고 빨리 쾌차하는 데만 신경 쓰라고 나를 다독이셨다. 병원 쪽마루에 누워 새우잠을 주무시는 엄마 모습에 내가 우리 엄마를 십 년은 더 늙게 만든 것 같아 정말 죄송했다.

내가 내 딸 아프면 못 보듯이 우리 엄마도 나 아픈 것이 얼마나 마음 아프셨을까 생각하니 가슴이 저려 왔다.

지휘관으로 취임하던 날! 온 세상을 다 얻었고 이제 멋진 지휘관으로 남으리라고 했던 그이는 내가 병마와 싸우느라 병원에 있는 내내 집안 살림하랴, 아이들 학교 보내랴, 부대 업무 보랴, 정신없는 시간을 보내며 대대장 생활을 마친 것 같다. 그래서 지금도 그이에게 미안한 마음이 많이 든다.

그래도 이임식 날은 그이의 노고에 답례라도 하듯 첫눈이 펑펑 내렸다.

난 요즘 한 달에 두세 번씩 병원을 오간다. 5년이 지나면 완치 판정을 준다 한다. 이제 2년 정도 지났지만 열심히 약 먹고 밥도 많이 먹고 운동도 열심히 한다. 그러면서 좀 더 살아야겠다는 생각을 한다. 보답해야 할 분들이 너무나 많기 때문이다.

"육군5사단 전차대대 모든 간부님들! 제가 아픈 동안 더욱더 부대일 열심히 하셨다지요? 대대장님, 지금도 힘드신데 우리라도 열심히 해서 그분의 짐을 덜어 드리자고 하셨다고 들었습니다."

그분들에게 고개 숙여 감사한 마음 전해본다.

요즘 그이는 퇴근을 하면 내게 꼭 삼배(절을 세 번 함)를 한다.

"여보, 살아 있어 줘서 고마워요. 당신 꼭 쾌차할 겁니다"라고 하면 서…….

나 또한 그이에게 삼배를 한다.

"당신이야말로 진정한 나의 우산이며 훌륭한 군인이라고……. 그래서 당신 그늘 밑에서 내가 웃을 수 있고 건강해질 수 있는 것이라고요"라고…….

어느 큰스님 법문 중에 난 매일 '오늘'이라는 선물을 받는다는 말이 있다. 그렇다. 난 큰 선물을 받았다. 그것도 매일매일 받고 있다. 바로 '오늘'을…….

오늘도 저녁노을이 참으로 곱다. 어느 화가가 매일매일 저렇게 아름다운 액자를 창틀에 걸어 주고 간다. 정말 감사하고 또 감사하다.

오늘 내가 숨쉬고 먹을 수 있고 볼 수 있고…… 옆에 든든한 남편이 있고 공부 잘하는 아이들이 둘이나 있어서 너무 행복하다.

여보!

당신, 정말 사랑합니다! 꼭 건강 되찾을게요, 자…… 약속!

전선화
육군본부 이영석 중령 가족

시간이 참 빠르다. 유방암 수술을 한 지도 벌써 3년이 되어 간다. 정기적인 검사를 위해 3일 동안 입원을 해서 검사를 받고 엊그제 이상 없다는 결과까지 통보받고 나니 너무나 모든 것에 감사하고 더 열심히 생활해야겠다는 생각이 든다. 항상 미안해 하는 남편과 하루도 빠짐없이 기도해 주시는 혜선 스님께 정말 감사하다. 남편이 이곳 계룡대로 오는 바람에 내가 서울로 병원 가는 일이 조금 힘들고 피곤해졌다. 그래도 5년이 지나 완치 판정을 받을 때까지 더욱 조심하고 약도 잘 먹으리라 다짐한다.

군인의 아내로 살면서도 막상 아들의 입영통지서를 받고는 많은 생각이 교차했다. 그러나 나는 아들이 너무나도 자랑스럽다고 오버까지 해가며 축하해 주었다.

아들! 넌 이제 증명된 거야. KS제품임을 말이야.

받아 놓은 날은 빨리도 온다더니 입영이 벌써 2주 후로 다가왔다. 기념으로 가족사진도 찍었다. 머리 깎고 찍으려 했는데 고3인 동생이 학교 기숙사에 가야 해서 그냥 찍었다. 사실 아직도 어리기만 한 것 같은 아들! 병영생활을 잘할 수 있을까 걱정이 되는 것도 사실이다.

군생활을 멋지게 잘할 수 있도록 남은 며칠 잘 지도해 주려 한다.

사랑하는 아들아! 조국과 부모님을 사랑하고 지휘관과 선배님께 충성하고 동료들을 배려하고 후배에게 솔선수범하면 넌 반드시 성공적으로 군생활을 마칠 수 있을 거야. 그리하여 이 나라에 꼭 필요한 사람으로 남을 수 있는 거란다. 엄마 아빠 걱정 말고 잘 다녀올 수 있지? 엄마는 아들을 믿는다.

남편 : 이영석 중령(육군본부 전력기획참모부 기갑전력소요장교)

부인 : 전선화

아들 : 이으뜸(국립공주대 2년 이수, 군입대 앞두고 있음)

딸 : 이버금(전곡고등학교 3년 재학중)

푸른 제복의 아내 되는 자리

2005년 8월, 남편의 대대장 이임식 날.

"오늘 이렇게⋯⋯."

남편의 이임사를 들으며 눈시울이 뜨거워진다.

그동안 군인가족으로 지내면서 어려웠던 일이며, 전방에서의 힘들었던 순간들이 주마등처럼 스쳐 간다.

남편을 처음 만난 것은 1988년 5월 8일 과천에 있는 육군수도방위사령부 공병대대 면회소였다. 대학 친구의 남자친구 심부름으로 친구는 남편을 만나러 갔었고, 나는 혼자 가기 어색하다는 친구를 따라갔던 것인데 그곳에서 내 일생을 함께할 반려자를 만나게 되었다.

처음 본 남편은 호리호리한 몸매에 군복이 잘 어울리는 핸섬한 남자였다. 딸 부잣집의 맏딸인 나는 그때 군인을 처음 보았고, 남자답고 매너 좋은 그의 모습에 끌려 사랑하게 되었다.

처음 데이트 때 우리는 서울 동작동에 있는 국립묘지를 갔다.

사당동에 있는 여고를 다녔던 나는 자주 국립묘지에 가서 풀 뽑기 등을 했었기 때문에 그곳이 낯설지 않았다. 어색하게 앞서 걷던 그가 어느 이름 없는 묘지 앞에 가서 허리를 굽히고는 "나도 나중에 이렇게 이 나라의 군인으로 이곳에 묻히고 싶어요"라고 말했다. 그 목소리가 어찌나 비장했던지 아직도 기억이 선명하다. 나는 그런 그가 어색하고 낯설어서 멀리 떨어져 걸었었다.

지금 와서 왜 하필 국립묘지를 가게 되었을까 하고 생각해 보면, 애초부터 나는 군인의 아내가 될 운명이 아니었을까 하는 생각이 든다.

1989년 6월 11일, 우리는 일 년 만에 결혼을 하였다.

아무것도 모르는 새댁은 과천에서 멀지 않은 의왕시에서 신혼살림을 시작했다. 남편은 과천으로 출근을 하고……. 우리는 여느 신혼부부와 다름없이 살았고, 큰아이가 태어나 5개월이 되도록 그곳에서 계속 살았다.

1990년 겨울, 남편은 김해 공병학교로 떠나게 되었다. 아파트가 나지 않아 남편이 먼저 떠난 후 나 혼자 한 달 늦게 이사를 하였는데, 들어가기로 했던 아파트에 이미 다른 사람이 들어가서 우리는 공병학교 경로당에서 짐도 풀지 못한 채 한 달을 살아야 했다. 가스렌지 하나 놓고 아이 기저귀는 싱크대에서 빨아야 하는…… 본격적인 군인가족의 생활이 시작된 것이다.

월요일 아침 10시면 통로 청소를 했는데, 군인가족과 처음으로 아파트에 살아 본 나는 시간을 알지 못해 통로 식구들의 눈총을 받기도 했다. 하지만 "군인가족은 어디서건 잘 적응하고 씩씩해야 해"라는 남편 말대로 낯선 도시, 낯선 아파트, 낯선 사람들 속에서 씩씩하게 적응해 나가기 시작했다.

새벽까지 공부를 해야 하는 남편 때문에 아이가 울면 들쳐 업고 밖으로 나와야 했고, 토요일 새벽마다 아파트 앞에서 "기상— 기상—"을 외치던 장교님의 호령에 벌떡 일어나 남편을 깨워 새벽 청소를 보내곤 하였다. 처음 해보는 공동생활에 당황하고 힘들어하기도 했지만, 군인가족들과의 생활에 점점 익숙해지던 시기였다.

7개월의 OAC(고등군사반) 생활이 끝나고 우리는 춘천으로 이동 명령을 받았고, 그곳에서도 집이 없어 6개월을 월세로 살다 효자동 군인 아파트로 들어갔다. 그곳에서 나는 둘째 딸아이를 낳았다. 아이가 둘이 되니 생활은 점점 힘들어지기 시작하였다. 공병인 남편은 주말도 없이 공사장으로 뛰어다녔고, 잦은 훈련으로 안 들어오는 날이 많아서 나는 하루 종일 아이들에게 시달려야 했다.

문득문득 타향살이의 외로움에 지쳐 친정이 있는 서울로 훌쩍 떠나고 싶었다. 그래서 두 아이를 끌어안고 춘천역으로 내달리곤 하였다. 하지만 막상 친정에 가면 혼자 있을 남편 생각에 하루도 못 있고 내려오곤 하였다.

그 시절 내 소박한 바람은 남편이 아이들과 하루 종일 놀아 줬으면 하는 것뿐이었다.

1993년 2월 1차 중대장 생활이 끝나자 다시 눈 내리는 겨울, 눈을 맞으며 남편도 없이 또 이삿짐을 끌고 가도 가도 끝이 없을 것 같은 고개를 넘고 넘어 '이제 가면 언제 오나, 원통해서 못살겠네' 하는 인제 원통, 그보다 더 들어간 천도리 독립 중대장으로 가게 되었다.

처음에 경로당에서 한 달을 살았던 게 징크스가 되었던지 이번에도 집이 없어 우리는 부대 앞에 월세를 얻어 생활하게 되었다.

처음 이삿짐을 끌고 그곳에 갔을 때의 기막힘이라니…….

남편이 구해 놓은 집은 대문도 없고, 화장실은 다 쓰러져 가는 재래식에, 목욕탕도 없었다. 마루는 불도 들어오지 않아 냉골인 그런 집이었다. 그 집을 보고 나는 짐도 풀기 전에 쭈그려 앉아 울었다.

그런 나를 남편은 위로하려다가 그저 내 앞에 멍하니 서 있었던 것 같다.

그래도 사람 사는 곳이라 나는 나름대로 적응해 나갔다.

도시에서만 살던 나에게 가장 힘들었던 건 화장실과 목욕탕 문제였다. 합판으로 얼기설기 엮은 화장실은 밖에서도 안이 보였기 때문에, 화장실 앞에서 먼저 헛기침을 해 안에 사람이 있으면 멀리 떨어져 있어야 했다. 또한 겨울에는 안으로 눈발이 들이쳐 눈을 맞으며 일을 보아야 했다.

강원도 산골이라 그런지 어찌나 춥던지…… 온몸이 얼어 화장실 가는 일이 여간 큰일이 아니었다. 집에 목욕탕이 없으니 목욕을 하려면 천도리로 나가야 했다. 물론 군인가족을 위한 목욕탕이 있었지만 월·수·금은 남자, 화·목·토는 여자들이 사용할 수 있는 터라 그도 여의치 않았다.

아이들이 아프기라도 하면 동네 약국이나 보건소에서 치료를 받았지만, 특별히 눈병이라도 나면 할 수 없이 버스를 타고 원통으로 나와 다시 안과가 있는 속초로 나가야 했다.

무엇보다 힘들었던 것은 명절마다 아이 둘을 데리고 서울 시댁에 가야 할 때였다. 맏며느리였던 나는 남편 없이 혼자서 아이 둘과 멀미나는 강원도 길을 견뎌야 했다. 눈이라도 오게 되면 7시간이나 걸리는 여행이었다.

명절마다 늘 혼자 지내는 남편 생각에 친정엔 인사만 드리고 집으로 오기 바빴지만, 군인의 아내로서 그건 당연한 일이었다.

그곳에서의 낙이라면 일요일에 아이들, 남편과 함께 원통에 나가 법당에 가는 것뿐이었다. 어쩌다 원통 터미널 앞에 있는 낡은 레스토랑에서 아이들과 외식이라도 하는 날이면 마냥 행복했다. 나는 지금도 가끔 남편에게 이야기한다. 천도리에서 살았던 시절이 있어 지금은 어디를 가든 잘 적응하고 살 자신이 있다고……. 그럴 때마다 남편은 소리없이 빙그레 웃기만 한다. 미안한 낯빛으로…….

그래도 지금 생각해 보면 즐거웠던 기억도 많다.

집 앞마당에 생전 처음 농사랍시고 고추, 호박, 상추, 옥수수, 토마토 등을 길러 먹었다. 중대에 회식이 있는 날엔 고추며 상추를 따다 주기도 했고, 제대하는 아저씨들을 불러 고추, 상추에 삼겹살 파티를 하기도 했다.

달 밝은 밤이면 마루에 나와 담벼락에 하얗게 핀 박꽃을 보다 잠들기도 했고, 남편이 유리병에 넣어 온 개똥벌레를 보며 아이들과 신기해하기도 했다.

겨울이면 여름내 고추 지지대로 쓰였던 나뭇가지들을 모아다가 불을 피워 고구마나 감자를 구워 먹기도 했다.

그 겨울밤의 교교한 달빛, 반짝반짝 빛나던 오리온자리란…….

2차 중대장 생활이 끝나고 우리는 원통에 있는 대대로 들어가게 되었다. 힘든 독립중대 생활이었지만 남편에게는 정이 많이 들었던지 매우 섭섭해했다. 하지만 나는 눈이라도 오면 길이 막히는 천도리에서 원통으로 나오게 되어 너무 좋았다.

관사도 깨끗하고, 화장실도 집 안에 있고, 무엇보다 대대 가족들과 함께 생활하게 되어 외롭지 않았다. 점심때면 같이 모여 점심도 먹고, 원통 5일장에도 같이 가고, 서로 아이도 돌봐 주면서 관사 가족끼리 정이 들었다.

어쩌다 서울에서 친정 엄마가 내려오시면 이렇게 말씀하시곤 했다.

"이렇게 떨어져 있으니 이웃사촌이 네 형제려니 생각하고 살아라. 네가 아파도 죽이라도 끓여 줄 분은 가까이 있는 사모님들뿐이니 서로 잘 지내라."

맞는 말씀이셨다. 그곳에서 나는 군인가족 간의 끈끈한 정을 느끼며 살았다. 남편은 대대에서도 여전히 바쁘기만 해서 관사 가족끼리 똘똘 뭉쳐 살았다. 새댁들이 임신을 하면 사모님들이 함께 병원에 가 주었고, 아이들과 힘들다고 대대장 사모님이 관사 가족들을 데리고 나가 맛있는 것도 사 주시고 바람도 쐬어 주시곤 하였다.

사모님들은 전방 생활에서의 고단함을 이해해 주는 상담자 역할도 해주셨고, 아이들을 키우는 선배로서의 조언자 역할도 했다.

　지금도 생각하면 너무 감사할 뿐이다.

　남편은 여전히 바빴지만 우리 세 식구는 그런대로 잘 적응해 나가며 즐겁게 지내고 있었다. 1996년 9월 17일 새벽 4시쯤 부대 전화가 걸려오기 전까지는…….

　군인의 아내인지라 일반 전화보다 부대 전화가 울리면 나도 모르게 긴장을 한다. 특히나 새벽에 벨이 울릴 때엔…….

　그날도 나는 새벽에 울리는 불길한 벨소리에 잠이 깼다. 남편은 무거운 목소리로 전화를 끊고 나서 찬찬히 내 얼굴을 바라보더니 "비상사태야. 곧 다녀올게, 집에 있어" 하고 말했다. 그러고는 어둠 속으로 저벅저벅 걸어 나갔다. 나는 처음 보는 남편의 비장한 모습에 아침이 될 때까지 안절부절못하고 깨어 있었다.

　아침이 되어 TV를 켜자 강릉에 잠수함이 침투해 '비상사태'라고 했다. 전방 지역은 경계를 강화하였고, 무장 간첩들이 침투한 강원도 지역은 전시 태세로 돌입하였다는 소식이 전해졌다.

　우리가 살고 있던 원통 지역도 간첩 예상 도주로에 포함되어 있어서, 도로마다 군인들이 지키고 있었고 실탄이 지급되었다. 하루 종일 지붕 위로는 헬리콥터가 윙윙거렸고 남편은 집에 들어오지 않았다. 전방 지역에서 아군들끼리 오발 사고가 빈번하다는 얘기들이 돌았고, 관사 가족들은 낮에 잠깐 식료품을 사러 나갔다 오는 일 외엔 집에서 꼼짝도 하지 않았다.

그렇게 마음을 졸이며 지내던 60여 일이 지나고, 우리 집에서 멀지 않은 용대리에서 간첩들이 잡혔다. 하지만 그 긴박한 총격전 속에서 우리 측의 소중한 목숨들을 잃은 뒤였다.

용대리에 살던 동기생……. 그는 초등생 아들 둘과 아내를 두고 작전 중 적탄에 목숨을 잃었다. 어떻게 남의 일이라고만 할 수 있을까? 우리 가족들은 모두 자기 일처럼 슬퍼하고 안타까워했다.

2002년 6월 6일 대전 현충원에서 그 동기생 가족을 만난 적이 있다. 그때 초등학생이던 아이들은 어느새 청년으로 자라 있었다. 함께 간 동기생들은 모두 아무 말도 할 수 없었다.

한 번씩 아이들 어깨를 다독여주고 동기생 묘에 참배를 하고 내려왔다. 모두들 같은 마음이었으리라. 우리만 살아서 미안하다고…….

1997년 10월 육군대학교육을 받으러 우리는 대전으로 갔다. 아이들의 유년이 살아 숨쉬던 원통을 떠나려니 아이들이 더 섭섭해했다. "엄마 우리 언제 다시 원통에 와?" 하면서…….

1998년 5월 대전에서 6개월의 교육을 마치고 우리는 전남 장성으로 갔다. 아파트도 깨끗했고, 무엇보다 군인가족들이 모여 살다 보니 외롭지 않아 좋았다. 아이들 교육 환경도 좋았고, 주말마다 아이들과 함께 주변 산으로 등산을 갈 수 있어서 좋았다.

강원도에서는 산이 험하기도 하지만 지뢰가 있을지 몰라 산에는 가지 못했는데, 이곳은 산세도 험하지 않아 아이들과 오르기도 좋았다. 또한 가까운 곳에 바다도 있어서 처음으로 남편과 함께 여름휴가를 보낼 수 있는 가장 행복했던 때가 아니었나 싶다.

2002년 1월 우리는 육군본부로 이동 명령을 받았고, 15개월 후인 2003년 4월 2일 이곳 포천 6공병여단 126야전공병대대에서 대대장 취임을 하였다. 멋지게 지휘관을 하리라 벼르던 남편은 힘든 일 속에서도 늘 웃음을 잃지 않았고, 관운이 있었던지 무사히 2년 5개월의 대대장 직을 마치게 되었다.

"……끝으로 남편과 부대를 위해 기도로써 내조를 해준 나의 아내 신현미 씨에게도 감사를 드립니다."

대대 간부들 이름을 하나하나 열거해 가며 목이 메었는지 잠시 끊어 읽던 남편이 마지막으로 내 이름을 부르며 감사한 마음을 드린단다. 갑자기 목이 메고 코끝이 찡해 왔다.

처음 만나던 날 군복을 입고 있던 그와, 지금 머리가 하얗게 세어 버린 그의 모습이 오버랩되며 미소 짓는다.

군인의 아내로서 열여덟 번 이삿짐을 풀었다 쌌다 하면서 동서남북으로 이사를 다녔고, 여러 가지 힘든 일도 있었지만, 난 군인의 아내 되는 이 자리가 좋다.

군인의 길을 천직으로 여기며 나라의 안보를 책임지는 푸른 제복의 명예를 소중하게 여기는 남편의 아내 됨을 감사한다.

아마 다음 생에서 남편을 만난다면 다시 그 푸른 제복의 남편을 사랑하게 될 것이다.

신현미
합참 전략기획본부 류용조 중령 가족

"여보 축하해. 당신 이름이 《국방일보》에 실렸네."

남편과 처음 떨어져 우리도 주말부부의 이름으로 살게 되면서 아는 사람 하나 없는 타향에서 느끼는 낯설음과 외로움에 익숙해질 무렵 들려온 당선 소식. 남편은 다시금 우리의 지난날을 추억하는 좋은 기회가 되었다며 고맙고 또 미안하단다.

생각해 보니 두 아이를 낳을 때도 혼자 병원에 가서 낳았고, 열여덟 번 이삿짐을 싸고 풀 때도 남편은 전출 부대에 먼저 가 있었기 때문에 나 혼자 이사를 할 때가 많았다. 이제 와보니 그런 것들이 하나하나 미안하단다. 난 점점 잊혀지는데 남편은 더 생생해지나 보다.

지금도 아이들은 강원도 시절을 가장 그리워 한다. 옆에서 신문을 다 읽고 난 아들이 아빠를 더 이해하고 존경하게 되었다며 어른스런 말을 한다. 이보다 더 나를 행복하게 하는 말이 있을까?

군인의 아내는 반군인이라 한다. 그만큼 남편의 일을 더 잘 이해할 수 있는 환경에 있기 때문일 것이다. 그래선지 군인 가족들은 남편이 늦게 들어온다거나 집을 비우는 일로 부부싸움을 하는 일이 없다. 군인으로서 마땅히 해야 할 임무 때문임을 알기 때문이다.

주변의 군인가족들을 보면 대부분 씩씩하고 아이도 잘 키우는 훌륭한 엄마들이다. 이런 아내들이 있기에 막중한 국방의 임무를 지고 있는 남편들의 어깨에 힘이 실리고 기운이 나는 것이 아닐까 생각한다.

이 땅의 모든 군인가족들에게 파이팅을 외치며 부족한 이 글을 마무리하고자 한다.

남편 : 류용조 중령(합참 전략기획본부)
부인 : 신현미
아들 : 류준기(포천 동남고등학교 2년 재학 중)
딸 : 류정은(포천 동남고등학교 1년 재학 중)

나의 딸아, 사랑한다!

이젠 아침에 일어나 하늘을 먼저 바라보는 것이 습관이 되었습니다. 대부분의 사람들은 하루의 날씨를 알기 위해 아침에 일어나 뉴스나 신문을 볼 것입니다. 하지만 단지 하루의 날씨를 확인하고 나서 우산을 준비하거나 세차를 하고 빨래를 널기 위해 하늘을 보는 것만은 아닙니다. 구름이 있는지 없는지, 날씨가 흐릴 것인지 비가 올 것인지……. 한 번 보고 나서도 또다시 고개를 들어 자꾸만 바라보게 되는 것이 하늘입니다.

날씨가 화창하면 화창한 대로, 비가 내리면 비가 내리는 대로, 뿌옇게 흐리면 흐린 대로, 마음 한구석에 기쁨과 염려가 동시에 자리 잡게 됩니다. 왜냐하면 사랑하는 나의 딸의 안전 비행이 늘 염려되기 때문입니다. 딸이 있는 곳과 우리 집은 멀리 떨어져서 날씨가 다를 수 있음에도 불구하고, 나는 마냥 우리 창문에서 바라보는 하늘이 전부인 듯 생각하게 된답니다. 비 오는 날엔 '비행이 없겠구나!' 하면서 안심하지만, 날씨가 흐리면 혹시 비행하는 데 어려움이 있진 않을까 하는 생각이 먼저 듭니다.

우리 막내딸은 어느덧 20대 아가씨들이 입는 알록달록한 원피스나 짧은 미니스커트보다 조종복이 더 잘 어울리는 의젓하고 늠름한 직업군인이 되어 있습니다. 6년 전 1월 설 연휴가 지나고 나는 딸아이를, 눈이 휘날리는 날 아침 매서운 추위 속에서 공군사관학교 가입교 훈련에 들여보냈습니다. 딸아이를 데려다 주고 집에 돌아오면서 눈물을 흘린 것이 엊그제 같은데, 이젠 벌써 어엿한 중위가 되어 있답니다.

어려서부터 파일럿이 되겠다며 책상 위에 항공기 조종석 사진을 끼워 놓았던 모습이 문득 떠오릅니다. 내 딸아이가 조종사가 된다는 생각은 해본 적이 없기 때문에 '저러다 말겠지!' 했었습니다. 늘 내 맘속에는 초등학교 교사가 되어 주었으면 하는 바람이 자리 잡고 있었기 때문입니다. 그런데 고3 여름방학이 지나고 나서 딸아이는 공군사관학교에 원서를 넣겠다며 여러 가지 서류 준비를 하기 시작하였습니다.

'미련이 남을 수 있으니까 원서라도 넣어 봐라'라는 생각으로 나는 딸아이의 서류 준비를 지켜보았습니다. 1차에 합격하고, 2차 체력장 및 신체검사를 하러 공군사관학교에 간다는 딸아이를 현관문 앞에서 배웅하였습니다. 혼자 보내기 안쓰러웠으나, 직장에 나가고 있는 나로서는 어쩔 수가 없었습니다.

평소 달리기를 잘한다거나 운동에 탁월한 재능이 있거나 운동을 좋아하는 딸아이가 아니었기에, 체력장에서는 어렵지 않을까 하는 생각을 하였습니다.

하지만 우리 막내딸은 결코 쉽게 포기하지 않는 인내심을 갖고 있었습니다. 결국 합격 통지서를 받았던 것입니다.

사람이 태어나서 가장 아름다운 삶을 살아가는 길은, 자기가 할 수 있는 분야에서 최선의 노력을 다할 때라고 생각합니다. 그러기에 기회가 주어졌을 때 가장 아름답고 멋진 꿈을 펼쳐 보라고, 나는 딸아이의 합격 통지서를 받고 함께 기뻐해 주었습니다.

그해는 유난히 눈이 많이 오던 겨울이었는데, 그날따라 눈발이 휘날리는 날 아침 가입교 훈련에 들어가는 딸아이를 나는 묵묵히 지켜보았습니다. 딸아이가 가입교에 들어가기 일주일 전부터, 왠지 일이 손에 잡히지 않고 마음도 너무 어수선하였습니다. 이 추운 날 밖에서 하루 종일 훈련을 받으리라 생각하니, 어느 딸 가진 부모가 다리 뻗고 잠을 청할 수 있겠습니까?

딸이 4주간의 가입교 훈련을 받는 동안, 난 새벽마다 기도를 할 수밖에 없었습니다. 그런데 너무나 다행히도, 가입교 훈련이 시작된 지 두 주가 흐르고 딸아이의 편지를 받아 볼 수 있었습니다. 편지를 읽는 순간 눈물이 앞을 가렸습니다.

'—하십시오!'라는 군인들이 사용하는 문장과 용어들을 읽어 가며, 아직 한 달도 지나지 않았는데 '이렇게 성숙해질 수 있구나! 군인의 모습으로 자리 잡아 가는구나!' 놀라웠습니다. 그동안 '내 품안에서 마냥 어리광만 피우는 막내딸인 줄 알았는데, 이젠 다 컸구나!' 하는 생각이 들었습니다. 걱정하지 말라는 글귀와 함께 하루하루가 너무도 빨리 간다는 등 그곳 생활이 너무 재미있다는 것이었습니다. 엄마의 걱정과는 달리 딸아이는 그곳 생활을 너무 흥미로워 했던 것입니다.

가입교 훈련이 끝나고, 2월 중순이 지나자 입교식을 한다며 학교에서 초청장이 도착했습니다. 한 달 내내 보고팠고 걱정도 되었던 막내딸을 만난다는 기쁨에 초청장을 받은 후부터 설레는 마음으로 잠을 이루지 못했습니다. 며칠 전부터 음식과 과자 등을 준비하느라 분주했고, 딸아이가 어떻게 변해 있을지 너무도 궁금하였습니다. 지구 끝이라도 달려가서 딸아이가 먹고 싶어 하는 음식은 그 어떤 음식이라도 모두 구해다 먹이고 싶은 심정이었습니다.

입교식 날도 역시 아침부터 눈발이 휘날렸고, 운동장에서 생도들의 행진을 지켜보는 순간 가슴이 뭉클해졌습니다. 모든 생도가 같은 예복에 모자, 같은 걸음걸이와 주먹을 꼭 쥔 손……. 입교하는 200여 명의 생도들 틈에서 나와 내 남편은 딸아이를 찾으려고 정신이 없었습니다. 하지만 부모이기에 200미터 떨어진 곳에서도 바로 내 딸을 찾아 낼 수 있었습니다.

딸아이는 키가 커서 행렬 뒤쪽에 있었습니다. 예복을 입고 사관학교 운동장에서 행진하는 모습을 바라보니, 딸만 있는 우리 집에서 막내딸이 아들 몫까지 톡톡히 해내는 것 같아 어깨까지 들썩거렸습니다. 그 자리에 도무지 앉아 있을 수가 없어, 고개를 내밀며 계속 서서 입교식을 바라보았습니다. 관중석에서 입교식 행사를 지켜보는 내내, 남편과 나는 가슴이 너무도 뛰어 당장이라도 달려가서 꼭 끌어안고 싶었습니다.

입교식이 끝나고 가족과의 만남의 시간이 다가왔습니다. 짧은 헤어스타일에 정복을 입은 모습으로 우리에게 우렁차게 "필승!" 하면서 인사하는 모습이 뭐라 말로 표현할 수 없을 정도로 뿌듯하고 자랑스러웠습니다. 나는 정성껏 준비해 간 음식을 먹인 후, 가입교 때 입고 갔던 사복과 신발을 챙겨 집으로 돌아왔습니다.

집에서 그 옷과 신발을 정리하는 순간, 또다시 나도 모르게 눈물이 나왔습니다. 1학년 메추리 시절이 가장 힘들다고들 주변에서 이야기했지만, 누구보다 강한 딸이었기에 그 어떤 환경 속에서도 1학년을 잘 견디리라 믿었습니다. 1학년 봄, 딸아이가 바쁜 생도 생활 속에서도 학교에서 예쁜 개나리와 진달래 앞에서 동기들과 찍은 사진을 보내오자, 걱정되었던 마음도 싹 가라앉았습니다. 나는 그 사진을 거실에서 제일 잘 보이는 쪽에 놔두었습니다. 그리고 즐겁게 생활하고 있을 딸아이를 상상하며 하루하루를 보내곤 하였습니다.

매년 어버이날에는 학교에서 보내 온 초청장이 집에 도착했습니다. 그렇게 하여 어버이날 행사에 참석할 때마다 나의 딸이 아들 없는 우리 집에서 아들 몫까지 다 해내는 것 같아 매우 듬직하였습니다. 어버이날 달아 주는 꽃이 어느 부모에게든 소중하겠지만, 나에게는 유난히도 소중하고 애틋했습니다. 사관학교에 부모를 초청하여, 제복을 입고 늠름한 모습으로 운동장에서 꽃을 달아 주는 나의 딸이 어찌나 사랑스럽던지 말로 다 표현할 수가 없었습니다.

넉넉하지 않은 형편에, 학원이나 과외 한 번 제대로 시켜 주지 못했고, 그 흔한 유치원조차 제대로 보내지 못했습니다. 딸아이가 초등학교에 입학하였는데, 그 시절에는 초등학교에 오전·오후반이 있었습니다. 딸아이가 오전반일 때에는 함께 나가니까 별 상관이 없었는데, 아이가 오후에 학교를 갈 때엔 혼자 있기 무섭다고 하는 아이를 집에 혼자 떼어놓고서 문을 잠그고 출근해야만 했습니다. 점심을 차려 놓고 나와야 하기에, 차가운 밥을 혼자 챙겨 먹을 딸아이를 생각하니 너무도 가슴이 저며 왔습니다. 하지만 일을 할 수밖에 없는 나로서는 어쩔 수 없었습니다.

고3 때도, 다른 엄마들은 고액 과외나 족집게 학원을 이리저리 보내느라 정신없을 때, 우리 아이들에게는 그 무엇도 해줄 수가 없었습니다. 나 역시 직장생활을 해서 생계를 꾸려 나가야 했기에 퇴근하고 집에 들어오면 피곤에 지쳐 있기 일쑤였습니다. 그래서 늘 마음 한구석에 미안한 마음이 들곤 했었습니다.

딸아이가 생도 3학년 때 남편이 사고를 당해 병원에 장기간 입원했던 적이 있었습니다. 주말마다 외출을 나오면 친구들과 놀고 스트레스도 풀어야 하는데, 외출 나오자마자 집에서 옷만 갈아입고 바로 병원으로 달려오곤 하였습니다. 아버지 옆에서 매끼 식사를 챙겨 드리고, 말동무도 해주곤 했던 것입니다. 딸아이도 피곤해서 주말에는 쉬고 싶었을 텐데 말입니다.

하지만 한 번도 싫은 내색 하지 않고, 오히려 남편과 내 몸을 걱정하며 매일 학교에서 전화하고, 주말에는 병원에서 간호하는 모습이 어찌나 고맙던지…….

일주일 내내 사관학교 안의 생활이 결코 쉽지만은 않았을 텐데, 다른 여대생들처럼 주말에 외출을 나오면 쇼핑도 하고, 옷과 화장품도 구입하며 자신을 꾸미는 데 시간과 돈을 투자하고 싶었을 텐데…….

그래서 딸아이 고생시키지 않는 것은, 나와 남편이 병원 신세 안 지고 건강하게 살아주는 것이라는 것도 새삼 깨닫게 되었습니다.

나의 딸이 3학년 여름 하계훈련에 들어갔습니다. 찌는 듯한 무더위 때문에 밖에 잠시만 서 있어도 땀이 등에서 수르르 흘렀습니다. 가만히 서 있기조차 힘든 여름날들이 흐르고 있었습니다. 하지만 나는 에어컨이나 선풍기조차 틀어 놓을 수 없었습니다. 이 무더위에 전투복을 입고 공수 훈련을 받을 딸아이를 생각하니 수박 한 조각도 제대로 목구멍으로 넘어 가지 않았습니다.

물론 유격 훈련이나 해양 훈련도 모두 힘들겠지만, 3학년 하계 훈련에는 공수 훈련(낙하산 훈련)이 있기에 더욱 마음을 놓을 수 없었습니다. 몇 천 피트가 넘는 수송기에서 낙하하는 것이 어디 보통 일이겠습니까? 낙하하기 전에 받는 기본 훈련이 많이 힘들다고 들었는데……. 그것도 힘들겠지만, 무엇보다 몇 천 피트 높이의 하늘에서 무사히 착륙하기만을 바라는 것이 부모의 마음입니다.

다른 어머니들은 아들이 군대 갔을 때 잠을 이루지 못한다고들 말씀하십니다. 하지만 나는 막내딸의 공수 훈련까지도 지켜봐야 하는 입장이어서 엄마로서 강해지지 않으면 안 되겠다는 생각이 들었습니다. 그해 여름, 딸아이가 훈련받고 있는 동안, 나는 눈만 뜨면 하늘을 바라보며 속상해 했습니다.

> 사랑하는 나의 딸아!
> 우리 딸 지금까지 그 모든 훈련에서 잘 견뎌 냈듯이,
> 이번 훈련에서도 안전하게 잘 뛰어 내릴 수 있지?
> 엄마는 널 위해 하루도 빠지지 않고 기도한단다.

다행히도 나의 딸은 공수 훈련을 안전하게 잘 마치고 주말 외출을 나왔습니다. 새까맣게 그을린 얼굴과 팔을 보면서, 우리 딸이 더운 여름에 전투복을 입고 훈련받았을 생각을 하니 대견스러웠습니다. 여름방학이라고 대부분의 대학생들이 바캉스나 해외 배낭여행에 한창일 때, 우리 딸은 남자들도 하기 힘들다는 공수 훈련을 잘 마치고 와서 기특하기도 하고…… '여군으로서 할 일을 잘했구나!' 하는 뿌듯함이 나의 마음속에 가득 찼습니다.

어느덧, 내 딸아이는 무사히 4년간의 생도생활을 잘 마쳤습니다. 4년간의 생도생활은 내 딸아이의 삶에 아주 특별했을 것입니다. 나름대로 인생의 전환점과 새로운 삶의 목표가 세워졌을 것입니다. 개인주의가 팽배한 이 사회에서 동기를 먼저 생각하고 선·후배 간에 지켜야 할 도리와 예의를 먼저 배우며, 마음과 몸이 튼튼해지고 건강해지는 삶을 깨닫게 되었을 것입니다.

가장 중요한 것은 무엇보다 나의 딸이 군인으로서 나라를 사랑하고,

어떤 일에든 조국에 충성할 마음가짐과 자세를 배웠다는 것입니다.

지난해 3월 임관을 하고 나서 이제 딸아이는 조종 훈련 학생이 되었습니다. 공군이라면 떠올리는 단어가 가장 먼저 '파일럿'일 것입니다. 이제 한 발짝 한 발짝 하늘을 향해 발을 내딛는 딸아이를 생각하니, 엄마인 나에게도 설렘이 시작되었습니다.

'우리 딸이 드디어 자신의 꿈을 이루기 시작하는구나!'

그 높고 끝이 없는 하늘에서 조종할 딸아이의 모습을 상상하니 참으로 멋있고 자랑스러운 일이라 생각되었습니다. 하지만 무엇보다 부모이기에 안전이 제일 걱정스러웠습니다.

나의 딸이 정말 큰일을 해내는구나!
매순간마다 순발력과 강인함으로
모든 상황에서 잘 대처해 나갈 수 있을까?

물론 나의 딸도 시간이 흐를수록 힘들어지는 훈련에, 가끔은 힘겨워하고 지친 모습으로 주말 외출을 나오곤 하였습니다. 그런 딸을 위해 부모로서 옆에서 격려하며 지켜봐 줄 뿐, 그 무엇도 대신해 줄 수 있는 게 아무것도 없었습니다. 따뜻한 밥을 지어 주고, 좋아하는 찌개를 끓여 주는 게 전부였습니다.

주말 저녁에 외출을 나와서 피곤에 지쳐 잠든 모습을 바라보면, 안타까울 때도 많이 있었습니다.

하지만 어려서부터 매사에 긍정적인 사고를 지녀 왔고, 넉넉하지 않는 살림에 부모로서 해주지 못한 부분도 많이 있었는데 늘 밝고 씩씩하게 자라 주었듯이, 조종 훈련 중 힘겨워했던 적도 있었지만 혼자 잘 견뎌 주었습니다.

그리고 이제는 나름대로 자신감과 긍지도 생긴 듯합니다. 딸아이가 구름 위를 날고 있을 때 가장 행복하다고 했던 말이 떠오릅니다.

사랑하는 딸아!
여자로서 한 번은 머뭇거렸을 그 길을
나의 딸은 전혀 망설임 없이 씩씩하게 선택했고,
그 길이 때로는 힘겹고 무거울 때도 있었지만,
내색하지 않고 씩씩하게 군인의 강인한 모습으로 견뎌 주었단다.
엄마는 우리 딸의 선택에 힘찬 박수를 보낸다.
내 딸이 진정 원하는 길을 걸어가고 있어서 너무도 기쁘고,
이 길을 통해 소중한 가르침과 나라 사랑하는 마음을 배워서
너무도 뿌듯하단다.
나의 딸아! 사랑한다.

김남규
공군 6탐색구조비행전대 이선미 중위 가족

지난해 늦여름 산과 들이 빨갛고 노랗게 물들

기를 바라면서 수기를 적었는데, 벌써 새해를 맞이하였습니다. 푸른 새싹이 돋아나고 진달래와 개나리가 활짝 피는 봄을 기다리는 설렘에 가득 차 있습니다. 수기를 적어 나갈 당시만 해도, 딸아이는 고등비행훈련 중이라 몹시 힘들어 하고 지쳐 하며 마음의 갈등이 많았던 때였습니다. 아무것도 해줄 수 없는 엄마의 입장에서 안쓰러운 마음에, 조종훈련 중에 있는 딸아이에게 조금이라도 용기와 격려를 보내기 위해 펜을 들었던 것입니다. 딸아이가 힘든 훈련을 이겨 내고 견뎌 내는 만큼, 엄마도 뒤에서 널 위해 응원하고 있다는 마음이 너무도 간절했기에 용기를 내어 몇 자 적었던 것입니다.

간절한 나의 마음을 헤아렸는지, 딸아이는 지난해 12월 고등비행훈련수료식까지 무사히 마치고 지금은 어엿한 조종사의 길을 걸어가고 있습니다. 사관학교 4년, 조종훈련 약 2년……. 딸아이에게는 약 6여 년 동안, 많은 것을 깨닫고 느낄 수 있는 소중한 가르침의 시간들이었을 것입니다. 포기하고 싶은 때도 수없이 많았을 텐데, 인내와 용기로 잘 견뎌 내 준 딸아이가 너무도 사랑스럽습니다.

이젠 어엿한 빨간 마후라를 두르고, 하늘을 날아오르는 딸아이를 생각하니, 참으로 가슴이 벅차오릅니다. 끝없이 넓고 푸른 하늘처럼, 딸아이의 마음도 한없이 넓은 사랑으로 가득 차기를 바랄 따름입니다. 딸아이가 조종사가 되기까지 주위의 많은 이들에게서 사랑과 격려, 가르침을 받았듯이 이제는 딸아이도 그 사랑을 몇 십 배로 나누며 살아가길 간절히 바랍니다.

'사랑하는 막내딸아!

엄마는 하늘로부터 너무 소중한 선물을 받았단다.

세상의 그 무엇과도 바꿀 수 없는…… . 그것은 바로 우리 딸이란다.

우리 막내딸도 하늘처럼 넓은 마음으로, 이 세상에서 힘겨워하며 고통받고 외로워하는 사람들에게 먼저 다가가길 바란단다. 그들의 손을 따뜻하게 잡아 주고 그들의 아픔을 헤아릴 수 있는 삶을 살아가는 아름다운 손길이 되길 엄마는 간절히 소망한단다.'

아버지 : 이종호(체신공무원 퇴직)
어머니 : 김남규(전업주부)
딸 : 이선미 중위(공군6탐색구조비행전대 235대대)
언니 : 이다미(대학원 재학중)

해군 아내는 무슨 낙으로 사나요?

밤 9시가 다 되어 가는 시각, 저는 서류더미를 쌓아 두고 여전히 책
상 앞에 앉아 있습니다.

"정숙 씨! 저녁 챙겨 줄 남편이 없으니까 매일 야근이구나."

동료 직원이 한마디 툭 던지며 퇴근합니다.

잔무가 남아 퇴근이 늦는 것임에도 남편 없는 자유부인으로 놀림
을 받는 저는 서울에서 근무하는 공무원입니다. 지난 2005년 5월 해
군 대위인 한 남자와 결혼했고, 그는 지금 강원도 동해시에서 근무하
고 있습니다.

결혼 17개월째지만 다른 부부처럼 '한 이불 덮고 잠잔 날'만 세면
두서너 달도 채 안 되는 신혼부부이자 꽤 먼 거리에서 생활하는 주말
부부입니다.

시부모님께서는 절대로 인정하지 않으시겠지만, 제 생각에 저는 약간 '밑지는' 결혼을 했습니다. 저는 서울에서 자랐고 공부도 잘해 이름만 들으면 다들 아는 대학을 졸업했고, 비교적 안정적인 직업인 공무원으로 일하고 있습니다. 따라서 그저 대기업 다니는, 연봉 많이 받는 남자 만나 남들처럼 혹은 조금 더 부유하게, 그렇게 살고 싶었습니다.

그런 제가 지방의 곳곳을 옮겨 다녀야 하고, 남편의 계급이 자식의 계급이 된다는 악명도 높고(사실인지 거짓인지 몰랐지만), 수도꼭지에서 녹물이 나온다는 풍문이 있는 낡은 관사에서 살아야 하는 군인과 결혼한다 하니 제 직장동료들과 선배들은 진지하게 만류하기도 했습니다. 자유분방한 성격인 저를 잘 아는 오랜 친구들은 "네가 군인과 결혼을……?" 하며 매우 의아해하기도 했습니다.

돌이켜 보니 대한민국의 해군인 한 남자와 4년 동안 연애를 하고 결혼하기까지의 과정과 결정은 순탄하지만은 않았던 것 같습니다. 군인가족은 다들 제각기의 희로애락이 있겠지만, '가족생활'을 하기에는 공군보다는 육군이 좀 더 못하고 해군은 육군보다도 더 못하다는 우스갯소리를 할 정도로 해군의 가족이나 연인이 겪는 고충은 이루 헤아리거나 되뇌기에도 엄두가 안 나는 일입니다.

연애하는 동안 남편은 2급함의 포술장과 고속정의 정장으로 근무하였습니다. 따라서 배가 정박해 있는 지방으로 내려가야만 한두 달 만에 얼굴을 겨우 볼 수 있었고, 훈련을 나가면 유일한 연락 수단이자 데이트 수단인 휴대폰 통화가 1~2주씩 안 되는 일은 다반사였습니다.

훈련은 짧지 않은 일정임에도 그가 원해와 연안 어디쯤에 있는지 알 수조차 없었습니다. 정박해 있는 동안에도 그의 행동반경은 매우 제한적이었고, '무슨' 상황이 있으면 한밤중에라도 부대에 들어가야 했습니다.

한번은 여행 겸 남편이 근무하는 남해의 조그만 섬인 욕지도에 간 적이 있었습니다.

오랜만에 남편과 고즈넉한 밤 해안가를 거닐며 산책을 하던 중에 갑자기 요란한 사이렌이 울렸고, 남편은 '여기 쏙 있으라'는 말 한마디를 남기고는 가로등도 없는 그곳에 저를 혼자 남겨 두고 재빠르게 어디론가 사라지더군요. 그는 오지 못했고, 저는 결국 혼자 울면서 숙소로 돌아왔습니다. 그는 뒤늦게 숙소로 돌아와서는 함정의 비상 훈련이었다고 했습니다.

그런저런 일을 겪으며 제 불만은 쌓여만 갔고 많이도 울고 싸우고…… 화해할 시간조차 변변히 없어 제풀에 지치고, 혼자서 이해하고 화 풀고 하기를 반복할 뿐이었습니다.

감기 걸렸다고 했더니 남자친구가 집까지 약을 사 가지고 왔더라는 친구의 자랑, 남자친구가 회사로 픽업하러 왔다며 뛰어나가는 직장동료의 뒷모습을 빈번히 보고 듣는 저는 그즈음에 공허함과 우울함으로 얼룩져 있었습니다. 그러나 결국 "너 아니면 안 되겠다"는, 그 믿을 수 없는 말을 믿고 저는 그 남자와 결혼을 하기로 했습니다.

"인물이 좀 못났지 않아?"

제 눈에 안경이라도 어쩔 수 없지만, 제 남편이 절대로 뒤지는 인물도 아니려니와 평소 가치관이나 성격에 전혀 어울리지 않는 핑곗거리로 딸 시집보내는 아쉬움을 표현하셨던 제 아버지는 그의 건강함과 당당함에 결국 고개를 끄덕이셨습니다. 그러나 결혼 준비를 하는 동안에도 해군인 남편은 저를 참 많이도 외롭게 하더군요.

그즈음에 남편은 작전계획과에서 근무를 했는데 평일, 휴일 구분 없이 하루 서너 시간도 채 못 자면서 일에 매달리는 격무부서였던지라 남편 얼굴 보기는 더 어려워졌습니다. 예식장 예약이며, 웨딩드레스, 청첩장, 신혼여행, 신혼살림 등등을 모두 저 혼자서 준비해야 했습니다.

전화로 부탁드린 주례를 승낙해 주신 은사님께는 결혼식 하루 전날 잠깐 인사드리는 무례를 했고, 신혼집 벽에는 제가 직접 망치질을 해서 액자를 걸었습니다. 남편에게 투정이라도 부리면 위로랍시고 하는 말이 결혼식 당일 긴급출동이 있어서 결혼식이 취소된 동료가 있다는 것이었습니다. 그나마 '나는 다행이구나' 하라는 의도였을 테지만 정말 기막히는 일이 아닐 수 없었습니다.

어쨌든 이런저런 일들을 겪으면서 이제 저는 웬만해선 외로워도 슬퍼도 울지 않는 강인한 해군의 아내가 되었고 혼자 놀기의 달인이 되었습니다.

오늘 남편은 여자친구 문제로 힘들어하는 부사관님과 면담을 했다고 합니다. 마음처럼 여자친구에게 최선을 다할 수 없는 여건의 부사관님과 그를 애인으로 둔 여자 분의 힘겨움을 저도 경험으로 잘 알고 있기에 안쓰럽기도 하고, 한편으로는 지난날 제가 힘들다는 것만 앞세워 남편을 더 힘들게 했었던 것이 미안하기도 합니다. 사랑하는 사람에게 마음처럼 최선을 다할 수 없는 남자의 마음이야 오죽하랴 싶습니다.

신데렐라가 12시가 되면 서둘러 파티장을 빠져나왔던가요? 잔무가 많은 탓이든, 동료의 놀림대로 남편이 없는 탓이든, 평소 야근을 종종 하는 저는 매주 금요일 오후 6시면 어김없는 '칼퇴근'으로 신데렐라가 됩니다. 그리고 서둘러 고속버스터미널로 가서 동해행 고속버스를 탑니다.

도로 사정이 좋아도 족히 3시간 30분이 걸리는 길입니다. 비용도 체력 소모도 만만치 않습니다. 제가 남편과 떨어져 직장생활을 하는 바람에 생기는 일입니다.

제 남편은 아침에도 밥 한 그릇을 뚝딱 비우는 사람입니다. 이런 사람이 매일 시리얼과 우유 한 잔을 먹고 출근을 합니다. 이도 제가 직장을 다니겠다고 고집해서 겪는 일입니다.

군인의 아내는 내조를 잘해야 한다고들 합니다. 지친 남편을 위해 아내가 해야 하는 역할이 많고, 관사에 함께 사는 선후배 가족들과 부대 선후배님들과의 유대도 매우 중요하다고들 합니다. 그러나 제가 직장을 다니는 핑계로 거의 못 하고 있는 일 중 하나입니다.

군인은 빈번한 근무지 이동으로 주거가 자주 바뀌는 탓에, 부인이 직장을 갖는다는 것은 곧 저희 부부처럼 주말부부가 되는 것을 의미하는 듯합니다. 제가 직업을 갖고 싶어 한 탓에 저희는 기약 없는 주말부부가 되었고, 남편의 훈련, 비상, 당직이 주말에 겹치거나 집안에 경조사가 있기라도 하면 한 달에 한 번 얼굴 보는 것도 여의치 않습니다. 때문에 2세 계획이 자꾸만 늦춰지고 있습니다.

매달 20~30만 원 이상 지출되는 교통비와 체력적인 소모, 부부가 함께 식사할 수 없다는 것, 함께 잠들 수 없다는 것, 명절에 부모님께 인사 한번 제대로 갈 수 없다는 것 등등. 군인가족과 주말부부의 일상은 그리 녹록한 것은 아닙니다. 여자인 저보다도 관사에서 홀아비 아닌 홀아비로 생활하고 있는 남편이 혹자에게는 측은하게 여겨질지도 모르겠습니다.

제 남편은 결혼한 남자가 당연히 누리는 일상적인 것을 상당 부분 포기하면서까지 묵묵히 제 직장생활을 존중해 주고 있습니다. 그런 남편에게 제가 갖는 고마움과 미안함은 말로 표현하기에 부족함이 많습니다.

남편은 평소 저와 같이할 시간이 적기 때문에 시간이 날 때면 언제나 저를 위한 최상의 선물을 계획합니다. 바로 여행입니다.

저는 "내 남편 만나 여름은 여름답게, 겨울은 겨울답게 보내게 됐다"고 지인들에게 자랑처럼 말하곤 합니다. 지척에 바다가 있기에 언제든 바다를 눈에 담을 수 있는 것은 물론이고 무릉계곡, 정선레일바이크와 동해 북평장과 새천년도로, 설악산, 삼척 코스모스축제, 환선동굴, 온천, 스키장, 촛대바위 해돋이, 동강과 래프팅 등등 지난 일년 동안 시간 날 때마다 남편과 여행하고 경험한 곳들이 많이 있습니다. 그 남자의 아내가 아니었다면 우리나라 강원도가 이토록 아름다운지 아직도 모르고 있었을 것입니다.

군인은 지역 이동이 잦은 직업이기에 포기해야 하는 것도 많지만, 그만큼 많은 경험을 얻습니다. 어느 것에 무게중심을 두느냐는 스스로의 몫이고, 그만큼 행복의 양도 달라지는 것이 아닌가 합니다.

남편은 올해로 9년째 군생활을 하고 있습니다. 시어머니 말씀에 따르면 남편은 머리가 영리해 공부를 잘했었고 더 좋은 대학을 갈 수 있었을 사람이었으나, 가난한 살림살이였기에 '학비 부담이 덜한' 해군사관학교에 진학했다고 합니다.

어디에 내놔도 빠지지 않을 해군 장교로 장성한 막내아들이지만, 군인인 아들에게는 당신이 손수 지은 밥 한 끼 먹이는 것조차 일 년에 몇 번, 아주 특별한 일일 수밖에 없었던 그간의 세월이 어머님께는 안타까움과 회한으로 남았을 것을 조금은 이해할 수 있을 것 같습니다.

저의 친정 아버지는 8월, 담도암 말기 진단을 받으셨습니다. 여명이 채 일 년도 되지 않을 것이라는 의사의 소견이 있었고, 그간 제대로 얼굴 한번 보기 힘들었던 사위를 "군인은 원래 그런 거다"며 묵묵히 이해하시던 아버지께서 당신 생의 마지막이 될지도 모르는 2006년 중추절을 사위와 함께하고 싶다고 하십니다.

다른 직업의 사위였다면 그리 어려운 일도 아니었을 것을……. 해군의 부모 마음에는 또 하나의 회한이 쌓이는가 싶습니다. 아버지의 바람이 이루어질 수 있을까요?

"군대가 나한테 해준 게 너무 많아서 나는 군대를 절대로 버리지 못해."

제 남편은 언젠가 제게 이렇게 말한 적이 있습니다.

군대가 그에게 해준 것이 무엇인지는 굳이 묻지 않았습니다. 옷을 사러 가서 점원에게 "얼맙니까?" 한마디 했고, 고속버스 안에서 뒷자리에 앉은 낯선 사람에게 "창문 좀 닫아 주시겠습니까?" 한마디 했을 뿐인데 "군인이신가 봐요?"라는 반문을 받는 제 남편은 그저 완벽한 군인입니다.

저는 그런 군인의 아내입니다. 그는 자신의 모습, 그리고 해군과 국가에 대한 자부심과 충성심이 얼마나 큰지 잘 알고 있으며, 저는 그런 남편을 사랑하고 자랑스럽게 생각합니다.

제가 직장을 다니는 서울에서는 여자의 남편 직업이 해군인 경우가 그리 흔하지 않습니다. 남편의 직업을 소개하면 어떤 분들은 "어디서 그런 멋있는 사람을 만났어요?" 하기도 하고, 어떤 분들은 "아이고…… 군인 부인 힘들다던데……" 하기도 합니다.

새하얀 정복을 입은 해군은 멋집니다. 결혼 전에 저도 남편의 그런 이미지에 반했는지도 모르겠습니다. 그러나 이제는 압니다. 티끌 하나 없이 빛나는 구두 속에는 사관생도 때 생겨 몇 년째 완치되지 않는 지독한 무좀으로 만신창이가 된 발이 숨겨져 있고, 흰 정복 소매 끝단은 금세 더럽혀지기 쉽기에, 그 순백을 유지하기 위해 항상 자기 관리에 철저해야 한다는 것을…….

세상살이는 누구에게나 음과 양을 동시에 줍니다. 삶의 시련이 군인가족에게 더 혹독하거나 특별하다고 생각하지는 않지만, 국가의 명에 임하는 군인은 자기 자신의 일이 아님에도 혼신을 다해야 하는 경우가 많다는 점에서 다른 사람의 그것과는 차이가 있는 것 같습니다.

제가 공무원인지라 폭우나 폭설이 있는 날이면 퇴근 후나 주말에 비상대기명령으로 출근을 하곤 합니다. 수방작업과 제설작업을 하는 직원들을 가까이서 보면서 남편과 부대 사람들의 고충도 함께 생각합니다. 남편이 부대에서 하는 일들 면면을 아내인 저로서는 다 알 수 없지만, 개인의 문제를 위해서가 아니라 함정과 대한민국의 바다를 지키기 위해 구슬땀을 흘린다는 점에서 그 모습은 닮아 있으니까요.

남편과 제가 그렇듯 군인과 그 가족은 직업의 가치와 명예, 그리고 보람을 개인의 삶의 질보다 앞서 생각하기에 많은 것을 참고 감수하고 있습니다.

대한민국 해군 파이팅!

홍정숙
해군 1함대 오명섭 대위 가족

53

❀ ‘군인가족 생활수기 공모전’에서 나의
수기가 최우수작으로 선정되었다는 소식은 그즈음 항암치료와 그 부작용으
로 입퇴원을 반복하고 계셨던 아버지께 특별한 선물이 되었다. 어렵사리 밤
비행기로 먼길 온 사위 손을 잡으시고 고즈넉이 한 줄기 눈물을 흘리셨던
아버지는 이제 세상을 떠나셨지만 "잘살아야 한다"라는 말씀을 남편과 나
에게 마지막으로 남기셨고, 우리는 해군과 사회복지담당 공무원으로서 여
전히 그렇게 잘살고 있다.

수기가《국방일보》에 게재된 이후 남편의 현역 선배님은 물론 40년 이상
의 대선배님들로부터 수기에 대한 칭찬과 우리 부부에게 전하는 격려의 전
화와 메일을 받았었다. 모 선배님께서는 당신의 친필 자서전을, 또 다른 선
배님께서는 당신의 수기집을 선물로 보내셨고, 또 어느 선배님께서는 당신
이 운영하시는 회사에서 만든 주방용기를 나도 쓰고 선물도 하라시며 가득
가득 보내 주셨다.

나의 몇 자가 내게는 자신감이 되었고, 남편에게는 뿌듯함이 되었고, 아
버지께는 생전의 특별한 선물이 되었으며, 또 다른 어느 분께는 당신의 옛
추억과 현재를 다시금 떠올리는 기제가 되었음에 나는 그저 더없이 감사하
고 행복할 뿐이다.

"아버지 말씀대로, 여러 선배님의 격려대로 열심히 잘살겠습니다."

남편 : 오명섭(해군 1함대 목포함 부장으로 근무 중)

부인 : 홍정숙(공무원)

아름다운 추억 속으로의 시간 여행

산골 마을을 굽이굽이 돌아 우리 군인 아파트까지 도착한 택배 꾸러미를 받아 들고, 나는 선뜻 풀어 보지 못한 채 먼저 가슴부터 아려 옵니다. '보내는 사람 이연옥'으로 시작하는 서투른 글씨와, 동여맨 겹겹의 매듭마다 주름진 손마디까지 함께 묶어 보내신 친정어머니의 가을 소식.

"새끼덜이랑 정 서방이랑 잘 있제? 가을철 바빠 놔서 느그들 입맛 노았을까 봐 몇 가지 넣었응게 맛나게 먹거래이."

철 지난 시골 달력의 뒷면 백지를 잘라서 쓰신 삐뚤거리는 서투른 글씨……, 시골에 계시는 친정어머니셨습니다. 전에는 아무리 바쁘셔도 일 년에 한두 번은 꼭 딸네 집에 다녀가셨는데, 이제는 기력이 쇠하셔서 버스도 제대로 못 타신다는 어머니……. 갑자기 어머니의 얼굴이 아른거려 콧등이 시큰해져 왔습니다.

결혼한 딸자식 내외와 외손자들에게 당신이 직접 수확한 것들을 맛보이기 위해 쌀 포대 속에 차곡차곡 넣어 보내신 고구마며 땅콩, 옥수수, 감자 등등. 문득 이것들을 수확하고 또 싸서 보내느라 애쓰셨을 어머니 생각에, 그 속에서 어머니 냄새가 나는 것 같아 가만히 코를 대고 맡아 보았습니다. 알싸한 향기와 함께 갑자기 눈물이 왈칵 뺨 위를 흘렀습니다.

그러고 보니 결혼한 출가외인(出嫁外人)인 딸이 시댁 이야기를 뒤로하고 친정 이야기부터 시작하였습니다. 시부모님 연세 오십 가까이에 9남매의 늦둥이로 환영받지 못한 채 태어난 남편……, 부모님 사랑이 가장 필요했을 시기인 중학교 졸업 전에 부모님을 여읜 가난한 사춘기 시골 소년인 남편의 성장기……. 그래서일까요? 영화관이나 TV에서 부모님에 관한 애틋한 이야기만 나오면 눈물을 주체치 못하는 남편을 보며 그때 그 현실이 어떠했을지 짐작이 가곤 합니다.

지금도 그 시골중학교에 남아 계시는 선생님들이 이야기한답니다. 당시 국어시간에 '어머니'라는 제목을 가지고 글을 쓴 적이 있었는데, 그때 선생님과 학생들이 남편이 쓴 글을 돌려가며 읽으면서 모두 울었다고……. 그런 이유로 오늘은 시댁이 아닌 친정 이야기를 주로 해야겠습니다.

지난 봄 친정어머니의 팔순 잔치 때, 우리 부부는 부대의 바쁜 행사 관계로 참석하지 못해 죄송하다는 짤막한 전화를 드린 적이 있었습니다. 그리고 그때 넉넉치 않은 용돈을 준비하여 보내 드렸었지요.

그날 전화를 받으신 어머니는 펄쩍 뛰시며 아무렇지도 않게 말씀하셨습니다.

"느그 오빠며 언니들 있응께 이곳 걱정은 당체 하지 말거래이."

그러나 친정어머니도 이젠 늙으셨나 봅니다. 거하게 자식들로부터 팔순 잔칫상을 받으시면서도 바쁘다고 못 온 딸자식만을 걱정하셨다는 우리 어머니……, 잔치 내내 집 앞 정류장에 버스가 설 때마다 고개를 들어 누군가를 계속 기다리셨다는 우리 어머니……, 잔칫상에 맛난 음식을 드시면서도 곶감과 약식을 옆에 챙겨 놓으시고는 "이것은 우리 찬순이가 참 좋아했는디……" 하셨다는 우리 어머니…….

거기에다 큰오빠가 전하는 소식에 의하면, 늙으신 어머니가 이젠 거짓말까지 태연하게 잘도 하신다고 합니다. 잔칫날 동네 사람들로부터 장교와 결혼한 막내딸은 언제 고향에 내려오느냐는 질문을 받으셨나 봅니다. 그때 어머니는 팔순 잔치에 막내딸이 못 내려온다는 전화를 받으셨으면서도, 잠깐의 주저하시는 기색도 없이 태연스럽게 "아 글씨, 어젯밤 늦게 막내딸년 내외가 즈그 엄마 좋아하는 선물을 한 보따리 싸 가지고 왔었는디…… 아 글씨, 그놈의 부대 일이 엄청 바쁘다고 꼭두새벽에 또 올라갔뿌렀어유" 했단다.

나는 전화기 속의 오빠 말이 끝나기 전에 눈물을 펑펑 흘리고야 말았습니다. 그렇습니다. 부모님의 사랑은 끝이 보이지 않는 바다나 하늘과 같은가 봅니다. 시골의 어려운 살림으로 언니들이 중학교나 고등학교만 졸업할 때, 막내딸로 귀여움을 받던 나는 부모님의 헌신적인 사랑과 희생으로 대학까지 졸업하게 되었습니다.

사랑스런 딸이 대학을 졸업하던 날, 검정색 가운에 학사모를 쓴 딸의 모습을 대견해 하시던 어머니……. 그 어머니의 주름진 얼굴 위에 학사모를 씌워 드렸을 때, 어머니는 학사모를 연신 쓰다듬으시며 감격에 겨워 우셨습니다. 그 어머니에 대하여 오늘은 부끄러운 고백 한 가지를 꼭 해야 할 것 같습니다.

내가 대학을 졸업한 지 꼭 일 년 만에 결혼식을 곧 올리겠다는 중대 발표를 하였을 때, 아마 우리 부모님은 많이 놀라고 실망하셨을 겁니다. 그것도 전방생활을 하고 있는 가난한 군인하고 말이지요.

당시 부모님께선 힘들게 딸의 대학 뒷바라지까지 해주었으니, 남들처럼 반듯한 직장에 들어가서 첫 번째 받은 월급으로 딸이 주는 속옷 선물도 받아 보고, 또는 좋은 조건의 혼처로 딸을 시집보내겠다는 야무진 계획을 세우셨는지 모르겠습니다. 그런데 결혼하여 살림살이를 할 수 있는 아무 경제적 준비도 없이, 덜컥 결혼날짜를 잡아 놓았으니 얼마나 황당하셨을까요. 그러나 부모님은 사랑에 눈 먼 이 철없는 딸에게 걱정스런 한마디 말씀으로 많은 말씀을 대신하셨습니다.

"찬순아야, 장교는 수시로 이사를 많이 헌다는디……."

그랬습니다. 부모님이 걱정하셨던 것처럼 나는 결혼 이후 열여섯 번의 이사를 하였습니다.

지금처럼 '포장이사' 제도가 없었던 그 시절에는 칭얼대는 어린아이를 달래 가며 짐 하나하나를 밤새워 직접 포장하였습니다. 남편은 벌써 이사 며칠 전부터 새로운 근무지에서 업무를 시작하여 정신없이 바빴기 때문에, 이사에 관한 모든 것은 나의 몫이었습니다. 아침 일찍 주황색 대한통운 트럭이 군인 아파트에 도착하면, 그때부터 밤새 꾸려 놓은 짐들이 차량의 짐칸으로 옮겨 실리게 됩니다.

남편도 없는 상황에서 제일 먼저 신경 쓰이는 것은 운전기사였습니다. 다행히 운전기사의 얼굴이 선하고 마음씨가 좋은 사람이라면 문제가 없지만, 험한 얼굴에 말을 거칠게 하는 사람이라도 만나게 되면 여간 곤욕이 아니었습니다.

게다가 자가용이 없는 시대이다 보니, 그 트럭의 운전기사와 나란히 조수석에 앉아 여러 시간을 함께해야 한다고 생각해 보십시오. 더구나 낯선 얼굴과 털썩거리는 도로 사정, 그리고 무더위 등으로 아이들이 울고 보채어 운전기사의 짜증 섞인 언사(言事)를 계속 들으면서 불편하게 가야 했던 현실은 결코 녹록하지가 않았습니다.

낯설고 새로운 고장에 짐을 풀고 정리하는 것 또한 나의 몫이었습니다. 특히 여러 차례의 이사 중에 그렇게 애지중지하던 장롱 등의 가구나 냉장고 등의 가전제품에 크게 흠이라도 생기는 날에는, 내 몸에 생채기라도 난 것처럼 얼마나 오랫동안 마음이 쓰리던지……. 그래서일까요? 어쩌다 거리에서 마주치게 되는 그 추억의 주황색 차를 보면 지금도 아련하게 가슴이 아리면서 심장이 통통통 뛰곤 합니다.

이제는 사람의 힘으로 어찌할 수 없다는 '사랑'에 대해서, 그리고 우리의 만남에 대해서 이야기할 때가 된 것 같습니다. 고등학교 졸업을 며칠 앞두고 남편과 나는 처음 만났습니다. 그리고 대학 캠퍼스에서 우리는 어쭙잖은 문학과 인생을 이야기하였고, 사랑에 대해서도 많은 이야기를 나누었던 기억이 납니다. 대학 졸업과 동시에 남편은 장교로 임관하여 전방으로 보직되는 바람에 우리에겐 잠시 이별의 순간이 있었습니다.

소설가 최인호는 그의 작품에서 'out of sight, out of mind(눈에서 멀어지면 마음도 멀어집니다)'라고 썼었지만, 당시 나는 그분의 생각에 동의할 수가 없었습니다. 더욱이 최전방 고지에서 철따라 부쳐 오는 봄꽃에서부터 가을 낙엽까지, 그 그윽함과 그리움이 물씬 배어 있는 편지들은 얼마나 감미롭고 향기로웠는지 모릅니다. 남자와 여자를 구분하지 않고 용기 있는 사람이 멋진 사람을 구할 수 있다는 신념……. 창피하지만 내기 먼저 이야기하였지요. 우리 결혼 하자고, 그것도 최대한 빨리…….

결혼식은 많은 하객들, 특히 전방에서 전투복을 입은 채 달려온 수많은 남편 전우들의 축복 속에서 성대하게 치러졌습니다. 이윽고 주례사가 이어지고, 어려운 생활 속에서도 딸을 훌륭하게 성장시킨 우리 친정 부모님의 이야기가 나왔습니다. 그리고 주례 선생님은 모두가 깜짝 놀랄 만한 사실을 발표했습니다. 방금 전 우리가 손가락에 나누어 낀 결혼반지는 30년 전 친정 부모님 결혼식 때 꼈던 반지를 녹여서 다시 만든 것이라고…….

가난한 시골 살림에 마땅히 해주실 것이 없으셨던 친정 부모님은, 갑자기 결혼하여 멀리 떠날 딸이 잘살기를 바라며 장롱 속에 깊숙이 간직하셨던 결혼반지를 꺼내신 것이었습니다. 자식을 생각하는 어버이의 진한 사랑 이야기가 마이크를 통해 흘러나오자 결혼식장은 온통 눈물바다가 되었습니다. 친정 부모님도 펑펑 눈물을 흘리고 계셨습니다. 내 눈과 남편의 눈에도 자욱한 안개가 가득 밀려왔습니다.

그 사랑의 반지는 친정 부모님의 정표(情表)로서 어떠한 일이 있더라도 평생 간직하며 살고 싶었습니다. 그러나 우리 부부가 그 반지로 인해 또 한 번의 눈물을 흘리게 될 줄은 몰랐습니다. 그리고 그 반지가 그렇게 유용하게 쓰일 줄은 당시엔 상상도 하지 못하였습니다.

그 일은 남편이 전방 근무를 마치고 대전에서 근무할 때 일어났습니다. 남편은 대학원에 입학하여 그렇게 하고 싶었던 공부를 시작하였습니다. 문제는 비싼 등록금이었습니다. 남편에게는 '등록금은 내가 알아서 책임질 테니 공부만 열심히 하라'며 씩씩하게 말하였지만, 사실 나에게 다른 비책(秘策)이 있었던 것은 아니었습니다.

일주일을 고민하던 나는 장롱 속의 반지를 꺼냈습니다. 그것이 어떤 반지인데……. 반지를 처분하여 남편 학비를 납부하고 집으로 돌아오는 내 발걸음이 사실 가볍지만은 않았습니다. 하지만 이 사실을 우리 친정 부모님이 아신다 하더라도, 조금은 서운하시겠지만, 잘했다며 틀림없이 나를 칭찬하실 것이라며 스스로 위안을 삼았습니다.

남편이 석사 학위를 받던 날, 처음으로 전후 사정 이야기를 다 듣고 난 남편은 결혼반지가 담겨 있던 빈 상자를 어루만지며 어느새 눈에 이슬이 맺히고 있었습니다. 나 또한 얼마나 눈물이 나던지……. 그땐 틀림없이 기쁨의 눈물이었을 것입니다.

부족한 관사 사정으로 우리의 신혼살림은 방 한 개에 부엌이 하나 딸려 있는 작은 월세방에서 시작되었지만 아무 부족한 것이 없이 마냥 행복하기만 했습니다. 그런데 결혼식 직후이니 얼마나 많은 동료들이며 선·후배들이 신혼살림집에 들이닥쳤나 모릅니다. 가끔씩 주인집으로부터 너무 시끄러워 못살겠다느니, 전기세와 수도세가 턱도 없이 많이 나온다는 불평의 소리가 있었습니다. 그때마다 세상물정 모르고 경제적으로 쪼들렸던 철부지 새댁은 얼마나 가슴이 콩콩 뛰었는지 모릅니다.

특히 첫아이를 임신하였을 때 얼마나 입덧을 심하게 하였는지, 음식을 먹기는커녕 음식 냄새도 맡지 못할 정도였습니다. 그때는 남편도 전방 철책 근무로 한 달에 한두 번 잠시 외박 나오는 것 외엔 무척 고생하고 있을 때였습니다.

남편이 이 추운 날씨 속에 잠 못 자며 고생하는데, 아내인 내가 편안히 쉬고 있는 것은 아무리 생각해도 도리가 아니라는 생각이 들었습니다. 그래서 임신한 상태임에도 불구하고 한 개를 완성하면 당시 10원이던 장난감 붙이는 부업을 밤늦게까지 집에서 하였습니다. 연탄을 아끼기 위해 냉방에서 손을 호호 불며 이불을 두세 겹으로 덮었던 적도 많았습니다.

드디어 만삭이 다 되어 출산을 위해 친정 부모님이 계신 시골로 내려갈 준비를 하면서 남편의 전화를 받았습니다. 철책 근무라 아이 낳는 데 같이 가 주지 못해 정말 미안하다고……. 그런데 그때엔 왜 그런 마음이었을까요? 같이 못 가는 남편이 원망스럽기보다는, 혼자서 고생할 남편 걱정만 오히려 머릿속에 가득했던 것이었습니다.

첫아이는 자그마치 16시간의 진통 속에서 출산을 하였습니다. 산고(産苦)만 계속되고 아이가 나오지를 않자 고통 속에서 나는 점점 기력을 잃어 가고 있었고, 희미한 의식 속에 간호사의 목소리가 가물 가물 들려왔습니다.

"이 아이가 아빠 오시는 것 보고 나오려 하나……. 아기 아빠는 어디 계세요?"

나중에는 우리 친정어머니도 도저히 안 되겠는지 나에게 말씀하시는 목소리도 들렸습니다.

"찬순아야, 이거 안 되겠다. 정 서방 부대 연락해서 지금이라도 출발하여 병원 오도록 하고, 그리고 수술해서 낳도록 해야겠다. 사람이 살고 봐야지……. 선상님 야 수술할 수 있도록 준비해 주세유."

그 순간 나는 정신이 번쩍 났습니다. 지금 철책에서 나라 지키고 있는 남편이 이 멀리까지 온다는 것은 말도 되지 않았습니다. 그리고 제왕절개 수술을 한다는 것 또한 생각지도 못한 일이었습니다. 자연분만을 해야만 아이의 두뇌가 총명하다는 생각과 함께, 무엇보다도 제왕절개 수술을 하게 되면 일주일여를 병원에 입원해야 하고, 그러면 50만 원 가까운 병원비가 나온다는데……. 갑자기 남편의 낡은 체육복과 변변치 못한 겨울옷이 왜 그렇게 생각나던지요.

나의 고집으로, 비록 난산(難産)이었지만 2.9킬로그램의 건강한 사내아이를 자연분만으로 출산하게 되었습니다. 그리고 병원비를 아끼기 위해 그 즉시로 퇴원하여 친정집에 오게 되었습니다. 산모가 잘 먹지 못하여 아기가 작게 태어났다는 의사 이야기에 조금 신경도 쓰이고, 입술이 다 헤어져 미역국 먹는 것조차 어려웠습니다. 하지만 입술을 옹알거리는 어린 녀석과, 다음 날 저녁 전방에서 달려온 남편을 보며 모든 고통이 사르르 사라지는 느낌이 들었습니다. 남편은 자신의 분신(分身)을 신기한 듯 가슴에 안아 주면서, 또 남편도 없이 산고를 겪은 나의 기진한 몸을 보면서 눈물이 그렁그렁 맺혔습니다.

우리가 살고 있던 셋집과 주인집은 벽 하나 사이로 딱 붙어 있어서 아이들이 태어난 후에는 더욱 조심조심하며 지내야 했습니다. 그런데 어느 날 잠시 외출하고 돌아와 보니 큰 녀석이 작은 녀석과 방 안에서 레슬링도 하고, 두 발로 안방 벽을 팡팡 쳐대기도 하며 난리가 나 있었습니다. 나는 깜짝 놀라 '쉿' 하는 몸짓을 하였는데, 큰 아이가 싱긋 웃으며 "주인집 모두 고향에 가서 아무도 없어, 엄마" 했습니다. 그 말에 측은하기도 하고 어처구니가 없어 같이 박장대소하고 말았습니다.

그렇게 활달하게 잘 자라던 아이들이었는데, 방이 추워서인지 첫째가 폐렴을 포함한 잔병치레를 자주 하였습니다. 한 달여 계속되는 감기 증상에 동네 병원에서 진료를 받았으나, 큰 아이의 감기는 차도가 없었습니다.

어느 날 오후, 불덩이같이 열이 펄펄 끓어오른 아이를 등에 업고 동네 병원에 들렀더니, 서울에 있는 큰 병원으로 빨리 가라는 이야기를 들었습니다. 버스와 전철을 번갈아 타면서 정신없이 서울에 있는 큰 소아 전문병원에 아이를 업고 도착하였습니다. 아이가 축 늘어져 겨우 호흡만 가쁘게 하는데……, 산발(散髮)한 나의 머리, 화장기 없는 부스스한 나의 얼굴 등은 생각할 겨를이 없었습니다.

아이를 진료한 전문의 선생님은 급성폐렴으로 지금 위험한 상태이니 곧바로 입원 절차를 밟고, 투약과 안정을 취하면서 상태를 지켜보자고 말씀하셨습니다. 그때의 막막했던 불안과 초조라니……. 이러다가 아이를 잃는 것은 아닌가 하는 방정맞은 생각과 함께, 이때 남편이라도 옆에 있었으면 든든할 텐데 하는 아쉬운 마음이 들었습니다. 그때 처음으로 군인인 남편이 원망스러웠습니다.

아이는 치료를 위해 하얗게 머리를 밀었고, 링거를 꽂을 곳이 없어 나중에는 연약한 아이의 머리와 다리에까지 주삿바늘이 들어가는 모습은 차마 어미로서 보기 힘든 것들이었습니다. 차라리 내가 대신 아팠으면 좋겠다는 생각을 수십 번도 더 하였습니다. 이런 아이의 모습에 너무 가슴이 아파 나도 모르게 눈물이 나온 모양입니다. 입원한 아이 침대머리에서 주체할 수 없이 흐르는 눈물을 닦고 있는데 아이가 나에게 묻는 소리가 들렸습니다.

"엄마도 많이 아파?"

내가 아무 말도 하지 못하고 어깨만 들썩이고 있는데 아들 녀석이 말했습니다.

"내가 엄마 것까지 다 아플게. 그러니까 엄마는 웃어."

어린 아들의 천사 같은 아름다운 마음에 내 가슴속에서는 자욱한 안개가 뭉클 밀려왔습니다. 그 후 아이는 건강하게 퇴원을 하였고, 아이들이 커 가면서 자연스럽게 우리 가정의 미래에 대해서도 가끔 생각하게 되었습니다.

퇴근한 남편과 함께 참 오랜만에 마을 뒷동산에 올랐던 적이 있었습니다. 멀리 보이는 도시의 야경을 따라 아파트의 수많은 불빛들이 선명하게 눈에 들어왔습니다. 저 많은 공간과 불빛 속에 우리 이름으로 된 작은 공간 하나 없다는 현실이 갑자기 슬퍼졌지만, 그날 나 스스로 결심을 하면서 산을 내려왔습니다. 10년 이내에 우리만의 작은 공간을 마련하기로, 그래서 남편 이름이 크게 박혀 있는 아담한 우리 집을 결혼기념일 날 남편에게 선물하기로……

그 뒤에 어찌되었냐고요? 나는 정확히 그 약속을 지켰습니다. 열 번째 결혼기념일 날, 남편 이름이 선명하게 적혀 있는 아파트 문서를 남편 품에 안겨 주었습니다. 나에게 줄 장미꽃 열 송이를 정성스럽게 포상해 늘고 늘어오던 남편은 그 뜻밖의 선물을 받아 들고 눈물이 그렁그렁 하였습니다. 남편은 잘 알고 있었습니다. 그 10년간 얼마나 허리띠를 졸라매며 검소한 생활을 했고, 또 어떻게 저축했는지를……

그날 밤, 나는 잠결에 들리는 부스럭거리는 소리에 잠깐 잠이 깼습니다. 거실 불빛 밑에서 남편이 열심히 무엇인가를 보고 또 보고 있었습니다. 그것은 황색 표지로 된 남편 이름의 아파트 문서였습니다.

보금자리에 대한 아련한 추억 하나를 더 끄집어내야 하겠습니다.

보통 사람들의 의식 속에 전방 철책 지역은 교통이 험난한 오지라서, 가족들의 문화적 여건이 열악할 것이라 생각할 수 있습니다. 남편이 해안중대장으로 근무했던 전북의 계화도도 1990년 당시 대한민국 최고의 오지 중 하나였습니다. 시내버스 종점에서 차를 내리면, 해안 땅끝마을까지 3킬로미터를 터덜거리며 걸어야만 해안 중대본부와 관사가 나왔습니다.

한번 상상해 보기 바랍니다. 부안시장에서 반찬거리와 아이들 간

식거리를 한 보따리 구입하여 머리에 이고, 등에는 작은 아이를 업고, 한 손으로는 아장아장 걷는 큰아이를 걸리고 뒤뚱거리며 걷는 모습을……. 상상이 잘 안 되는 젊은 새댁들은 이야기할 수 있을 것입니다. 버스 종점에서부터 택시를 타면 되는데 왜 그렇게 인생을 힘들게 살았냐고…….

그러나 그것은 우리가 50~60년대 못 먹고 굶주릴 때, 라면을 끓여 먹으면 되지 왜 배고프게 살았느냐는 우문과 다를 바 없는 내용입니다. 생활비가 빠듯한 현실에서 택시를 탄다는 것은 상상도 못할 일이었습니다. 당시 해안중대장에게는 순찰용 지프차가 한 대 있었는데, 군 업무가 아니면 일절 개인의 사적 운행을 하지 않는다는 고지식한 남편 덕에 우리 가족에게는 언제나 그림의 떡이었습니다.

유독 폭설과 비바람이 많았던 만큼, 계화도에서 벌였던 사계절과의 사투, 그리고 남편에 대한 작은 서운함! 20년 가까이 지났지만 잊지 못할 계화도에서의 사연들……. 그것들은 남편과 작은 다툼이라도 있는 날에는, 지금도 나의 공격 무기로 둔갑하여 남편의 모든 것을 시원스럽게 한 방에 날려 주는 청량제 역할을 하고 있습니다. 그리고 이제는 그마저도 아름다운 삶의 한 장면으로 나의 가슴 한구석을 조용히 지키고 있습니다.

이제는 내 건강과 관련된 이야기를 한 가지 해야겠습니다.

첫아이가 유치원을 다니던 남편의 전방 군생활 시절, 나는 교통사고로 다리를 크게 다쳐 수술을 하고 병원 신세를 진 적이 있습니다. 다행스럽게도 수술 경과가 좋았고, 평소 건강 체질이라 빠른 속도로

회복되어 갔지만, 남편에게는 다친 그 자체가 청천벽력과도 같은 소식이었을 것입니다. 아이를 돌봐주기 위해 친정어머니도 늙으신 몸으로 연천까지 올라오셨습니다. 그때 잠깐의 병실 면회를 마친 후, 차디찬 병실에 아내를 남겨 둔 채 부대 업무로 바삐 복귀해야 하는 남편의 발걸음이 영 떨어지지 않았나 봅니다. 그것도 엄마와 떨어지지 않으려고 칭얼대는 아들 녀석을 어르고 달래면서 말이지요.

나는 그 모습을 안 보려고 창 쪽에서 멀리 있다가, 한참 후 '지금쯤 멀리 갔겠지' 하고 병원 창밖을 내다보았습니다. 남편은 그때까지도 병원 모퉁이 오솔길 옆에서 혹시나 나를 한 번 더 볼 수 있을까 고개를 빼고 서 있다가, 창가 한 곁에 서 있는 내 모습을 발견해 내고는 손을 흔들었습니다. 나는 내 걱정 하지 말고 어서 가라는 손짓을 하면서 같이 손을 흔들어 주었습니다. 심지가 굳기로 유명한 남편이지만, 지금 마음속에 뜨거운 눈물을 울컥울컥 삼키고 있으리라 생각하니 깁스한 내 발보다 마음이 몹시 아파 왔습니다.

목발은 짚었지만 병원 진료를 끝내고 퇴원하는 날이었습니다. 나는 오랜만에 얼굴을 매만지고 전방에서 마중 나오는 남편과 약속한 버스터미널에 나가게 되었습니다. 그런데 좁은 도로에 다른 차량들이 사고로 엉키는 바람에 약속 시간보다 한 시간이나 지나서야 겨우 도착할 수 있었습니다. 요즘 같으면 휴대폰으로 상황을 설명해 주면 되겠지만, 당시엔 차 안에서 발만 동동 구르는 것 이외에는 다른 방법이 없었습니다.

남편의 깔끔한 성격상 분명 터미널에 먼저 도착해 있을 시간인데도 불구하고, 많은 사람들이 오가는 복잡한 터미널 그 어디에서도 남편과 아이의 모습을 찾을 수가 없었습니다. 내가 못 보았나 싶어 다시 터미널을 한 바퀴 돌아보고 있을 때, 터미널 한구석에서 낯익은 모습이 눈에 띄었습니다. 한 부자(父子)가 터미널 모서리 기둥에 기댄 채 쪼그리고 앉아 졸고 있는 모습이었습니다. 바로 나의 남편과 아들이었습니다.

아직 몸이 성치 못한 아내를 만난다는 설렘과 지난밤 야근으로, 그리고 새벽 일찍 경기도 연천 산골마을을 출발한 여독(旅毒)으로 인해 기다리다 지쳐 잠깐 잠이 들었었나 봅니다. 그런데 졸고 있는 아들의 고사리 같은 손에 무언가 들려 있는 것이 보였습니다.

이찬순, 우리 엄마 파이팅!

아파트 벽에 붙어 있던 철 지난 달력을 오려 만든 환영 플래카드였습니다. 순간 눈물이 왈칵 쏟아졌습니다. 목발에 의지한 채 쩔뚝거리며 힘겹게 걷고 있는 내 모습을 보고, 남들은 지나가며 동정의 눈길을 보내고 있는 초라한 내 모습이었지만, 이런 나를 언제나 최고라 믿으며 기다리고 있는 가족 속의 내가 자랑스러웠습니다.

아! 그러고 보니 지금도 잊지 못할 가슴 졸였던 또 하나의 기억이 있습니다. 1996년 가을, 그때 남편은 강원도에서 근무 중에 있었습니다.

그해 추석을 며칠 앞두고 많은 사람들의 마음이 다소 들떠 있는데, 갑작스럽게 강릉 안인진리 해안으로 적 잠수함과 무장공비가 침투

70

했다는 믿기지 않는 뉴스가 방송에 크게 보도되었습니다. 남편은 그 몇 시간 후, 걱정하지 말고 애들 잘 키우고 있으라는 짧은 이야기를 남긴 채, 비상 걸린 부대로 바쁘게 들어갔습니다. 너무나 짧은 순간이라서 나는 아무 이야기도 해주지 못하고, 그렇게 공비 소탕작전에 남편을 보내었습니다.

강릉 지역은 시시각각 상황이 긴박하게 돌아갔고, 하루에도 여러 명씩 전사상자가 속출하였습니다. 아무런 연락 수단이 없어 남편과 부대 상황은 전혀 알 수가 없었습니다. 불안한 마음을 달래기 위해 이웃 군인가족들과 혹시 밤사이 무슨 소식 온 것은 없었는지 살며시 정보를 물어보기도 하고, 불안한 마음을 달래기 위해 같은 부대 군인 가족들끼리 모여 늦게까지 이야기를 나누거나, 교회 특별기도회에 참가하기도 하였습니다.

그 후 남편을 처음 본 것은 일주일쯤 지난 어느 날, TV를 통해서였습니다. 남편이 부대원들과 함께 베트남의 정글과도 같은 강원도 산속을 수색하고 있는 모습이 카메라 기자의 렌즈에 잡혀 우리 집까지 배달되었습니다. 잠깐이었지만 면도를 못 하였는지 덥수룩한 모습에 검게 위장한 모습 등을 보며 방 안에 털썩 주저앉아 기도를 하였습니다. 이번 작전이 잘 마무리되게 해달라고, 그리고 남편과 우리의 장병들이 무사히 부대로 복귀할 수 있게 도와달라고…….

왜 그랬을까요? 순간이었지만 그동안 우리 남편에게 잘 못 해주었던 일들이 한꺼번에 주마등처럼 스쳐 지나갔습니다. 사소한 일로 화내고 남편을 힘들게 했던 일들이 생각났습니다. 그리고 모든 일들이 더 잘해 줄 수 있었는데 하는 아쉬움으로 마음이 시려 왔습니다. 그 후 3개월이 지난 어느 날, 수척한 얼굴이었지만 건강한 모습으로 복귀한 남편을 보면서 신혼의 신부처럼 왜 그리 가슴이 떨리고 설레던지요. 그날 나는 교회 성전에 무릎 꿇고 감사의 기도를 드렸습니다.

가을이 되고, 또 남편의 현재 보직이 끝나가면서, 새로운 곳으로 가기 위한 이삿짐을 준비하고 있습니다. 정리하는 짐 속에는 빛바랜 희미한 사진첩이 있고, 아이들의 육아일기가 있고, 우리와 고단한 삶을 함께한 가계부도 스무 권이나 있습니다. 희미한 사진 속에서 20년 전의 나는 뽀송뽀송한 솜털을 단 새댁인 채로 수줍게 웃고 있습니다.

추억은 기억의 세월을 거슬러 오르는 연어처럼 모천회귀 속성을 지니고 있어 가장 아름답고 맑은 생명력을 지니고 있습니다. 그래서 더욱 눈부시게 고운지도 모릅니다. 그 아름다운 추억의 실타래들을 살짝 가슴속에 넣어 둔 채 오늘도 나는 새로운 하루의 출발선에 서 있습니다. 오늘도 남편은 군번줄을 찾아 목에 걸고, 전투화 끈을 불끈 동여 맨 채 새로운 하루를 시작하고 있습니다.

출근하는 사랑스런 남편의 뒷발치에서 나는 마음속으로 '파이팅'을 가만히 외쳐 봅니다. 그리고 환한 미소로 남편이 아파트 모퉁이를 돌아설 때까지 배웅하고 돌아옵니다. 행복감이 내 몸을 감싸고……
가을은 서걱거리는 갈대의 소리만큼 내 곁에 가까이 와 있습니다.

이찬순
육군 17사단 정광식 중령 가족

어느새 볕 잘 드는 양지엔 마른 풀들을 헤치

고 뽀얗고 새파란 새싹들이 조금씩 얼굴을 내밀었습니다. 지난 겨울 '군인
가족 생활수기 대상' 수상은 내 육신과 영혼을 따뜻하게 한 사건이었습니
다. 어둑해지고 저물어 가는 저자 속에서 건져 올린 투박한 나의 삶이 상큼
한 활자로 인쇄되어 세상에 나왔을 때, 나는 자랑스러움과 함께 부끄러워 숨
고 싶었습니다.

무더위가 기승을 부린 지난해 여름, 그 찌는 듯한 열기 속에서 생활수기
를 한 줄씩 써 내려갔던 한 달여 기간은 참 행복했었다는 기억이 납니다. 빛
바랜 사진첩을 꺼내 보면서, 아이들의 육아일기를 다시 펼쳐보면서, 그리고
고단한 삶을 함께한 가계부를 꺼내 보면서, 나는 어느새 타임머신을 타고
20년 전으로 시간여행을 떠나고 있었습니다. 지금 고백하지만 원고지를 한
장씩 채워가면서 얼마나 많은 눈물을 흘렸는지 모릅니다. 그 속에는 지난날
의 슬프고 아픈 것뿐만 아니라 아름다운 추억들도 사금파리처럼 반짝이고
있었습니다. 글이 채워지면서 지난날들은 아련한 그리움으로 때론 뭉클한
감동으로 새롭게 변주되어 나에게 다가왔습니다.

'대상'을 수상하고 많은 축하와 격려 전화를 받았습니다. 국군방송 인터
뷰에 출연하고, 국방일보 모니터 요원으로 임명되는 등 유명세도 탔습니다.
그러나 무엇보다도 내 안에 항상 웅크리고 있던 문학의 열병(熱病)을, 먼지
만 뒤집어 쓴 채 잠자고 있던 아름다운 순간들을 해산(解産)한 것이 가장 기
뻤습니다. 그리고 이러한 나의 이야기가 다른 소중한 분들의 가슴속에 작은
불씨로 남아, 한밤 과거로의 여행을 떠나는 데 춥지 않고, 외롭지 않도록 길
동무를 해줄 수 있을 것이란 생각에 많은 위안을 가져 보았습니다. 누군가

지나다가 나의 창가에 밤늦도록 불이 꺼지지 않고 초름히 빛나고 있거들랑, 오늘도 아름다운 세계에서 행복한 꿈이 영글고 있을 한 동반자가 있음을 기억해 주기 바랍니다.

남편 : 정광식 중령(육군17사단 감찰참모)
부인 : 이찬순
아들 : 정우혁(서울대학교 1년 재학 중)
딸 : 정혜민(인천 송내고등학교 2년 재학 중)

가장 아름다운 삶, 다목리 이야기

우리 식구가 다목리로 이사를 간 건 1992년 가을, 단풍이 들어서 모든 산들이 아름다울 때 남편이 육군 승리부대 대대장으로 부임을 하면서였다.

강원도 화천군 상서면 다목리(多木里), 말 그대로 나무가 많은 곳…… . 그곳은 포천을 지나 광덕고개를 넘고, 사창리에서 한숨 돌리고서, 높다랗게 서 있는 실내고개를 넘을 때에야 보이는 요새 같은 곳이었다. 더 이상 길이 있을 것 같지 않은 고개 너머에 마을이 있었다. 이 의외성은 다목리가 가진 비밀스런 아름다움 그 자체였다.

실내고개 정상 부근에서 다목리가 보이는데, 눈앞으로 쫙 펼쳐지는 파란 지붕에 문도 없이 밤나무로 둘러싸인 집이 우리 집이었다. 집은 부대 울타리 밑에 있었다. 부대 옆에 집이 있어서 좋다며, 늦게 퇴근하시는 아빠를 부대 문 앞에서 밤늦도록 기다리던 아들 원석이는 초등학교 2학년, 딸 유정이는 7살이었다.

다른 전방 지역에 더한 곳도 있겠지만, 처음 그곳에 이사 가서는 밤마다 어찌나 무서운지, 밖에서 무슨 소리만 나도 귀가 쫑긋거리며 머리카락이 곤두서는 무서움으로 가득 찼었다. 문을 모두 잠그고도 무서워서, 밤에는 잠을 못 자고 아침이 되어서야 잠이 들곤 하였다.

그러나 해가 뜬 후 창문을 열고 밖을 내다보면 물안개가 살짝 내려앉은 실내고개가 나를 슬며시 내려다보고 있을 뿐이었다.

남편은 아이들이 외로울까봐 강아지 한 마리를 구해 왔다. 아이들은 '용'이라 이름을 지었다. 생전 처음 기르게 된 강아지를 만지며 좋아서 어쩔 줄 모르고, 잠자리가 추울세라 상자에 손수 이불까지 덮어 재워 주며 옆에 함께 눕곤 하였다.

하지만 어느 토요일 아빠를 마중한다며 아이들과 마당에 있던 어린 용이는, 집에 들어오는 차를 피하지 못했다. 만난 지 한 달도 되지 않아 하늘나라로 떠나는 녀석을 껴안고 우리는 모두 함께 울고 말았다.

얼마 후 다목리 유일의 잡화상 '지정상회'에서 강아지 한 마리를 주었다. 지정상회 주인인 문일이 아빠는 '개 사돈'이라는 말도 안 되는 단어를 붙여 가며 친근감을 보여 줬고, 꼬마들 또한 '개 사촌'이라는 생소한 단어를 써 가며 사이가 좋았다. 새로 얻어온 강아지는 암놈이었는데 아주 깍쟁이에다가 생긴 것도 여우 같았다. 아이들은 강아지 이름을 열심히 보던 만화 주인공 이름인 '은비'라 짓고 매우 좋아했다.

어느 날부터인가 마당에는 온 동네 개들이 몰려와 진을 치고 살았다. 그리고 은비는 여덟 마리의 강아지를 낳았다. 태어나서 '개 새끼'를 처음 받아 본 나는 어찌해야 할 줄 모르다가, 얼른 미역을 꺼내 국을 끓였다. 그래도 출산하느라 고생을 했으니 쇠고기를 듬뿍 넣어서 말이다. 꼬물거리는 강아지 한 마리 한 마리가 너무 예뻐서 나는 모두 키우기로 하였다. 그리고 몇 달 후 은비는 여섯 마리의 강아지를 더 안겨 주었다.

그렇게 해서 그해 가을부터 우리 집에는 개가 열여섯 마리, 정말 '개 판'이 되어 버렸다. 왕왕거리며 뛰어노는 모습들이 하도 예뻐서 줄도 안 매고 모두 풀어 놓았으니, 우유 배달부와 신문 배달부……모두가 우리 집 앞에 오면 온통 다리에 강아지들이 달라붙어서 한 걸음도 못 걷는다고 툴툴거렸다.

계절이 바뀌어, 밍크, 별이, 몽실이 등 은비의 딸들도 새끼를 갖기 시작했고, 얼마 지나지 않아 하얀 울타리 속 마당에는 스무 마리도 넘는 개가 제대로 '판'을 치기 시작했다.

은비가 온 지 6개월쯤 되었을 때, 옆 동네의 공병대대에서 수캉아지를 얻어왔다. 검고 진한 눈동자에, 우리 가족에게선 눈 씻고 찾아봐도 없는 '롱' 다리와 늘씬한 몸매를 지닌 로티는 정말 잘생겼고, 게다가 무척이나 착했다. 언제나 은비 눈치를 보면서 밥도 제대로 못 먹고 늘 구박만 받으며 살았지만, 그러면서도 명랑했고 씩씩함을 잃지 않는 멋쟁이였다.

아침을 먹고 유정이가 학교로 나서면, 모든 강아지들이 그 뒤를 따라나섰다. 이때는 로티가 항상 앞장을 섰다. 언덕길을 따라서 쭉 가다가 유정이가 학교로 들어가면, 뒤로 돌아서 모두 함께 집으로 돌아왔다. 자그마한 계집아이 뒤로 열 마리도 넘는 강아지들이 졸졸 따라가는 모습은 정말 웃겼다. 무엇보다 우스운 건, 녀석들 먹으라며 동네 식당에서 뼈다귀를 한 봉지씩 얻어오는 건 원석이었건만, 유정이 말을 더 잘 듣는다는 것이었다.

로티를 말처럼 타고 놀던 유정이는 강아지 '꼬붕'들을 몰고 다니는 동네의 골목대장이었다.

관사 옆으로는 '해방촌'이라는 깊숙한 계곡이 있었다. 이곳은 이름 그대로 아이들의 자연 놀이터였다. 우리 아이들은 봄이면 이곳에서 친구들과 달래도 캐고, 여름이면 물에 들어가 물장구치고, 가을에는 도토리 줍느라 온 산을 누비고, 겨울이면 비료포대 비닐을 접어서 허리춤에 끼고 해방촌을 누볐다. 그러다 적당하다 싶은 언덕길이 나오면 여지없이 그 비닐을 바닥에 '쫙—' 깔고 미끄러져서 금세 주변을 눈썰매장으로 만들어 버리곤 하였다. 특히 유정이는 정월대보름이면 쥐불놀이를 하느라 깡통을 하도 돌려 대서, 오리털 파카에 구멍 내놓기 일쑤였다. 어느 해인가는 팔도 빠졌었다.

이에 질세라, 상상력이 풍부한 원석이는 도룡뇽을 집에서 부화시키겠다고 해방촌 계곡에서 유리병 가득 도룡뇽 알을 가져다 부화시키는 바람에, 욕조 하나 가득히 도룡뇽들이 헤엄을 치기도 했다. 어떤 날은 비단개구리가 너무 예쁘다며 빈 병에 알을 담아다가 식탁에

놓는 바람에, 손톱보다 작은 비단개구리 새끼들이 부화하여 온 집 안을 톡톡 뛰어다니기도 했다. 이뿐인가? 꿀을 먹겠다며 땅벌 집에 손을 집어넣어, 꿀을 먹기는커녕 손이 풍선처럼 부어오를 정도로 공격을 받기도 하였다. 또 청설모에게 도토리를 직접 주겠다고 나무에 올랐다가 가지가 부러지는 바람에 떨어지기도 하였다.

만약 도시에 살았다면, 아이들이 이런 추억을 가질 수 있었을까?

흔히 그러하지만, 추억이 항상 아름답고 즐겁기만 한 것은 아니다. 살아오면서 가졌던 수많은 추억을 되새겨보면 늘 이별도 함께 있었던 것을 알 수가 있다. 추운 날씨에 열이 죽은 병아리에서부터, 친구만 남기고 간 오리까지……. 우리 애들이 십자가 세워 만든 무덤만 해도 몇 개인지 모른다. 자동차에 치인 것을 며칠 만에 찾아냈던 '밍키'는, 동네 아이들이 모두 모여서 묵념과 눈물로 장례를 치르기도 했다.

어느 날인가는 산 넘어 어느 대대장집 개가 광견병에 걸려서 그 안주인과 옆집 아이를 물어 버린 사건 때문에, 우리 개들뿐 아니라 온 사단 내의 부대와 관사의 개들을 모두 없애라는 지시가 내려왔다. 결국 우리 집 개들은 남편과 부대 주임원사님이 내가 서울로 볼 일 보러 간 사이에 모두 어디론가 보내 버렸다. 작별인사도 못 하고 개들을 떠나보낸 나는 며칠에 걸쳐 춘천과 화천의 개장수들을 찾아다녔고, 한동안 밤마다 꿈에서 정들었던 개들이 문을 긁으며 '어서 와서 우리를 데려가세요!' 하는 소리에 시달려야 했다.

그 이후 나는 동물에게 정을 주지 말아야겠다고 다짐을 했건만, 그러고도 남편이 속초에서 참모로 근무할 때, 의정부에서, 또 경기도 광주에서 연대장을 할 때에도 마당만 있으면 개를 키웠다. 헤어질 때엔 늘 마음이 찢어지는 아픔을 겪으면서도…….

물론 이런 아픔과 슬픔은, 만났다 헤어졌던 수많은 사람들에게도 해당되는 것이었다.

1983년 8월 14일, 육군회관에서 결혼식을 올리던 날 친정아버지께서 어찌나 흐느끼며 우시던지……. 참으로 세월은 빨리도 지나갔다. 전라남도 광주시 화정동…… 공동묘지 터에 지었다는 백일 군인 아파트를 시작으로 서울, 경기도, 강원도, 경상도로 헤매고 다녔으니……. 추억을 반추하자면 며칠을 해도 모자랄 것이다.

하지만 그 세월 동안 아름다운 추억만 있었던 것은 아니었다. 연탄불을 갈다가 가스에 중독되어서 병원에 실려 가기도 했었고…… 둘째 아이(유정이)를 임신했을 때엔 울퉁불퉁한 부대 울타리 옆에서 미끄러져 허리뼈가 빠지는 바람에 평생 누워 살아야 할지도 모른다는 두려움 속에서 두 달 이상을 누워 지낸 적도 있다. 또 유정이를 낳고서 보름 만에 이사 간 대구에서, 물이 맞지 않은 탓에 주부습진에 걸려 나중에는 피부가 더 이상 벗겨질 곳이 없을 정도가 되어, 급기야는 근처 칠곡에 있는 나환자촌에 가서 그들의 피부약을 구해다가 바르기도 했다.

그뿐인가! 남편은 훈련 가고 없던 한밤중에 큰아이가 경기를 하는 바람에 서울에 있던 친정 동생을 불러들인 적도 한두 번이 아니었다. 하긴 큰아이도 작은아이도 남편이 훈련 중일 때 낳았는데…… 병원에 있던 다른 사람들이 내가 남편도 없는 여자라고 수군거리기도 하였으니 더 이상 무슨 말이 필요하겠는가!

수도 없이 하던 이사를…… 새로운 부대로 발령받은 남편이 신경 쓰지 않게끔, 이사는 나 혼자 하는 것으로 아예 결혼 초부터 작정하였으니……. 이사하고 나면 짐 정리부터 벽에 못 박는 일까지 내가 하였음은 물론이다. 그래서인지 허리도 아프고 어깨도 아픈 증세가 생겼음은 지금 생각해 보면 몹시 속상하기도 하다.

재작년, 연대장을 마치고 군단 참모로 들어간 지 얼마 되지 않아서 남편이 갑자기 이라크 파병 명령을 받고 열흘 만에 전쟁 현장으로 출국한 일은 내 인생에 있어서 군인의 아내임을 가장 후회하게 만든 사건이었다. 늘 뉴스에 등장하는 폭탄 떨어지는 곳, 바그다드에 있는 다국적군사령부로의 발령이었기에, 나는 남편을 떠나보내면서 그저 남편이 손가락 하나 다치지 않고 무사히 돌아오기만을 빌고 또 빌었다. 그때만큼 군인의 아내가 된 것이 서글펐던 적도 없었다.

다행히도 이 감상은 몇 개월 후 임무를 마치고 무사히 남편이 돌아왔을 때엔 오히려 강한 자긍심으로 바뀌었다.

그리고 원석이는 군대에 가 있고, 유정이는 대학생이 된 지금에서야, 난 그때 아버지께서 왜 그리도 흐느끼셨는지 알 것 같다.

흔히 군인가족은 팔자가 세다느니, 역마살이 끼었다느니 말하곤 한다. 하지만 나는 그렇게 생각하지 않는다. 오히려 전생에 구중궁궐에 살던 왕비나 공주가 아니었을까? 그러기에 현생에서는 세상 여러 곳을 돌아다니며, 특히 남들이 잘 가지도 않는 곳에서 얼마든지 살 수 있도록 인연이 지어져 있는 건 아닐까?

　우리 군인의 가족들이 사는 곳은, 비록 바깥에서 보기에는 '낯설고 열악한 전후방 곳곳'이지만, 인위적인 손길이 덜 닿아 있어 조금 더 자연 그대로일 뿐이지 괴롭고 힘든 곳은 절대 아니다. 그곳에서 숱한 이사와 수많은 만남을 겪으며, 즐겁고 행복한 생활을 해온 23년 동안 나는 '남편 같은 사람들이 있어 다른 사람들이 안심하고 살아갈 수 있다'는 자부심을 갖게 되었다. 그리고 많은 사람들을 만날 수 있는 즐거움을 가질 수 있었다. 육군 근무지 중에서도 가장 환경이 열악하기로 소문났던 다목리에서도 그렇게나 아름다운 추억들이 남아 있는데, 어느 곳인들 더한 아름다움이 없겠는가?

　군인의 아내로 살아오면서 겪었던 많은 만남 속에는 여러 가지 상황이 참으로 많았었다. 다목리 이야기는 극히 일부일 뿐이다. 힘든 군인의 길을 걷는 남편을 만난 덕분에 천국만큼 아름다운 기억을 가슴에 심어 가며, 오늘도 나는 군인의 아내임을 자랑스레 여기며 살아가고 있다.

이선희
이라크 자이툰 11 민사여단장 최익봉 준장 가족

82

"**엄마, 드디어 찾았다!**"하며 딸 유정이가 사진 한 장을 골라 준다.

"그래, 이거라도 있으니 다행이다."

며칠 전 '군인가족 생활수기 당선작을 책으로 내는데, 약간의 글과 가족 사진이 필요하다'는 내용의 메일을 받고부터 컴퓨터에 저장해 둔 사진들을 뒤지기 시작했으나, 우리 네 식구가 한꺼번에 있는 사진이 정말로 드물었다.

연대장 시절 남편이 관사에서 머물 때엔, 아들이 고3, 딸이 고1이었다. 남편이 2차 연대장을 나갔을 때엔, 딸이 고3이라 서로 만나기가 힘들었다. 그후 남편이 바그다드로 근무를 가게 되었고, 남편이 돌아왔을 때엔 아들이 군대로 떠난 후였다. 아들이 작년 12월 군에서 돌아왔을 때, 남편은 자이툰부대로 떠난 후였다.

이렇게 서로 어긋나기를 5~6년이니, 네 식구의 번듯한 사진이 없는 것도 어쩌면 당연한 일이다. 결국 사진이란 사진은 다 뒤지고 있는 엄마를 보다 못한 애들이 나섰고, 드디어 딸이 이 사진이 괜찮은 것 같다며 사진 한 장을 찾아내었다. 남편이 멀리 있으니 당장 다시 찍기도 어렵고……

전라도, 경상도, 강원도, 경기도 등 수없이 이사도 많이 했고, 거의 남편과 떨어져 살았기에, 네 식구가 함께하며 살았던 다목리 생활은 우리 가족에게는 다시 없는 행복한 시간들이었다.

다목리를 떠나고는 계속 아파트에 살았기에, 어찌 보면 우리 네 식구의 낭만적인 생활이 마감되었다고도 할 수 있겠다.

지금도 우리는 시간이 날 때면 마주 앉아서 옛 추억을 반찬 삼아 맛있는 기억의 향연을 벌이곤 한다.

아이들과 함께 네 식구가 같은 기억을 공유한다는 건 참으로 기쁘고 행복한 일이다.

옛날을 회상하며 기억을 더듬고, 가족사진을 찾으며 다시 한 번 가족의 소중함을 깨닫게 해주신 《국방일보》에 깊은 감사를 드리고 싶다.

오늘처럼 흐린 날이면 물안개 피던 실내고개가 더욱 그립다.

남편 : 최익봉 준장
(이라크자이툰사단 제11민사여단장)
부인 : 이선희
아들 : 최원석
딸 : 최유정

군인의 아내임을 느끼는 순간

눈부신 아침 햇살이 방 안으로 스며든다. 어렴풋이 보이는 주방이 분주하다. 무슨 소린지 가만히 들어 보니 남편과 아이들이다. 아마 내가 몸이 아파 일어나지 못하니 아침을 분주하게 준비 중인 모양이다. 허리와 목을 다친 이래로 항상 밤에 잘 때나 아침에 일어날 때 힘이 든다. 그러다 보니 집안일은 자연히 남편과 애들 몫이 되었다. 가만히 그 광경을 바라본다. '정말 세월이 많이 흘렀구나.' 그런 생각이 든다. 남편을 만났던 날이 마치 엊그제 같은데…….

27년 전 어느 날, 나는 친구의 소개로 한 군인아저씨를 알게 되었다. 군인이라면 우락부락하고 무섭다는 인식을 갖고 있었는데, 그날 만난 남편은 참으로 믿음직하고 상냥했다. 그렇게 남편과의 인연이 시작되었는데 무엇보다도 진실한 점이 참 마음에 들었다. 그때 우리 아버지는 가난한 군인이라는 이유로 그를 싫어했다. 아버지를 찾아뵐 때마다 남의 집 귀한 딸을 뭘 믿고 데려가려느냐고 몇 번을 쫓아내셨다. 그러나 남편은 아버지의 거친 태도에도 얼굴 한 번 찡그리거나 불평 한마디 없이 가만히 자리를 지켰다. 아버지께선 "이 녀석 가진 건 없어도 다른 것으로 너 속 썩이지는 않겠다"라는 말씀을 하시며 남편의 성실성 하나를 보시고 결혼을 승낙해 주셨다. 그렇게 해서 우리의 신혼생활은 시작되었다.

군인이란 직업이 구체적으로 어떤 건지, 남편이 하는 일이 무엇인지도 잘 모른 채 나는 가정생활을 계속했다. 군인의 아내라고는 하지만 군인 역시 전쟁을 하고 있지 않은 평소에는 다른 직장인들과 크게 다를 게 없다. 이사가 잦고 훈련, 당직이 많다는 것 정도가 차이라면 차이일까? 그러던 어느 날 나는 한 사건으로 내가 군인과 결혼했음을, 그리고 군인의 아내임을 가슴 깊이 새기게 되었다.

1983년 북한의 이웅평 소령이 미그기를 타고 우리나라로 귀순했을 때의 일이다. 그 당시 남편은 강화도에 근무하고 있었는데 평소처럼 출근하다 그만 논길에 넘어져 옷이 찢어지는 바람에 집으로 되돌아 왔다. 그때 공습경보가 울렸고 나는 갑자기 무서워졌다. 바로 자리를 박차고 나가려는 남편을 붙잡고 처음 당한 일이라 하도 겁이 나서 못 가게 하면서 나도 데려가라고 졸랐다.

"나는 군인이니 나라를 지키러 가야 하오. 걱정 마시오. 당신은 나라에서 지켜줄 테니……." 남편은 내가 지금까지 본 것 중 가장 단호한 목소리로 이 말만을 남긴 채 말 그대로 바람처럼 부대를 향해 사라졌다.

 여자라면 남자에게 보호받고 싶은 것은 본능이 아닐까 싶다. 나라고 해서 그 마음이 왜 없었겠는가? 그러나 그는 한 여자의 지아비인 동시에 국가를 지키는 군인이었다. 잠시 야속했지만 생각해 보니 그이의 책임감 있는 모습에 반해 결혼했던 게 아니던가? 그때 나는 군인의 아내로서 더욱 당당하고 강하게 살아야겠다고 다짐했다.

 물론 군인가족으로 살면서 그런 무서운 일만 있었던 것은 아니다. 재미있는 일들도 참 많았다. 우리 남편은 사람들과 어울리는 것을 정말 좋아한다. 윗사람, 아랫사람 가리지 않고 잘 어울린다.

 강화도에서의 어느 날, 정보통신대 아저씨들이 추운 겨울에 산에서 작업을 마치고 내려가는 길에 우리 집에 들어서며 조심스레 "저! 배 중사님께서 내려오는 길에 댁에 들르라고 하셔서요"라고 하는 게 아닌가. 남편의 성격을 잘 알고 있는 나로서는 곧장 그 아저씨들에게 따뜻한 라면에 밥 한 그릇을 대접했다. 그 추운 엄동설한에 산 속에서 작업하고 내려왔으니 얼굴이며 손발이 어떻겠는가? 꽁꽁 얼어붙은 붉은 얼굴에 하얀 입김만 내뱉고 서 있는 모습이 못내 안쓰러웠다.

 그때부터 나는 산에서 작업하고 내려오는 장병들을 만날 때마다 간단한 라면과 함께 밥을 지어 대접하며 따뜻하게 대해 주었다. 소문은 점점 퍼져서 더 많은 군인아저씨들이 찾아오기 시작했다. 하지만 가뜩이나 어려운 살림인데다 워낙 잘 먹는 젊은 장정들인지라 우리 집 한 달 양식이 일주일도 못 되어 사라지곤 했다. 그렇다고 이제 그만 오라고 할 수도 없고, 어찌할 바를 모르고 있던 차에 그 사실을 뒤늦게 알게 된 군인아저씨들은 작업을 나오면서 각자 먹을 것을 가져오곤 했다.

남에게 베푸는 것을 손해라고 생각하는 사람이 있을지도 모른다. 주면 줄수록 더 바란다는 것이다. 그러나 나는 그렇게 생각하지 않는다. 따뜻함은 또 다른 따뜻함을 낳는 법이다. 그 사실을 나는 그곳 강화도에서 직접 몸으로 체험했다.

군인의 아내가 남과 다른 점이 또 하나 있다. 그것은 바로 이사다. 그때까지만 해도 나는 모든 군인들이 원래 그렇게 이사를 자주 다니는 줄 알았는데, 그것도 군에 따라 다르다는 것을 나중에서야 알았다. 군인가족치고 이사를 많이 안 다녀본 사람이 있으랴만, 우리 가족 역시 남 못지않았다.

우리 아이가 초등학교 5학년 때에 반에서 주민등록등본을 떼어갈 일이 있었는데, 그때 이미 스물여섯 번의 전출입 기록이 적혀 있었다. 반에서 자기가 가장 많다고 얘기하는 철없는 아들을 보며 뭐라 말해 줘야 할지 고민이 되었다. 정들만 하면 헤어지는 생활의 반복……

나중에 남편이 상사 진급이 되어 서울까지 오고 난 뒤에는 '이제는 좀 이사가 없으려니……' 했다. 과연 이사는 없었다. 하지만 이번엔 이사 대신 다른 것이 나를 기다리고 있었다. 바로 신문에서나 보던 주말부부였다. 진급을 하기 위해서는 전방 점수를 채워야 하는데, 남편은 그 전방 점수가 부족했던 것이다.

옛날에는 세간 살림도 적었고 아이들도 어려서 괜찮았는데, 아이들도 크고 짐도 많아지고 교육 문제도 있고 해서 어쩔 수 없이 나와 남편은 생이별을 하는 수밖에 없었다. 해상 근무 시에는 주말부부로, 백령도, 연평도에 근무할 때엔 한 달에 한두 번 보기도 쉽지 않았다.

그래도 세상은 공평한가 보다. 옛날에는 말썽만 부리고 속만 썩이던 아들 녀석이 언제 이렇게 컸나 싶을 정도로 남편의 빈자리를 메워주곤 하여 잘 견딜 수 있었다. 집 안의 크고 작은 일은 다 도맡아 했다.

아들 녀석이 어느 날 내게 "아버지께서 안 계신 동안 저보고 엄마 잘 살펴드리라고 말씀하셨어요"라고 말할 때엔 눈물이 핑 돌았다. 아직도 실수투성이에 미덥지 못한 구석이 많지만, 이렇게 말하는 데야 무슨 불평을 할 수 있었겠는가? 그저 내건하고 고맙기만 할 뿐이었다.

남편은 백령도, 연평도와 같은 전방 근무를 연이어 하는 와중에도 아침저녁으로 꼬박꼬박 집에 전화를 했다. 그러던 중 하루는 아이들 여름방학을 이용해 남편이 근무하던 백령도로 놀러 가기도 했다. 2박 3일간의 일정이었는데, 기상이 좋지 않아 4박 5일의 여행이 되었다. 가족과 좀 더 있을 수 있다고 마냥 좋아하는 남편을 보니 마치 어린애만 같았다.

그곳을 떠나오는 날, 남편은 부둣가에 서서 멍하니 우리를 지켜보고만 있었다. 이제 그만 배 안에 들어가야겠다고 돌아서려는 순간, 나는 그이의 눈물을 보았다. 가만히 돌아서서 눈시울을 훔치고 있었다. 순간 나도 모르게 뜨거운 무엇인가가 내 빰을 흘러내리고 있었다.

'여보, 집은 아무 걱정 마세요. 아이들도요. 아무리 떨어져 있어도 우리는 부부잖아요!'

들릴 리 없는 말이건만 나는 계속해서 혼자 그 말을 되뇌고 있었다.

지금이야 우리 부부는 서로 많이 비슷해졌지만, 사실 결혼 초에 우리 부부는 비슷한 면보다 서로 다른 점이 훨씬 많았다. 남편은 운동을 좋아하고 사람들과 어울리기를 좋아하는 반면, 나는 책을 좋아하고 혼자 조용히 사색하기를 좋아했다. 가족관계도 그이는 12남매의 막내, 나는 3남매의 장녀였다.

　그랬던 우리 부부지만 처음부터 둘이 쏙 들어맞는 것이 하나 있었다. 바로 '남에게 베풀고 살자'라는 인생의 좌우명이었다. 나는 장녀니까 그렇다고 치더라도, 보통 12남매의 막내로 태어났으면 정도의 차이는 있어도 자기만 아는 이기적인 아이로 자라기 십상인데 남편은 전혀 그렇지가 않았다.

　그는 동네에서 소문난 효자였다. 가세가 기울어 너무 가난했던 나머지 중학교 졸업식엔 형의 장화를 신고 가서도 기죽지 않고 좋다고 사진을 찍는가 하면, 고등학교 1학년 때 급기야 학비를 내지 못해 자퇴를 해야만 했을 때도 부모님을 원망하기는커녕 막노동을 해서 집안 살림에 보탤 정도로 소문난 효자였다.

　결혼 후 나는 어려운 형편 가운데서도 항상 어디를 가든 나보다 더 어려운 이웃을 돕고자 노력했었다. 강화도에서는 마을 경로당 어르신들께 겨울이면 양말과 내복을, 여름이면 시원한 마실 것과 과일을 때때로 사다 드렸다.

　포항에서 살 땐 교회에서 혼자 사시는 할머니를 도와드렸는데, 월남해 늦게 결혼하신 탓에 자녀도 없으시고 할아버지마저 일찍 돌아가셔서 돌봐줄 사람이 하나도 없었다. 나는 왠지 내 부모님과 같이 느껴져 항상 식사를 챙겨 드리고, 혹 여행을 가시게 되면 용돈과 요구르트, 우유를 한 박스씩 사서 전해 드렸다.

서울에 올라와 조그만 식당을 운영하고 있을 때엔 부모님이 안 계셔서 항상 밥을 굶고 다니는 아이의 끼니를 챙겨 주었다. 얼마 전에 그 아이가 가게 앞을 지나가기에 "종석아!" 하고 부르며 뛰쳐나갔다. 녀석은 나를 잊지 않고 엄마라고 화답해 주었다. 얼마나 기뻤는지 모른다. 지금은 어엿한 직장인으로 열심히 살고 있다는데, 그 얘기를 듣는 순간 마치 내 일처럼 기뻤다.

이렇게만 말하면 내가 무슨 많은 돈을 가지기라노 한 사람으로 생각할지도 모르겠다. 그러나 그 시절엔 모두가 그랬듯이 우리 부부 역시 참으로 가난하게 결혼생활을 시작했다. 물려받은 재산 하나 없는 남편은 방 얻을 돈조차 없어서 결혼반지를 전당포에 맡기고 신혼살림을 차렸다.

나는 남을 돕는 것은 돈이 많고 적음에 달린 것이 아니라고 생각한다. 많으면 많은 대로 적으면 적은 대로 정성이 중요한 것이라 생각한다. 이번 기회에 나는 남편에게 고맙다는 말을 하고 싶다. 그 어려운 와중에도 내가 남을 돕는 것에 남편은 눈썹 한 번 찡그리기는커녕 오히려 함께 도와주기까지 했었다.

그렇게 어렵던 살림이 포항으로 이사를 가서부터는 아주 약간씩 나아졌고, 그때 나는 오래전부터 생각하고 있던 일을 실천에 옮겼다. 남편을 방송통신고등학교에 입학시킨 것이다.

주중에는 근무하고 야간과 주말에 나의 가게 일까지 도와주면서 공부를 했기에, 남편은 늘 바빴고 피곤했다. 특히 마지막 3학년이 되어서는 서울로 전출을 오는 바람에 주말마다 서울에서 포항까지 먼 길을 통학해야만 했다. 그럼에도 불구하고 남편은 힘든 내색 한 번 하지 않고 열심히 다녔다. 그리고 마침내 졸업장을 받던 날 남편은 환히 웃었다. 그 모습을 바라보고 있던 나는 가슴이 따뜻해지는 것을 느꼈다. 괜히 나까지 어깨가 으쓱거렸던 기억이 난다.

이렇게 열심히 산 것이 눈에 띄었는지 남편의 이야기는 《국방일보》와 《동아일보》에 기사화되기도 했다. 그리고 국방부장관과 합참의장의 표창, 서해교전 공로로 전투유공 표창을 받았다. 나는 아내로서 남편이 자랑스럽기도 하지만, 우리보다 더 어려운 환경에서도 열심히 사는 사람들이 있을 텐데…… 하는 마음에 한편으론 부끄럽기도 하다.

마지막으로 예전에 하지 못했던 말을 하면서 이 글을 끝맺고 싶다.

남편이 백령도, 연평도에서 근무를 하고 있을 때의 일이다. 하루는 오랜만에 온 남편을 본 이웃이 내게 "아주머니, 남편이 있었어요? 난 항상 아주머니랑 애들만 있기에 남편 없이 애 키우는 사람인 줄만 알았어요". 했다. 그때 나는 그냥 웃었다.

하지만 지금이라면 누구에게라도 자신 있게 말할 수 있을 것 같다. 우리 남편은 바다를 지키는 늠름한 해군 아저씨라고…….

빈경득
국방부 근무지원단 배장환 해군 원사 가족

92

사실 나는 상을 바라고 글을 쓰지는 않았다. 어떤 드라마틱한 인생역정이 있었던 것도 아니고, 상 자체에도 큰 욕심이 없었다. 그저 지나간 나의 인생을 담담하게 돌아보고 싶었을 뿐이다. 너무 바쁜 나머지 정신없이 지나가 버린 세월을 자연스레 돌아볼 수 있는 기회인 것 같아서 그 기회를 잡고 싶었다. 그랬던 것이 뜻밖에도 우수상을 받게 되어 정말 너무 기뻤다. 나보다도 좋은 글을 쓴 분들이 많은데 이런 큰 상을 받은 것이 너무 감사하다. 한편 내 나름대로 열심히 살아온 것에 대한 보상인 것 같아 그 기분을 다른 말로 표현하기 어렵다.

이 자리를 빌려서 나의 사랑하는 남편에게 감사하고 싶다. 사실 다른 군인남편들은 아내가 집에서 살림하며 내조를 잘하는데 나는 바깥에 나가 일을 하느라고 내조를 잘하지 못하는 것 같아 남편에게 항상 미안했었다. 그럼에도 남편은 오히려 나를 격려해주고, 주말마다 함께 빌딩 청소를 다니고, 새벽이면 함께 신문을 돌려 주었다. 내 남편같이 자상한 남자는 아마도 없을 것이다.

나는 이제껏 여러 가지의 일을 해왔지만, 지금 내가 하고 있는 일이 제일 즐겁고 보람된 일이라고 생각한다. 멋쟁이 아가씨부터 꽃미남 아저씨, 미시족 아줌마, 근엄한 사장님까지 많은 손님들이 나를 찾아온다. 그들은 먼지투성이인 구두를 들고 0.8평짜리 구두수선 박스에 오지만 돌아갈 때엔 깔끔하게 수리되고 반짝반짝 빛이 나는 구두를 들고 흡족한 마음으로 돌아간다.

사실 나에겐 남들에게 말 못 했던 꿈이 하나 있다. 그것은 지금까지 나의 삶을 하나의 책으로 엮어 내는 것이다. 남들이 들으면 웃을지도 모르겠지만 나에겐 꼭 이루고 싶은 꿈이었다. 그런데 이번에 우수상을 받게 되면서 나는 꿈을 이룰 수 있다는 희망을 갖게 되었다.

　나에게 이런 꿈과 희망을 주신 국방부, 군인공제회, 국방일보 관계자 여러분들께 이 자리를 빌려 깊은 감사를 드린다.

남편 : 배장환 원사(국방부 근무지원단 의무실)

부인 : 빈경득

아들 : 배성훈(한양대학교 일본언어문화학부 3년 재학 중)

딸 : 배혜영(성결대학교 음악학부 오르간과 4년 재학 중)

2부

인생의
갈래 길에서
군인의 길을
택하다

숲 속의 두 갈래 길 중에

노란 숲 속에 길이 두 갈래로 났었습니다.
나는 두 길을 다 가지 못하는 것을 안타깝게 생각하면서
오랫동안 서서 한 길이 굽어 꺾여 내려간 데까지
바라다볼 수 있는 데까지 멀리 보았습니다.
그리고 똑같이 아름다운 길을 택했습니다.

그 길에는 풀이 더 있고 사람이 걸은 자취가 적어
아마 더 걸어야 될 길이라고
나는 생각했던 게지요.
그 길을 걸으므로, 그 길도 거의 같아질 것이지만.
(중략)

훗날에 훗날에 나는 어디선가 한숨을 쉬며

이야기할 것입니다.

숲 속에 두 갈래 길이 있었다고

나는 사람이 적게 간 길을 택하였다고

그리고 그것 때문에 모든 것이 달라졌다고.

군생활을 하면서 알게 되어 좋아하게 된 로버트 프로스트의 「가지 않은 길」이란 시 중 일부분이다. 마치 이 시가 내 인생 전반기를 이야기하고 있는 것 같아 가슴에 무척 와 닿는다.

어린 시절, 누구나 한 번쯤은 제복의 멋스러움에 매료되게 마련이다. 빨간 불자동차를 타고 화재의 현장에 어김없이 나타나 슈퍼맨처럼 불을 끄고 사람을 구출해 주는 소방관 아저씨부터 나쁜 사람 잡아가서 혼내 주는 정의의 사나이 경찰관 아저씨, 그리고 총싸움의 달인(達人) 군인 아저씨와 혼잡한 거리를 질주하는 자동차들을 호령하는 교통순경 아저씨에 이르기까지…… 이들 모두는 어릴 적 우리의 우상이자 선망의 대상이었다.

착한 사람 구해 주고 악한 사람 벌주는 제복 입은 아저씨들의 용맹스러움과 정의로움이 마냥 멋지게만 보였던 어린 시절. 그러나 한두 해 나이를 먹으며 그 제복 속에 숨겨진 일상의 고단한 삶을 엿보게 되면서 제복 입은 아저씨가 될 거라는 우리의 꿈들도 아련한 옛 추억 속으로 사라져 버렸다.

나도 그런 아이들과 함께 어느덧 어른이 되었다. 그러나 난 여전히 제복이 좋았고, 제복을 입고 근무하는 나의 모습을 항상 꿈꿔 왔다. 학창 시절에는 걸스카우트, 보이스카우트의 단복이 좋았고, 대학 시절에는 요즘 흔히 말하는 '고추장남'처럼 검은색 배낭에 물 빠진 청바지와 면 티, 그리고 운동화 차림의 자유분방한 남학생들보다는 짧게 깎은 머리에 반짝반짝 윤이 나는 단화, 감청색 단복을 입고 무리 지어 다니는 학군 장교 후보생들의 절도 있는 모습이 더 보기 좋았다.

대학 4학년, 내 친구들은 선배들이 걸었던 길을 좇아 대기업에, 은행에, 그리고 대학원에 가기를 희망하며 저마다 취업 준비에 여념이 없었다. 그러나 난 어릴 적 동경했던 제복의 꿈을 버리지 못하고 친구들과는 전혀 다른 군인의 길을 선택했다.

바지보다는 치마를, 생얼(맨얼굴)보다는 옅은 화장을 하며 나름대로 꾸미기를 좋아했던, 그리고 조용하고 튀지 않던, 그래서 여자답다는 얘기를 많이 들었던 내가 군인이 되려 한다 했을 때 내 친구들은 무척 의아해했고, 집에서도 반대가 이만저만이 아니었다.

요즘은 상황이 달라 여군이 되려 하는 사람들이 많지만 그때만 해도 여군은 부대에서조차 보기 힘든 존재였다.

군인이 되면서 모든 것이 달라졌다. 알록달록 옷들로 채워졌던 내 옷장은 어느새 얼룩무늬 군복으로 채워졌고, 신발장도 하이힐과 예쁜 구두 대신 까만색 전투화와 활동성에 중점을 둔 운동화가 자리를 차지했다. 그리고 대학 시절 한두 번의 MT 활동을 제외하고는 집을 떠나 본 적이 없는 그야말로 텃새였던 나는 부대를 따라 전국 이곳저곳을 종횡무진하며 새로이 둥지를 트는 철새가 되었다.

운명인지 필연인지 난 그렇게 군인이 되었고, 또 군인을 만나 결혼을 하고 아이를 낳으면서 군인가족이 되었다.

대한민국에서 일하는 여성으로 살아간다는 것은 고된 일이다. 더군다나 여군으로, 한 아이의 엄마로, 그리고 군인의 아내로 살아간다는 건 내게 그리 만만치 않은 일이었다.

신혼 초, 남들은 인생의 가장 달콤한 시기라 하지만 남편은 강원도 최전방 GOP 중대장으로, 나는 조치원 모 부대의 정훈 장교로 떨어져 있으면서 서로를 향한 사무치는 그리움을 참아내기 힘들었다. 첫아이를 임신하면서는 혼자 입덧의 메스꺼움을 감내하면서 한밤중 순대가 먹고 싶다고, 또 시장에 나지도 않은 때 이른 과일을 사 오라며 남편을 졸라대는 호강 한번 제대로 누려 보지 못했다.

아이를 낳고 부대로 출근하면서는 어깨에 나보다 큰 기저귀 가방을 둘러메고 아이를 맡아 줄 이웃집을 향해 잰걸음을 재촉하며 집을 나서야 했고, 너무 이른 나이에 어린이집을 보낸 탓에 아이의 여린 코에는 누런 콧물이 마를 날이 없었다.

한번은 모처럼의 휴가를 받아 아이를 데리고 남편에게 다녀왔다. 그런데 장시간의 먼 거리 여행이 아이에게는 버거운 일이었는지, 돌아오고 나서 그날 밤부터 아이가 고열에 구토까지 하기 시작했다. 그렇게 아이는 고통 속에 밤을 지새워야 했고, 나는 발만 동동 구르며 밤새 차도 없는 아이를 지켜봐야 했다. 그러나 또 하루가 시작됐고, 난 아픈 아이를 뒤로한 채, 무거운 발걸음을 내디뎌 부대로 향했다. 그러나 아이를 맡아 주시던 아주머니로부터 아이 상태가 좋지 않다는 전화를 받고 정신없이 달려가 곧바로 병원으로 향했다. 그러나 동네 병원에서는 큰 병원으로 가야 할 것 같다는 말만 할 뿐……. 그렇게 이 병원 저 병원을 전전하다 아동전문병원으로 옮겨 급히 진찰을 받고서야 아이를 응급실에 입원시킬 수 있었다.

당시 나의 상관은 이런 나의 상황을 보고받으시고는, 부대 걱정은 하지 말고 아이나 잘 돌보고 오라는 따뜻한 위로의 말씀을 건네주시며 휴가 조치를 해주셨다.

그러나 문제는 당직 근무. 그날은 마침 내가 당직 근무로 편성된 날이었다. 그래서 난 부대 동료에게 당직 근무를 조정해 달라고 부탁했다. 잠시 후 다행히도 근무 순번을 조정하긴 했으나, 같은 부서에 있는 모 장교가 격렬히 반대하는 바람에 조정이 무척이나 힘들었다는 말을 전해 들었다.

순간 너무나 야속했다. 속상하고 화가 나기도 했다. 같이 아이 키우는 입장에서 너무한 게 아닌가? 위로의 말은 못할 망정 비난이나 하고…….

그때는 그 일이 크나큰 마음의 상처가 되었다. 하지만 시간이 지나면서 그때 나를 비난했던 그 남자 장교의 입장을 이해하게 되었고, 이때부터 개인적인 어려움은 웬만하면 스스로 극복하려는 생각과 의지를 갖게 되었다. 고통과 시련은 그만큼 인간을 성숙케 하는가 보다.

그렇게 세월은 흘러 이제는 그 길의 중간 기로에 서 있다. 잠시 서서 내가 걸어온 그 길을 다시 돌아본다. 돌아보니 평평한 아스팔트도 보이고, 구불구불한 산길도 보이고, 4차선 대로도 보이고, 외나무다리와 오솔길도 보인다. 그리고 나 홀로 힘겹게 걸어온 줄 알았던 그 길 뒤에서 내 등을 밀어 주며 힘이 되어 준 이들이 있었음을 새삼 알게 된다.

나의 동료들, 내 남편, 내 아이, 그리고 엄마…….

남편은 군생활로 치면 나보다 2년 위인 선배다. 군에서 2년 고참이면 깍듯이 경례하고 예의범절 다 갖추는 관계지만, 남편과 아내 사이에 무슨 서열을 따지랴.

신혼 초엔 '물건 쓰고 제자리에 갖다 놔라', '과자 먹고 봉지는 쓰레기통에 지워야 되는 거 아니냐?', '빨래는 그냥 벗어 놓지 말고 세탁기에 넣어 주면 서로 좋지 않느냐?' 면서 남편 뒤를 따라다니며 잔소리를 해댔다. 그리고 사소한 문제로 말다툼을 하는 날이면 이건 이렇고 저건 저러니 당신이 잘못한 것이라며 모든 잘못의 귀결을 남편 탓으로 돌렸다. 이런 나를 보며 남편은 "왜 만날 내가 잘못한 게 되는지 모르겠다"며 볼멘소리를 하기도 했다.

하지만 솔직히 난 그렇게 깔끔히 정리하는 편도 아니고 매사 정확하게 사는 사람도 아니어서 빈틈이 많다. 일단 외모는 참하고 여성답게 생겨서 깔끔하고 깐깐할 것이라 많이들 생각하지만, 밖으로 잘 드러내지 않아서 그렇지 사실 건망증도 심하고 물건도 잘 잃어버리며 정리 정돈이나 집안일도 서툰 편이다. 그래서인지 '언행일치(?)'가 안 되는 나를 보고 남편은 '불량 선도위원'이라는 별명을 붙여 주기도 했다.

몇 해 전, 모 TV에서 〈불량 주부〉란 드라마가 인기리에 방송된 적이 있다. 참 재미있게 보았던 기억이 난다. 그 드라마 제목이 꼭 나를 말하는 것 같다는 생각이 들었다. 아이를 키우는 것도 그렇고, 살림을 하는 것도 그렇고, 실수도 많고, 무지하기도 해 내가 생각해도 참 불량스럽다.

남편이 내게 지어 준 '불량 선도위원'이란 별명은 '너 자신을 알라'는 소크라테스의 명언만큼이나 섬뜩한(?) 깨달음을 주었다. 그리고 '그러는 너나 똑바로 해'라는 말로 상대의 기분을 상하게 하기보다는, 별명 하나로 나에게 하고 싶은 말을 다 하고 일침을 놓은 남편의 넘치는 위트가 놀라웠다.

부부는 길고 긴 인생길을 손잡고 함께 걷는 친구다. 이정표도, 그 끝도 안 보이는 인생의 길에 한쪽이 넘어지면 손을 뻗어 일으켜 주고, 힘겨워 걸음을 멈추면 말없이 자신의 등에 업고서라도 함께 가는 친구다.

처음에는 혼자라 생각했던 그 길에, 똑같은 옷을 차려입고 같은 곳을 바라보며 걷는 남편이 있기에 고된 인생길이 아닌 즐거운 여행길, 산책길이 된다.

그리고 내 아이, 올해로 일곱 살인 아들은 어린 시절의 나처럼 군인을 좋아한다. 군대 문화에 익숙하다 못해 이를 즐기는 아이다. 대대장이 더 높은지 대장이 더 높은지, 소령이 더 높은지 대위가 높은 건지…… 누가 더 높은지 궁금해 매번 나한테 묻곤 한다. 내가 속한 부대의 부대가를 동요보다 더 잘 부른다. 그리고 내가 벗어 둔 군복을 입고 군인 행세도 곧잘 한다. 어릴 땐 내가 당직 근무 서는 걸 그렇게도 싫어하더니, 이제는 밤 동안 부대 잘 지키고 오란다.

이른 아침 단잠을 깨고 매번 엄마와 나서는 출근길(?)이 힘들 법도 한데, 그래도 엄마가 군인인 것이 좋다는 아이다. 밤에는 내가 못 미더운지, 아니면 멀리 떨어져 있는 아빠의 빈자리를 자기가 채우려는 것인지 문단속을 꼼꼼히 하며 도리어 나를 지킨다. 아빠와 함께 산 날보다 떨어져 있는 날이 훨씬 많지만 군인 아빠, 군인 엄마의 영원한 팬이자 든든한 버팀목이 되어 주는 아이다.

마지막으로 우리 엄마……. 같은 여자로서 이심전심일까? 결혼해서 남편과 같이 못 살고 혼자 아이를 키우며 군생활을 하는 나를 무척 안쓰러워 하신다.

아마 엄마가 안 계셨다면 나의 군생활도 불가능하지 않았을까 생각한다. 현역인 내게 엄마는 든든한 동원 예비군이다. 부대에서 비상이 걸리면 엄마에게도 동시에 비상이 선포되고, 내가 훈련이면 엄마도 전시 상태가 된다. 여군 선발 시험을 앞두고서 체력 검정에 대비해 아파트 주변을 함께 뛰어 주시던 엄마……. GOP에 있는 남편을 대신해 입덧이 심한 나를 위해 야간열차를 타고 서울에서 조치원까지 딸기를 사 오셨던 엄마……. 손자도 예쁘지만 너는 내 딸이기 때문에 더 소중하다며 애만 챙기지 말고 너도 좀 챙기라며 걱정해 주시는 우리 엄마…….

"이젠 봄도 예전 같지가 않다"는 말에 문득 엄마를 보니 흰머리도, 얼굴의 주름도 많아지셨다. 늘어난 흰머리와 주름살의 주범이 왠지 내가 아닐까 하는 생각에 죄송한 마음이 든다.

이제 다시 내 앞에 놓인 길을 따라 걷는다. 처음 낯설음에 두려움까지 주었던 이 길이 어느새 나에겐 익숙하고 정겨운 나의 고향길이 되었다. 군복을 입고 난 지금까지 걸어온 만큼 이 길을 따라 걸어 나갈 것이다.

언젠가 먼훗날에 군생활의 막다른 길에서 또 다른 갈림길을 만날 때쯤 다시 한 번 걸어온 나의 길을 돌아볼 것이다. 그때쯤이면 내가 좋아하는 프로스트의 「가지 않은 길」에 몇 구절 덧붙일 수 있지 않을까? 나의 목소리로…….

훗날에 훗날에 나는 어디선가 한숨을 쉬며
이야기할 것입니다.
숲 속에 두 갈래 길이 있었다고
나는 사람이 적게 간 길을 택하였다고
그리고 그것 때문에 모든 것이 달라졌다고
그래서 행복했다고.

장혜선 소령
육군 26기계화보병사단 73여단 지영수 소령 가족

104

흔히들 이런 말을 합니다. '말이란 입에 담고 있을 때엔 내가 말을 지배하지만, 일단 입 밖으로 뱉어진 말은 이제 나를 지배한다'고…….

보이지 않는 말 또한 이럴진데 활자화된 글은 어떠할까요? 글의 힘이란 참으로 대단한 것임을 이번 수기공모를 통해 다시금 확실히 느낄 수 있었습니다.

우선 글을 쓰는 과정을 통해 십여 년간의 군복을 입고 지낸 나의 지난 삶들을 반추해 볼 수 있었고, 현재의 내가 있기까지 수고로움을 아끼지 않았던 모든 이들에게 감사드릴 수 있는 소중한 시간을 가질 수 있었습니다.

또한 나의 글이《국방일보》를 통해 여러 사람들에게 읽혀지면서 내가 글을 쓰면서 느꼈던 여러 감정들을 함께 공유할 수 있었습니다. 특히 내 어머니에 관한 이야기에서는 내가 눈물을 흘렸듯, 나의 글을 함께 읽었던 많은 분들이 함께 눈물을 흘렸다는 이야기를 들었습니다. 특히 지금의 나와 같이 군복을 입고, 또 대한민국의 여군으로 살아가고 있는 분들 가운데 그런 분들이 많았습니다.

글을 통해 연락이 끊어졌던 친구들과 다시 연락할 수 있어 좋았고, 주변에서 '축하한다'는 말을 들으며 잠시나마 우쭐하기도 했습니다. 또 우리 가족사진이 신문 지면 한 장을 장식하면서 또 다른 가정의 기쁨과 자랑거리가 생겨 좋았습니다.

이런 소중한 기회를 주신《국방일보》측에 감사드리고, 이번에 군인가족들의 애환과 사랑, 삶의 생생한 이야기들이 책으로 나오게 되어 참으로 기쁩니다.

생애 또 하나의 아름다운 추억을 만들 수 있게 해주신 분들께 감사의 인사를 드립니다. 감사합니다.

남편 : 지영수 소령(육군 26기계화보병사단)
부인 : 장혜선 소령

우리는 대한민국 육군 장교다!

나의 가족들은 대한민국을 대표하는 군인들이다. 나의 여동생 내외는 하늘을 지키는 공군 장교, 나와 나의 아내는 땅을 지키는 육군 장교이다. 온 가족이 군인이라 서로 간의 왕래가 드물지만, 어느 가족보다도 서로를 이해하고 생각하는 마음은 크다고 자부한다.

지금부터 내가 하고자 하는 이야기는 연약하고 순진한 나의 아내 이야기다. 대학 시절 제복에 대한 막연한 동경심과 부모님으로부터의 독립을 꿈꾸며, 앞으로 펼쳐질 험난한 여정도 모른 채 대한민국 육군 장교로 자원입대한 나의 아내!

2001년 부푼 꿈을 안고 여군 장교 시험에 응시, 합격하였지만 부모님의 강한 반대로 입대하지 못하고 좌절한 가운데 다시금 굳은 결심을 하였다. 그리고 일 년 후 재도전하여, 경쟁률이 높아 한 번도 붙기 힘들다는 여군 장교 시험에 또다시 합격하였다. 부모님의 완강한 반대가 또 있었으나 기어이 부모님의 뜻을 꺾고 굳은 의지로 입대하여 오만촉광의 소위 계급장을 달게 되었다.

남자들도 자발적으로 오기 싫어하는 힘든 군대를 꼭 가고야 말겠다는 신념으로 여군의 길을 선택한 나의 아내가 나는 지금도 사랑스럽고 자랑스럽다. 하지만 이제 갓 대위 계급장을 단 아내의 짧은 군생활은 어느 누구보다 힘들고 어려운 시간이었으리라 생각된다.

2002년 7월, 월드컵의 열기가 채 가시기도 전에 나는 전방사단 GOP(일반전초, 철책지역)에서 스물여덟의 나이로 첫 소대장 생활을 마쳤다. 그리고 중위 계급장을 달고 육군종합군수학교로 교육 입교하게 되었다. 그곳에서 나는 임관한 지 일주일도 채 안 된 소위였던 지금의 아내를 만나게 되었다.

처음부터 눈에 띄지는 않았지만 생전 처음 듣는 군대전문용어 등으로 인해 수업에 대한 흥미를 잃었는지 수업 시간 내내 잠만 자는 잠꾸러기였다. 첫인상은 안쓰럽고 측은함 그 자체뿐이었다. 그러다 매사 부정적이고 비관적인 사고를 지니고 있는 나에게 항상 밝게 웃고 여유로운 마음과 긍정적이고 낙천적인 사고, 그리고 바보스러울 정도로 순진한 여군 소위가 차차 후배 장교가 아닌 한 여자로 나의 마음 한구석에 자리 잡게 되었다.

그 이후로는 수업 시간에 졸다가 부스스하게 뜨는 그녀의 눈만 보아도 가슴이 떨리고 매력적이며 심지어는 섹시하게 보이기까지 했다.

나는 그때부터 수업에 소홀했던 그녀를 위해 매일매일 노트 필기를 해서 보여 주고, 요약 시험 또는 정기 시험이 있을 때에는 밤을 새워서라도 핵심 요약지를 만들어 주곤 하였다. 또한 평일 영외로 출타하지 못하는 그녀를 위해 통닭과 맛있는 음식들을 배달하면서 그녀의 마음을 사로잡기 위해 갖은 노력을 아끼지 않았다. 이렇게 우리의 운명적인 첫 만남은 시작되었다.

인연인지 필연인지 우리는 각각 강원도 인제와 양구로 자대 배치를 받게 되었다. 강원도 골짜기, 각각 30분 정도의 거리를 둔 부대라는 여건이 나의 노력의 결실을 맺게 해준 결정적인 요인이 되었다.

군대라는 곳이 정작 무엇을 헤야 하는 곳인시도 잘 모르는 상태에서 무작정 소위 계급장을 달고 시작된 추운 강원도 양구에서의 생활은 그야말로 힘겨움의 시간이었다. 추운 겨울 혹한기 훈련을 하는 동안 발톱이 빠지고 화상도 입으며 계속되는 야근에 그녀는 정말 정신없는 시간을 보냈다. 이 무렵 나는 힘들어하는 그녀를 위해 말동무가 되어 주고 맛있는 음식을 같이 먹어 주며, 힘들 때 기댈 수 있는 어깨를 빌려 주고 슬플 때엔 안길 수 있는 가슴을 열어 주는 사람이 되어 가고 있었다. 신체적으로 정신적으로 많이 허약해진 그녀는 나의 피나는 노력과 헌신에 감명을 받아 나와의 결혼을 결심하였다.

하지만 군인부부로서의 첫 출발은 그리 쉽게만 시작되지 않았다. 서로의 부대 일정을 확인해 결혼일자를 잡았지만, 갑작스런 검열 및 훈련으로 인해 결혼일자를 두 번이나 변경하여 4개월 후에 결혼하기로 했던 계획이 결국에는 2개월 만에 결혼하게 되었다.

결혼 3년차인 우리 부부에게 처음이자 마지막으로 같이 살아 본 2

개월간의 신혼생활은 짧았지만 그야말로 행복 그 자체였다.

스트레스에 힘겨운 군생활을 영위하던 나의 아내는 퇴근하면 마음을 터놓고 편히 이야기 나눌 수 있는 사람이 있다는 현실에 크게 만족하였고, 나 또한 안정된 생활에 만족하였다. 단 2개월이었지만 정말 행복했고 아름다운 추억을 가졌다.

신혼 초 잊지 못할 에피소드가 있다. 주말에 아내와 침대에서 늦잠을 자던 중 쥐가 안방 침대 위까지 올라와 한바탕 소동이 벌어지곤 했다. 이렇게 2개월간 잡은 쥐만 해도 9마리나 된다. 그러나 이러한 행복도 잠시, 신혼 생활 2개월 만에 우리의 별거 생활은 시작되었다. 지금까지 쭈욱…….

우리는 결혼이라는 것이 남자와 여자가 너무너무 사랑해서 같이 살고, 같이 살게 되면 온 세상이 아름답게 보이고 마냥 행복할 것이라고만 생각했다.

하지만 현실은 정말 냉정하고 냉혹하기만 하였다. 우리 부부는 결혼하자마자 아무런 가족계획도 없이 아이를 가졌다.

임신 2개월, 우리 부부는 같이 생활할 수 없는 생활권으로 떨어져 생활을 하기 시작했다. 하루하루 배가 불러오는 아내를 옆에서 지켜보지 못하고 따뜻한 말 한마디, 퇴근 후 맛있는 음식조차 사줄 수 없는 여건의 생활은 정말 생각조차 못하였다. 대부분의 군인 부부들이 그래 왔고, 군인 부부가 아닌 맞벌이 부부도 이러한 경험이 익히 다 있었을 것이라 생각한다. 하지만 현실로 다가오니, 나와 나의 아내에게는 적응하기 힘든 생활이었다.

사전에 충분한 가족계획을 세우고 대책을 마련하였다면 이렇게까지 당황하고 적응하기 힘들지는 않았을 것이다. 심지어는 아내의 출산 후 아기의 보육 문제조차 생각지 못했었다. 내가 생각해 봐도 정말 철이 없는 부부였다는 생각이 든다.

하루하루 출산일이 다가오면서 아이의 보육 문제가 시급해지기 시작했다. 아내와 나는 계속 군생활을 해야 했고, 부모님 또한 맞벌이시고, 장모님은 고3 수험생인 두 명의 처남과 지병을 앓고 계신 장인어른을 보살피기에도 손이 모자라시는 등 누구 하나 여유 있는 사람이 없었다. 어떠한 결론도 내리지 못한 채 아내는 결국 3개월의 출산휴가를 얻어 우리의 아이를 낳았다.

출산 후 1~2개월간 우린 아이로 인해 모든 근심을 잊고 잘 지냈다.

그러나 출산 3개월 후, 아이가 갑작스럽게 찾아온 고열로 병원에 입원하게 되었다. 병명은 선천적인 요로 감염, 소변이 신장으로 역류하는 현상으로 고열을 동반하며 심하면 생명에 지장을 줄 수도 있다는 것이다.

우리 부부는 고사리 같은 아이 손에 링거 주삿바늘이 꽂혀 있는 것을 보며 말 없이 눈물만 흘렸다. 아이는 계속 아파서 링거 주삿바늘을 꽂고 있고, 아내의 출산휴가는 점점 끝나 가고, 우리 부부는 또다시 아이를 어떻게 해야 할지 몰라 발만 동동 구르고 있었다.

이를 보다 못한 아버지께서 당신이 정말 좋아하시고 열정을 쏟으며 일하시던 복지단 근무를 과감히 그만두시고 우리 부부의 아이를 맡아 주셨다. 여전히 철이 없던 우리 부부는 아버지의 큰 결심에 대

한 고마움은 뒤로한 채, 아픈 아이를 맡아 주실 분이 생겼다는 것에
안도의 한숨을 내쉬었다. 아버지의 꼼꼼하시고 세심한 배려 덕분에
우리 두 부부는 강원도 강릉과 전라도 장성이라는 거리를 두고 지내
면서도 폭풍 전 고요처럼 다시 아무 일 없었다는 듯 평안한 일상을
지냈다.

그러나 아이의 병은 그리 쉽게 낫지를 않았다. 자연 치유될 확률이
20~30퍼센트라 해서 해마다 완쾌 여부를 확인한 지 벌써 3년이 되
었지만, 상태가 호전되고 있다고만 할 뿐 1년간 더 약을 먹어야 한다
는 것이다.

올 봄 외박 간 집에서 잠을 자던 중, 새벽에 아이가 웅크리고 엎드
려서 꼼짝을 하지 않았다. 그 모습을 보고 나는 아이를 살짝 돌려 바
로 눕혔다. 그 순간 아이가 팔과 다리는 오므린 채 펴지도 못하고 온
몸이 불덩어리인 상태로 거의 기절해 있다는 것을 깨달았다. 눈앞이
캄캄해진 나는 정신없이 병원으로 차를 몰았다. 아이의 체온은 40도
를 육박하고 있었다. 바르르 떨면서 우는 아이를 보며 나는 뜬눈으로
밤을 지새웠다.

동이 트면서 아내에게 연락하였다. 세 시간 뒤 병실로 뛰어온 아내
는 잠들어 있는 아이의 손을 잡으며 소리 없이 눈물을 흘렸다. 이어
나에게 좀 더 빨리 연락하지 않았다며 울면서 나의 가슴을 치는 것이
었다. 나는 아내의 손을 잡은 채 아무 말도 할 수가 없었다.

아이는 주기적인 관찰과 세심한 보살핌이 필요했으나, 우리는 각
자에게 주어진 임무지에서 군인 본분과 직책에 맞는 일을 해야만 했

다. 나와 나의 아내, 그리고 우리 아이는 벌써 3년이라는 시간 동안 그렇게 살아오고 있는 것이다. 서로에게 미안한 마음을 숨기고 꿋꿋하게 버텨 오고 있다.

그러나 나보다 나의 아내는 아내로서, 엄마로서, 그리고 며느리로서 어느 것 하나 제대로 역할을 수행할 수 없는 현실에 더욱더 마음이 괴로울 것이다. 부모님도 이 점에 대해선 미리 생각하시고 마음의 준비를 했지만, 막상 현실로 다가오고 보니 시간이 지나면 지날수록 서운한 마음은 짙어져만 갔다.

특히 지난 2년간 아버지는 위암 수술을, 어머니는 유방암 수술과 교통사고로 인해 다리봉합 수술을 하고, 아이는 고열로 세 번이나 입원을 하였지만 그때마다 아내는 부대 훈련과 검열 등으로 인해 자리를 지키지 못하였다. 때마침 나는 여군 지휘관을 모시고 있어, 이러한 집안 사정을 면담을 통해 상의드리자 흔쾌히 여건을 보장해 주셨다. 이 외에 같은 여군 입장에서 나의 아내를 이해해 주시고 부대 업무에 지장을 미치지 않는 범위 내에서 나에게 최대한으로 모든 지원을 아끼지 않으셨다.

전폭적인 지원을 받은 나는 아내가 걱정하지 않고 부대 일에만 전념할 수 있도록 부모님 문병과 간호, 아이의 병원 문제, 심지어는 나와 아내의 월급 모두를 관리하게 되었다.

그러나 아무리 여건을 보장해 주었다고는 해도, 모든 일을 혼자 처리한다는 게 그리 쉽지만은 않았다. 부모님과 아내의 중간에서 서로의 마음이 다치지 않도록 중재하고 이해시키는 일은 정말 중대장으로서 병력들을 관리하는 것보다 몇 백 배 더 힘든 일이 아닐 수 없었다. 나의 말 한마디로 인해 부모님과 아내가 서운해하고, 잘못된 의사 전달로 인해 오해도 많이 생겨 서로 상처를 받기가 일쑤였다. 이럴수록 나는 나 자신을 다시금 되돌아 보며 조금 더 사려 깊게 생각하고 말하도록 매번 다짐 또 다짐을 했다.

지난 3년간의 생활은 우리 아이에 대한 미안한 마음과, 포용과 이해심 부족으로 인해 생겼던 부모님과의 수많은 오해와 서운함을 낳아 우리 가족 모두에게 정말 많은 아픔을 주었다. 또한 육군 대위 두 명의 월급이면 풍족한 생활과 더불어 저축을 많이 할 것이라고 주위에서 부러워하지만, 세 집 살림을 하는 우리 가족은 세 배의 생활비, 두 배의 교통비, 기타 아이의 병원비 등으로 인해 매달 빠듯한 생활을 이어갈 수밖에 없었다.

이렇게 내 나름대로는 힘들고 지쳤지만, 내가 조금 힘들면 우리 가족이 행복해질 수 있으리라는 생각에 나는 오늘도 아들로서 남편으로서의 역할에 충실하려 하고 있다.

우여곡절로 마음고생이 심했던 아내…….

나는 그런 아내에게 또 다른 마음고생을 시키고 있다. 지금 이 글을 쓰고 있는 나는 우연치 않은 기회가 찾아와 지휘관의 전폭적인 지지로 이라크 자이툰 사단에 온 지 3주가 채 되지 않았다. 여전히 아이와 떨어져 있고 항상 시부모님께 미안한 맘을 지니고 있는 나의 아내를 혼자 내버려 두고 온 것이다. 꿋꿋하게 혼자 잘 버틸 수 있다면서 애써 웃음 지으며 잘 다녀오라고 했지만, 가끔씩 남편의 전화를 못

받을까 봐 목욕탕 안에 들어갈 때도 비닐에 휴대폰을 싸서 들어간다
는 아내의 모습을 떠올릴 때면 콧등이 짠해진다.

'젊어서 고생은 사서 한다'라는 말이 있다. 6개월이라는 해외 파
병 기간이 헤어져 있기에는 긴 시간이지만 다시금 나의 마음을 다지
고 새로운 출발을 다짐하는 발판이 될 것이라 생각한다. 또한 지금까
지 지내온 3년간의 모든 역경을 발판으로, 보다 더 나은 내일을 위해
나는 뛰고 또 뛸 것이다. 국가가 우리 부부를 원하는 그날까지 최선
을 다해 열심히 살 것이다.

임종운 대위
육군 5군지사 이수희 대위 가족

육군 장교의 선·후배로 만나 연을 맺게 되

고, 짧은 3년간의 군인가족(부부군인)으로 생활하면서 아내와 내가 흘려야 했던 눈물의 시간들을 다시 한 번 돌이켜 보고, 정말 힘들고 어려운 시기에 아내 홀로 한국에 남겨 두고 이라크 파병이라는 길을 택한 이기적이고 못된 남편을 조금이나마 이해해 주길 바라는 마음에 작은 선물로 군인가족 수기를 준비하게 되었다.

결코 글솜씨가 뛰어나지 않은 나의 수기가 당선되었다는 소식은 이라크 땅까지 수화기를 통해 넘어와 기쁨을 감추지 못하는 아내의 목소리로 확인할 수가 있었다.

아직 글이 게재되지 않아 내용은 잘 모르지만 남편의 글이 글짓기 경연대회에서 당선되었다는 사실 자체만으로 신기해하면서 기뻐하는 아내의 모습은 머나먼 이국땅에서 가족을 걱정하고 그리는 나에게 정말 행복하고 기쁜 일이 아닐 수 없다.

군인가족 수기 단행본 발행을 위한 후기를 작성하는 지금, 나는 행복한 모습으로 잠을 자고 있는 아내를 바라보면서 이 글을 써 나가고 있다.

6개월간의 이라크 파병 생활을 성공적으로 마치고 이틀 전에 복귀한 나에게는 아직 약을 먹고 있는 아이의 좋지 않은 건강과 여전히 모여 살지 못하고 각각의 생활로 인해 빚어지는 여러 가지 문제들이 산더미처럼 쌓여 있다. 파병 전과 달라진 것은 아무것도 없지만, 이제는 자기의 의사표현을 모두 하는 사랑스런 아들녀석과 무뚝뚝하지만 남편의 의견을 존중해 주고 이해하고 배려하려고 노력하는 아내의 모습을 보면서 나는 '행복'이라는 단어를 떠올린다.

116

이처럼 우리 가족은 이번 군인가족 수기와 파병을 통해서 좀 더 따뜻하고 친근한 가족 간의 사랑을 확인할 수 있었고, 또한 부부군인으로서 함께할 미래를 생각하고 설계하는 계기가 되어 지금의 나는 행복하다고 말할 수 있다.

남편 : 임종운 대위(이라크 평화·재건사단 보급근무대 : 왼쪽 두번째)
부인 : 이수희 대위(5군수지원사령부 53군수지원단 : 오른쪽 끝)

🌸 열·번·째·이·야·기

하나의 밀알과도 같은 존재

살을 에는 바람에 손가락이 얼얼하고 콧날이 토마토처럼 빨갛게 익어 시큰거리던 3월, 우리 언니는 그렇게 자랑스러운 다이아몬드 하나를 어깨에 달게 되었다.

언니는 아들이 없는 우리 집의 기둥이 되어, 교사의 꿈을 뒤로한 채 군인의 길을 걷고자 대구(당시 국군간호사관학교는 대전이 아닌 대구에 위치해 있었다)로 인생의 방향을 전환한 것이다.

지금은 여성이 국무총리까지 하는 시대고, 육사·해사·공사에 여성 생도가 당당하게 입교하여 꿈을 펼칠 수 있지만, 당시만 해도 여자로서 사관생도가 될 수 있는 기회는 국군간호사관학교가 유일했었다. 해병대 출신 아버지의 기대와 포부를 등에 업고 언니는 그렇게 베일에 가려져 있던 사관학교에 입교했다.

118

외출과 외박의 통제로 언니와 자주 만나진 못했지만, 간혹 부모님과 함께 서울에서 대구로 면회를 갔었다. 그러면 예전의 소녀 같은 이미지는 점점 사라져 가고 대한의 딸로서 늠름하게 다져진 언니가 있었다. 구릿빛 얼굴과 탄탄한 자태가 멋있었으나, 여느 대학생처럼 학창 시절의 풋풋한 맛을 모른 채 군대의 철학에 심취해 있는 모습이었다. 그때 당시 나에게는 그 모습이 못내 안타까웠다. 그 기억이 새록새록 돋아난다.

그렇게 인고의 4년을 보낸 후 언니는 난생 처음 보는 남자 군인을 데리고 집으로 들어왔다. 전혀 연애하는 기색도 보이지 않던 언니가 갑자기 형부 될 사람을 선보이는 것이 아닌가! 당시 부모님의 당혹스러워 했던 모습이 흑백영화의 필름처럼 깜박거리며 뇌리를 스쳐 지나간다.

군인의 길로 접어든 언니가 진짜 군인의 삶을 살게 된 것은 그렇게 새까만 해병대 군인을 인생의 반려자로 결심하게 된 순간부터가 아닌가 싶다.

임관하고 얼마 되지 않아 바로 시작했던 언니와 형부의 삶은 그냥 말만 들어도 애절하기 그지없는 한 편의 드라마였다. 다큐멘터리 시리즈로 말하자면 아직도 끝나지 않은 시나리오요, 소설로 치자면 대하소설이나 장편소설에 가깝다.

언니와 형부의 삶은 여염집처럼 순탄하지 않았다. 집안에 군인이 한 명만 있어도 그 가족은 군인가족으로서의 긍지와 함께, 어떤 어려움이 있더라도 극복하고 군인의 가족으로서 군 복무에 임한 군인이 임무를 완수할 수 있도록 잘 보좌해야 한다고 해병대 출신의 아버지로부터 늘 귀에 못이 박히도록 들어 왔었다.

어떤 일이 있어도 의무를 완수하고, 어떤 고통 앞에서도 이를 악무는 군인의 덕을 가리키는 인기 있는 용어가 '스토아주의'라고 했던가? 우리 집은 철학은 몰라도 그런 스토아주의적인 사상이 그대로 배어 있는 가족적인 분위기다. 그런데 집안에 군인이 하나도 아닌 둘이나 있고, 특히나 부부 군인을 안고 있었으니 아버지의 자랑스러움이 두 배요, 삶의 모퉁이에 서서 겪는 시련도 두 배였음은 짐작하고도 남음이 있을 것이다.

부부 금실 좋은 언니와 형부는 결혼하고 얼마 되지 않아 첫딸을 낳게 되었고, 분만 후 처음 한 달 동안 친정에서 몸조리를 하였다. 한 달도 잠시, 병아리처럼 칭얼대던 나의 첫 조카는 언니의 시댁인 부산으로 옮겨 갔다. 그리고 형부는 김포에서, 언니는 청평에서 군 복무를 하게 되었다. 그야말로 이산가족도 아닌 삼산가족이 된 것이었다.

간호장교인 언니는 근무의 특성상 3교대를 하게 되어 근무시간이 들쑥날쑥했다. 그런 가운데 주말에 당직 근무라도 걸리면 아이는 고사하고 형부도 한 달에 한 번 만나기가 어려웠다.

김포에서 형부가 소대장, 중대장을 하고 있었으니 언니와 형부가 여느 신혼부부처럼 생활한다는 것은 꿈도 꾸지 못할 일이었던 것 같다. 직책이 직책인 만큼 말이다. 어린 마음에 왜 언니는 군대에 가서 군인을 만나고 결혼을 해서 함께 살지도 못하며, 아기는 홀로 떼어 놓고 시어머니께 신세지는 험난한 길을 선택했을까 하고 참 못마땅하게 생각했었다.

내 기억으로 추석이나 설과 같은 명절에 언니는 시댁은 물론이고 친정으로 인사하러 온 적이 거의 없는 것 같다. 형부는 형부대로 언니는 언니대로 각자의 부대에서 맡겨진 역할을 다하느라, 남들이 다 쉬는 명절을 너무나 당연하게 남의 일처럼 여겼기 때문일 것이다.

그렇게 첫 조카는 엄마 얼굴을 석 달에 한 번 정도밖에 보기 어려운 환경에 있었으니, 불쌍하기가 그지없었다. 지금도 조카를 보면 애잔한 애틋함과 미안함에 가슴이 아린다.

그런 와중에도 언니는 포부가 참 내난했던 것 같다. 잠자는 시간과 형부나 아이 만나는 시간을 쪼개 열심히 공부하더니, 결혼하고 나서 몇 년이 지나자 해외파병을 가겠다고 부모님께 인사를 드리러 오는 것이 아닌가!

처음엔 형부가 간다는 얘긴 줄 알았는데, 나중에 알고 보니 언니가 파병을 간다는 것이었다. 그것도 아프리카로…….

아버지는 언니가 무척이나 자랑스러웠는지, 축배를 들자며 엄마보고 술상을 차리라고 난리도 아니었다. 하지만 나는 엄마의 잔잔한 미소와 함께 촉촉하고 고독했던 눈동자를 아직도 잊을 수 없다. 다섯 살배기 딸을 남겨 두고, 게다가 북한과 마주 보고 군 복무를 하고 있는 형부를 뒤로한 채, 서부 사하라로 떠나는 언니의 뒷모습을 보면서 난 언니가 참 독하다는 생각을 했다.

당시 형부는 북한과 대치하는 부대에서 근무하고 있었고 직책이 막중했으므로 부대를 비울 수 없었다. 따라서 나는 형부를 대신하여 언니가 떠나는 모습을 배웅할 수밖에 없었다.

언니가 떠난 뒤 나는 간간이 부산에 있는 조카를 만나러 내려갔다. 아무것도 모르고 활짝 웃고 있는 조카를 보면 얼마나 가슴이 찡했던 지……. 지금도 그때를 생각하면 가슴 밑바닥부터 후벼 파는 아픔이 느껴진다.

서울에서 부산까지 여섯 시간 넘게 차를 타고 내려가 조카에게 장 난감이며 옷을 사주고, 그날로 다시 서울로 올라오는 버스에 몸을 실 어야 했다.

그때 엄마 대신 이모가 해야 하는 일이라고 생각하면서도 어찌나 안쓰러웠던지, 언니가 원망스러운 적도 한두 번이 아니었다. 그래도 큰 뜻을 품고 멀리 이국땅에서 고생할 언니를 생각하면 나의 이런 생 각은 한낱 푸념에 지나지 않으리라 생각하며 마음을 다잡았었다.

형부는 또 어떤가? 자식도 멀리 부산에 있고, 부인은 또 지구의 반 대편 사막에 있으니…… 그 마음이 얼마나 복잡했을까 싶다.

당시엔 몰랐는데 이제 결혼을 하고 보니 부부 군인의 안쓰러움에 마음 한편이 횅하다. 언니와 형부가 애를 떼어 놓고, 그것도 모자라 같은 한반도가 아닌 아프리카와 아시아 대륙에 따로 있었으니 얼마 나 심적으로 힘들었을까? 또 그 심정이 얼마나 아팠을까? 조금은 이 해가 되는 듯하다.

당시 내가 할 수 있는 일이라곤 편지로 한국 소식을 전해 주는 게 다 였다. 언니가 서부 사하라에서 의료 지원 임무를 잘할 수 있도록 자주 편지를 썼었는데, 편지 내용은 주로 가족의 안부와 조카 얘기였다. 성큼성큼 커 가는 조카의 모습을 언니가 볼 수 있도록 부산까지 내려가 어렵사리 사진을 찍고 동봉해서 해외로 편지를 보내곤 했다.

또한 언니의 당부대로 북한의 위협에 노심초사하고 있는 형부를 위해, 그리고 우리 집이 서울이라는 지리적 이점을 이용해 김포에 있는 형부에게 음식을 장만해서 면회를 자주 가곤 했다.

엄마가 형부한테 드린다고 이것저것 음식을 장만해서 갔었는데, 함께 근무하는 장병들이 안타까웠던지 면회를 가면 갈수록 음식 보따리는 점점 더 무거워져만 갔었다.

6개월간의 해외파병을 마치고 언니가 딩당히 김포 공항의 자동 출입문을 빠져나오던 순간을 나는 아직도 잊을 수가 없다. 문화의 이질성과 음식의 차이, 언어의 장벽을 뚫고 무사히 임무를 마친 후 동료들과 함께 힘차게 돌아오던 날, 나도 모르게 눈물이 주르륵 흘렀다.

언니는 사막의 더위와 갖가지 훈련을 이기고 단단해진 모습으로 귀국을 했다. 그날 하늘이 얼마나 시퍼렇게 멍이 들어 있던지, 내 가슴에도 퍼런 물이 든 것처럼 그렇게 아프고 그만큼 기뻤다.

해외파병도 갔다 왔으니, 이젠 언니와 형부도 여느 부부처럼 함께 살 수 있으려니 생각했다. 그러나 그건 나의 희망사항이었던 것 같다. 언니는 육군이고 형부는 해군이어서 그랬는지 그때에도 언니와 형부는 함께 살지 못했다.

형부는 부대에서, 언니는 친정에서, 그리고 아기는 시댁에서 그렇게 살다가 형부가 포항으로 전출 가자 함께 살 수 있는 천운의 기회가 찾아왔다.

우리나라가 좁긴 하지만, 그래도 주말에 한 번이라도 만나려면 교통비와 기타 부수적으로 드는 외식비가 만만치 않았을 것이라 짐작된다. 늘 떨어져서 사느라 집도 장만하지 못했고, 월급은 교통비와 아이 양육비로 거의 사용하고 있었던 것 같다.

원래 돈에 관심을 보이지 않는 면이 군인으로서의 덕에 속할지 모르지만, 그렇게 언니와 형부는 돈보다는 군인으로서의 명예에 월급의 대부분을 할당했던 것 같다. 처음이자 마지막으로 포항에서 한 일년 정도 함께 살다가, 언니가 또다시 대전으로 전출을 가게 되었다.

그곳에서 언니는 두 번째 조카를 임신하게 되었다. 군인으로서, 엄마로서, 며느리로서, 딸로서, 그렇게 언니는 갖가지 타이틀을 갖고 열심히 살아갔다. 나 같으면 그만 포기하고 말았을 상황에서도 언니는 꿋꿋하게 버티며, 가족과 떨어져 있으면서도 참으로 씩씩하게 살아가고 있었다.

대전의 국군군의학교에서 언니는 "교관 직책을 수행하면서 늘 간호장교로서 환자의 아픔을 함께했던 나이팅게일이 이번엔 군 의무요람에서 소수정예요원을 양성한다"며 자랑스럽게 말하곤 했다.

사실 그때 난 교관이 뭐하는 일인지도 몰라서 그 말을 잘 이해하지도 못했었다. 다만 임산부의 몸으로 야산에 올라가 신병들을 가르치고 훈련하는 통에 얼굴에 기미가 확 낀 걸 보고 교관이 무척 힘든 일이겠구나 하고 어렴풋이 느끼기만 했다. 가끔 언니와 휴일에 만나 이런저런 얘기를 하다가 얼굴에 검게 짙어진 기미를 보면 그때 언니의 고통을 미처 함께하지 못했던 것이 못내 미안하다.

둘째 조카를 낳고 언니는 또다시 미래를 향해 힘찬 날갯짓을 하기 시작했다. 이번엔 미국으로 교육을 간다는 것이었다.

언니가 심사숙고해서 결정한 일이니만큼 난 그저 언니를 뒷받침해주는 것이 나의 역할이라고 생각했다. 큰 조카는 부산에, 둘째 조카는 서울에, 그리고 형부는 포항에 남겨 두고 언니는 미국행 비행기에 올라탔다.

언니가 미국 가고 없는 동안 난 백 일도 안 된 불쌍한 내 둘째 조카를 위해 엄마의 역할을 해주리라 마음먹었다. 결혼도 하지 않았던 내가 둘째 조카를 자식처럼 키운 건 아마도 언니가 해주지 못하는 모정을 이모가 주어야 한다는 사명감이 불타올랐기 때문이 아닐까! 당시 엄마도 몸이 편찮으셨기에 나밖엔 조카를 돌볼 수 있는 사람이 없었다.

나는 둘째 조카의 하루하루 성장하는 모습을 한 컷 한 컷 담았다. 언니가 미국에서 돌아오면 잃어버린 아이의 성장일기를 보여 주고 싶은 마음에 정성을 다해 조카의 사진을 찍었다. 지금도 가족 행사가 있으면 당시 조카의 동영상을 보면서 그 시절을 회고하곤 하는데, 언니는 지금도 그때의 고마움에 눈시울을 적시곤 한다.

드디어 언니가 8개월간의 교육을 무사히 마치고 귀국하던 날, 우리 가족은 너무나 기뻐 덩실덩실 춤이라도 추고 싶은 심정이었다. 그러나 그것도 잠시, 귀국한 지 얼마 되지 않아 언니는 그렇게도 열망했던 진급에서 누락되었다.

나의 좁은 소견에 당사자가 아니면서도 불끈 화가 치밀어올랐다. 부부 군인으로서 안팎으로 충성하고, 아이들도 다 떼놓고 군대에서 필요로 하는 곳에서 열심히 근무한 결과가 이것이란 말인가! 가슴이 찢어지는 고통이 이런 것인가 싶었다.

그런데 참 당돌하게도 언니는 꿋꿋했다. 자신의 결점을 이번 기회에 보완해서 다시 한 번 도전해 보겠다는 일념으로, 전보다 더 무섭게 일 속에 파묻히기 시작했다. 그렇게 일 년이란 각고의 세월을 보낸 후 언니는 드디어 진급의 영광을 한아름 안게 되었다.

앞만 보고 달리느라 주변의 삶에 미처 관심을 쏟지 못한 것에 대한 반성을 하게 하느라 하나님께서 잠시 언니에게 휴지기를 주신 거라며, 언니 자신에게 매몰차게 채찍질하더니 드디어 군에서 필요로 하는 일꾼으로 더욱 성장할 수 있는 기회를 얻게 된 것이다. 난 언니의 진급 소식을 접하고 나서 우리나라가 2002년 월드컵 4강에 들어 태극물결을 휘날렸던 감동보다 더 진한 감격으로 눈물을 훔치고 또 훔쳤다.

언니가 해외파병과 도미 교육으로 떠나 있을 때 조카를 엄마 대신 돌본 일에 대해 난 이모로서 당연히 해야 할 일을 했다고 생각한다. 그런 상황에서 나 몰라라 할 군인가족은 아무도 없을 것이다. 오히려 불가피한 이별 상황에서도 불굴의 의지로 헤쳐 나간 언니와 형부의 삶이 이른 아침 정신을 맑게 하는 블랙커피보다도 진하게 다가와 나의 가슴을 어루만질 뿐이다.

난 군인의 길을 걷고 있는 언니와 형부가 너무나 자랑스럽다.

"소위 언니 짱! 형부 짱!"이라고 소리치고 싶다.

해마다 돌아오는 벌초 때만 되면 늘 죄송스러워 하는 형부의 마음을 난 10년 전에 이미 읽었었다. 부모님께 효도하지 못하는 마음에

늘 죄스러워 하는 마음을 어찌 사돈어른이나 우리 부모님이 눈치 채지 못했으랴!

행여 군인의 길을 걷고 있는 부부 군인에게 해가 될까 봐 말 조심, 행동 조심으로 살얼음판을 걷듯 살아오신 분들이다. 그런 분들 아래 소박한 꿈 하나로 자식들의 앞날을 축복하시는 마음이 한가위 보름달처럼 새록새록 더 밝게 떠오르는 듯하다. 추수의 계절이 다가올 때마다 불효를 짓고 있다며 한숨짓는 언니와 형부가 더더욱 생각난다.

난 개인적으로 고생 끝에 낙이 온다는 말이 결코 진부한 격언은 아니라고 본다. 땅이 정직하다고 했던가? 난 땀의 결실 역시 정직하다고 본다. 한 알의 밀알이 땅 밑에서 자신을 희생해 많은 열매를 맺듯 누군가의 참다운 희생은 더욱 아름다운 빛을 발하게 한다고 생각한다.

물론 그렇다고 내가 언니와 형부를 응원했던 세월이 일제 치하 독립투사처럼 숭고한 희생이라고 생각진 않는다. 다만 군인가족이라면 누구나 하나의 밀알과 같은 존재가 되는 데에 주저하지 않을 것이란 사실을 말하고 싶을 뿐이다.

나는 군인가족으로서 언니와 형부를 위해, 그리고 언니와 형부는 조국을 위해 한 알의 밀알이 되는 것을 조금도 주저하지 않을 것이란 얘기다.

요즘처럼 개성과 사상의 다양성을 인정하는 복잡다단한 시대에도 오직 애국애족의 삶을 몸소 실천하는 군인은 우리 사회의 마지막 보루요, 자존심이 아닌가! 자신의 위치가 어디건 간에 맡은 직분에 최선을 다하고 남들보다 조금은 특별한 신분에 있는 군인의 가치를 어떤 이들은 자본주의적인 계산으로만 헤아리려 한다. 통탄을 금할 길이 없다.

'군인은 군인다워야 군인이다' 라는 말에 나는 전적으로 동감한다. 또한 난세에 영웅이 나온다고 했다. 즉, 진정한 군인의 가치는 위태로울 때 가장 빛을 발한다는 뜻이라고 나는 생각한다. 그러나 정말 현명한 일은 나라가 평안할 때 위태로움에 대비하는 것이라는 말에 모두가 공감할 것이다.

피상적으로 보이는 면만으로 군인의 가치를 판단해 무심코 군인의 가치를 폄하하는 발언은 이 시대가 가장 경계해야 할 일이 아닌가 싶다.

난 우리 언니와 형부를 진정한 군인이라고 생각한다. 삶에 굴곡이 많았지만, 결코 굴복하지 않고 명예로운 길을 걷고 있는 언니와 형부의 용기에 격려의 박수를 보내고 싶다.

결코 평범하지 않은 군인의 삶, 남들이 다 갈 수 있는 길이라면 결코 선택하지 않았을 특별한 삶의 표상으로서 군인의 길을 걷고 있는 이 땅의 군인들에게 한마디 하고 싶다.

'당신들은 이 시대의 진정한 리더요, 지성인입니다' 라고 말이다.

백기선
국군간호사관학교 백기진 소령 가족

세월이 얼마나 빠르게 지나가는지 모르겠습니다. 군인가족 생활수기에 당선된 이후 제 삶에도 참 많은 변화가 있었습니다. 특히 제가 아들을 낳아 기르면서 더욱 가족의 끈끈한 애정을 확인하게 되었고, 언니처럼 자식을 다른 곳에 맡겨 두고 남편과 별거를 하면서 산다는 것이 얼마나 어렵고 인생을 다시 생각하게 되는 일인가를 뼈저리게 느꼈습니다.

제가 언니와 형부를 대상으로 응모했던 군인가족 생활수기에 당선됐다는 소식을 들은 후 언니의 머쓱해 했던 모습이 지금도 눈에 아른거립니다. 부끄럽다고 우물쭈물 댔던 형부의 전화 목소리도 여전히 귓가에 맴도는 것 같고요. 그래도 전 후회는 없습니다. 언니와 형부가 자랑스럽고 또 작은 응원으로 언니와 형부를 격려하고 싶었던 제 맘이 전달됐다고 생각합니다. 그리고 그런 제 작은 소망을 이뤄 주신 국방일보와 군인공제회 관계자 분들께 깊은 감사를 드리고 싶습니다.

누군가가 그랬던 것 같습니다. "보여 줄 수 있는 사랑은 아주 작다"고 말입니다. 보이지 않는 곳에서 대한민국을 향한 끝없는 사랑을 실천하고 있는 언니와 형부에게 다시 한 번 격려와 사랑의 박수를 힘껏 보냅니다.

"언니 짱! 형부 짱!" 제 맘속의 영원한 작은 두 영웅, 언니와 형부의 안녕과 건승을 빌며 수줍은 저의 당선 소감을 마치려 합니다. 두 분의 헌신이 대한민국 번영의 기름진 토양이 되길 기원하면서……

언니 : 백기진 소령(국군간호사관학교 3중대 훈육관)

동생 : 백기선

역경을 뚫고 난 터널 밖 세상

이 글을 쓰고 있자니 19년 전 결혼 당시의 모습들이 주마등처럼 스쳐 지나가고, 힘들고 어려웠던 일들은 이제 처녀 시절의 아련한 추억으로 남는다. 남편은 초등학교·중학교 동창이었고, 대학 시절 여름방학이면 가끔 고향에 내려가서 만나곤 하는…… 그런 평범한 친구 사이였다.

누구나 곡절 많은 사연과 어려운 고난을 한두 번 겪어 본 시절이 있을 것이다. 하지만 남보다 특이했던 나의 인생을 40대 중반의 가정주부로서 소개하고자 한다.

대학 시절 꿈 많고 젊음을 한껏 멋부릴 1학년 초가을 무렵이었다. 당시 남편은 아버님이 갑작스런 뇌졸중(당시 49세)으로 쓰러져 학교를 그만둘 위기였다. 2남 1녀의 장남이었던 남편은 어떻게 하든 집안을 세우기 위해 고등학교 1학년인 첫째 동생, 막내인 초등학교 6학년 동생의 앞날을 걱정하며 학군단 장학 선발을 택하였다. 그리고 2년간 학군 장학금 혜택과 본인의 피나는 노력으로 학교 성적 우수 장학금을 받으며 집안에서의 도움을 받기보다는 집안에 도움을 보태 가며 학교를 졸업하게 된다.

이후 졸업과 동시에 전방으로 배치되기 전, 집안을 위해 아버지의 전 재산인 논밭 4천 평을 첫째 동생에게 넘겨주기로 약속한다. 그리고 몸을 움직이지 못하는 아버지와 어머니를 맡긴 채 혈혈단신 영원한 군인의 길을 걷게 된다.

이것이 내가 알고 있는 남편의 군생활 이유다. 내가 볼 때 남편의 군생활은 이제 철저하게 홀로서기로 성공한 한 남자의 일대기라 할 수 있다. 또한 남편은 요즘 세대 자녀 공부까지도 성실히 일구어 가고 있는 모범 가장이기도 하다.

이제부터는 결혼하기부터 현재 40대 중반에 이르기까지 남다르게 살아온 나의 수기다. 이 이야기가 현재 가정생활을 힘들게 꾸려 가고 있거나 남편 진급 탈락 등으로 낙담하고 있는 이들에게 희망을 주고, 그들 역시 반드시 성공적인 군인 가정이 되길 기원한다.

더불어 조그만 바람이 있다면 모든 군인가족들이 남편 못지않은 군인 정신과 국가관, 그리고 항상 모든 것에 감사할 줄 아는 투철한 대한민국 모범 가정이 되길 바란다.

내가 남편과 결혼하게 된 결정적 동기는 홀로서기를 결심한 굳은 남편의 생각 때문이다. 당시 남편은 소위로 임관하여 문산에서 근무를 하였고, 나는 한 달에 한 번씩 면회를 가면서 연애를 하던 시기였다.

남편은 늘 혼자였고, 바쁜 군생활로 인해 나는 면회를 갔다가도 얼굴만 보고 대구까지 돌아오기에 바빴다. 그러던 중 남편이 광주 상무대 포병학교 교관으로 자리를 옮기게 되고, 그런 남편으로부터 어느 날 갑자기 청혼을 받게 되었다. 이유인즉, 남편이 장기 복무를 결심하면서 가정생활의 안정을 빨리 찾기 위해 결혼을 택한 것이었다.

그때(1987년) 나는 26살로 한창 사회생활을 할 때였고, 아직까지 부모님께 그와의 결혼을 허락받은 적이 없었다. 하지만 항상 곧고 뚜렷한 사고를 가진 남자라 망설임 없이 마음을 정했다. 1987년 3월 1일 우리는 양가 부모님에게는 일방적으로 날짜만 알리고 결혼식을 올렸다. 그러니 어느 부모가 달가워하겠는가? 친정 식구는 물론이고, 워낙 봉건적인 집안인데다 없는 살림에 동생들 학업 문제 등으로 남편 시댁에서는 좋아할 리가 없었다.

반대를 무릅쓰고 시작한 광주 마륵리 13평짜리 연탄보일러 아파트에서의 신혼살림은 말 그대로 보잘것없는 아이들 소꿉놀이나 마찬가지였다. 남편이 소위 임관 때부터 주택은행에 매달 정기적금 8만 원씩 넣어 만기된 200만 원을 가지고 결혼식을 치르고 나니 돈은 없고, 남들 다 하는 결혼예물 하나 없이 시작한 살림이라 더욱 초라했다.

당시 남편이 받아오는 중위 봉급 20여 만 원으로 신혼살림을 하기에는 너무 힘들었다. 한 달 부식거리 사고, 매달 8만 원 정기적금을 들고, 전기세·수도세 내고 나면 항상 돈이 떨어져 절절매게 되었다.

참다못한 나는 남편과 함께 아파트 내에서 과외를 하기로 결심했다. 초등학생을 대상으로 수학을 가르치는 과외였는데, 그 당시 5～6명 학생을 가르치니 한 달 수입이 6만 원 정도에 불과했다. 그래도 우리에게는 큰돈이었다. 그러니 부자가 된 기분에다 약간의 과일까지 사 먹을 수 있는 여유가 생겼다. 사실 그 전까지는 과일을 먹는 일은 생각도 할 수 없었던 것이다. 그런데 임신 중이어서 그런지 왜 그리 과일이 먹고 싶던지……. 정말 가난이 무엇인지 원망한 게 한두 번이 아니었다.

그러던 중 열 달이 지나고 첫째 딸 지수가 태어났다. 어느 누구의 도움 없이 남편과 함께 병원에 가서 애를 낳고, 산후 몸조리는 마륵리 동네에 사는 파출부 아줌마를 사서 했다. 하지만 곧 그동안 과외로 모아 둔 돈이 바닥났고, 파출부 아줌마를 더 이상 쓸 수 없어 결국 애를 낳고 열흘 만에 또다시 과외를 시작해야 했다. 그때 산후 조리를 제대로 하지 못해서인지 몸은 엉망이 되었고, 지금까지도 고생하는 원인이 되었다.

애를 키울 때엔 우유 값에다 기저귀 값도 만만치 않았다. 어떻게 하든 아끼고 아끼다 보니, 항상 머리 밑 베개 속에 돈 5천 원을 숨겨 놓는 버릇이 생겼다. 혹시라도 애가 아프면 어떡할까…… 최소한 병원비로 쓸 비상금이라도 남겨 두기 위해서였고, 우유 값이 떨어져 애를 굶기지나 않을까 하는 염려 때문이었다.

이렇게 생활한 마륵리 생활도 일 년 반 정도. 남편은 1998년 OAC(고등군사반) 교육을 마치자 강원도 인제로 전출을 가게 되었다. 나는 두 살배기 딸아이를 데리고 대한통운 화물차에 몸을 실은 채 20대에서 30대까지 꽃다운 새색시 청춘을 강원도에서 보내는 첫 생활을 시작하게 된다. 하지만 그때엔 관사가 부족하여 이사하면서 군인 관사나 아파트에 바로 들어간다는 게 불가능했다. 항상 민가에서 6개월 내지 1년간 살다가 겨우 순서에 의해 들어가곤 했던 것이다.

나 역시 첫 살림을 화장실도 없는 단칸방에 장롱과 옷가지, 이불 등을 정리하고 조그만 부엌 한 간에 석유곤로를 피워 밥을 해먹으며 시작했다. 어설픈 살림에다 연탄불로 방을 덥히는 생활이었다. 당시 내가 살았던 집은 농가에서 잿간으로 사용했던 움막 벽을 수수깡으로 엮은 다음 시멘트를 발라 막은 방이라 여름에도 이불을 덮고 불을 피워야 잘 수 있는, 한기가 도는 방이었다.

두 살배기 딸은 항상 감기를 달고 살았고, 남편은 통합포대장으로서 훈련이다, 검열이다, 근무다…… 집에 들어오는 날보다 들어오지 않는 날이 더 많았던 것 같다. 그때 딸과 함께 지내는 밤은 왜 그리 무섭던지! 정말 몰래 떠나볼 마음도 생기고 현실로부터 도망치고 싶었던 강원도 인제의 결혼생활이었건만, 남편을 생각하면 차마 그럴 수가 없었다.

그래도 매일 고생하고 파김치가 되어 돌아오는 남편을 보면 불평불만보다 위로의 말이 먼저 나왔다. 그나마 내 생활은 견딜 만한 것 같았다. 다만 참기 어려웠던 것은 집안에서 반대하던 결혼이었고 시

댁이 봉건적이다 보니 제사, 명절, 시부모 생신날에 어쩌다 가지 못
하면 난리가 나곤 했다. 정말이지 그때엔 차가 흔치 않을 뿐만 아니
라 애를 업고 여덟 시간씩 갈 수 없는 노릇인데도, 누구 하나 이해해
주질 않았다. 단지 당신들 서운한 생각만 하셨다.

그도 그럴 것이 남편 가족 중 누구 하나 장교 군인 생활을 해본 사
람이 없었다. 그래서 부대에 사정이 생겨 힘들다고 해도 이해해 주질
않았다. 더구나 아버님은 반신불구로 누워 있어 정상적인 생활이 힘
든데다, 시동생도 방위병으로 근무하며 홀로 농사를 짓자니 짜증이
났던 것이다. 그래서 가족을 생각해 주지 않는 것 같은 형이 야속하
기만 했고, 모든 집안일을 자기에게 맡기고 군으로 떠난 형이 더욱
미웠던 것이다.

하지만 그러한 형님의 마음은 오죽하겠는가? 말은 못 하고 혼자만
가슴에 안고 끙끙대는 남편을 지켜볼 때면 측은하고 불쌍한 마음이
앞섰다. 그렇게 민가 생활을 한 지 5개월 정도 지나자 입주 순서가 되
어 아파트로 들어가게 되었다. 나는 그 아파트에 살면서 둘째를 낳았
다. 시댁이나 친정에서는 첫째 때와 마찬가지로 나를 도와줄 수 없는
상황이었다.

홍천 아산병원에서 애를 낳고 산후 조리는 이틀 정도 하는 둥 마는
둥하고 집으로 돌아왔다. 다행히도 서툰 남편의 도움과 동기생 부인
의 도움으로 겨우 산후 조리를 할 수 있었다. 그때 그 동기생이 얼마
나 고맙던지…… 지금도 생각하면 가슴이 저려 온다.

둘째를 낳자마자 남편은 2차포대장을 위해 일주일 만에 인제 서화

로 떠났고, 나는 그 뒤를 따라 대한통운 이삿짐차를 부른 다음 지수를 안고 지만이를 등에 업고 이사를 하였다. 역시나 군 관사나 아파트가 나지 않아 방 한 칸, 부엌 한 칸이 있는 시골집에서 남편이 마중 나와 우리를 기다리고 있었다. 내 팔자에 이사 운은 진짜 없는 모양이다. 지금까지 열여덟 번을 이사하면서 육군대학 내려갈 때와 대대장 나갈 때를 제외하면 제대로 이사한 적이 없다.

딸아이가 다섯 살이었지만 엄마 손을 많이 탈 시기였고, 둘째 아이는 잠시라도 엄마 등에서 떼어 놓을 수 없었다. 성격도 유별나 업고 재우기가 일쑤였고, 우는 애를 달래나 보면 내가 지쳐서 아이를 등에 업은 채 엎드려 잠든 적도 많았다. 지금은 고1이 된 아들놈을 보고 그때 이야기를 하면 들은 척 만 척한다. 그래도 그렇게 힘들게 했던 놈이 장성한 모습을 보면 대견스럽기도 하고 밉기도 하다.

그 당시 부대 생활은 남편 혼자 하는 것이 아니라, 가족도 함께하는 것이었다. 한번은 포대 ATT를 하는데, 한 애는 등에 업고 한 손에 애를 걸린 채 작전과장 선배님의 사모님을 따라 서화 비행장으로 먹을 음식을 잔뜩 해서 인사계님 가족과 함께 부대 위문을 간 적이 있다.

시커먼 위장을 한 얼굴, 한두 명도 아닌 젊은 병사들이 우리를 바라보고 있는데 부끄럽다는 생각은 전혀 들지 않았다. 음식 배식을 해 줄 때 고마워하는 병사들의 모습을 보면 꼭 남편을 보는 것 같아 그저 잘해 주어야겠다는 생각밖에 없었다.

한번은 또한 겨울 밤에 위문을 갔었다. 서화 논바닥에 텐트를 쳐 놓은 깜깜한 곳에서 병사 한 명 한 명에게 음식을 나눠 주고 있는데,

남편 얼굴은 보이지 않지만 어디선가 많이 듣던 남편 목소리가 멀리서 들리는 것만 같았다. 훈련 중 장시간 집을 비운 남편 얼굴을 보겠다는 마음에 먼 거리를 왔건만 볼 수는 없었다. 속 타는 마음을 안고 돌아오는 길이 왜 그리 서글펐던지…….

그때엔 다 그렇게 하는 줄 알았다. 그래서 매번 부대체육대회나 부대창설기념일 행사 등에 참가하였다. 정말 가슴 아팠던 것은 부대장님이 주관하는 회식에 어린아이들은 떼놓고 참석하라는 지시가 있어, 우리 집도 마찬가지로 다섯 살 딸아이와 한 살 난 아들을 집에 떼어 놓고 가게 되었다. 동생이 울면 딸아이가 우유를 줄 수 있도록 잘 타이르고, 혹시 도둑이 들지도 몰라 방문을 밖에서 잠그고 떠났다. 하지만 회식은 금방 끝날 것 같지 않고 점점 시간이 길어지니 마음은 자꾸만 급해져 갔다. 아니나 다를까, 집으로 돌아오니 딸아이는 동생에게 젖병을 물린 채 잠들어 있었고, 둘째는 보채다 잠이 들었는지 온몸이 땀범벅이었다.

이런 게 군인가족인가 하는 서러운 마음에 목이 메도록 울었고, 남편을 한없이 원망했었다.

이렇게 30대까지의 지나온 날들을 회상해 보면 비록 군인가족의 생활상에서만 어려웠던 게 아니라, 경제적으로도 매우 어렵게 보냈다. 지금껏 살아오면서 하루 부식을 천 원 이상 써 본 적이 없었다. 남편 봉급의 50퍼센트 이상을 꼬박꼬박 저축하여 결혼 후 12년 만인 1998년 12월 마침내 대전에 33평짜리 아파트를 마련하게 되었는데, 이 과정을 얘기하자면 사연이 기구하다.

우리는 결혼 후 단 한 번도 10만 원이 넘는 옷을 사 입은 기억이 없다. 항상 시장에서 몇 번을 고른 후 일 년에 한두 번 사 입으니 언제나 단벌옷이어서 회식이나 모임이 있을 때 가장 부담이 많이 되었다. 지난 시간 중에 돈과 관계된 얘기를 하자면 93년 대위에서 소령 진급이 되지 않아 전역을 하려 했을 때 나도 무엇인가 해야겠다는 생각에 관사에서 염색약 종이갑 접는 일을 했다. 한 개 접을 때마다 10원씩 해서 한 달 내내 접으면 8만 원 정도 벌었다. 이렇게 몇 개월 일해서 커튼과 살림살이를 산 적이 있었다.

또 2000년부터는 조치원으로 또다시 이사를 했는데, 웅진코웨이 코디 일을 하여 월 100만 원을 벌었다. 이걸로 2년 가까이 애들 학비며 생활비로 보태곤 했다. 물론 나중에는 주변에서 비아냥거려 그만두어야 했지만 말이다. 군인가족 생활 중에 높은 분 또는 동기생들의 시기심으로 상처를 받는 경우가 종종 있는데, 바로 이 경우가 그러했다.

지금은 서울에 이사 온 지 10개월 정도 되었는데, 애들 학비며 생활비를 위해 도시가스 검침원으로 일하고 있다. 군인가족이라 해서 누구 눈치를 보며 살 것은 아닌 것 같다. 정정당당하게 목표를 가지고 사는 것이 중요한 것 같다. 우리 집 자동차를 이야기하자면 1993년도에 샀는데 19만 킬로미터를 타고도 아직까지 멀쩡하다. 내가 만족하고 차량에 이상이 없는데 굳이 비싼 돈 들여 바꿀 필요가 없지 않은가?

지금 대학 1학년인 큰딸과 고1 아들을 둔 가정주부인 나는 시댁으로부터 물려받은 재산 없이 순수하게 자신의 노력으로 아파트 한 채와 노후를 대비한 어느 정도의 땅을 가지고 있다. 이 또한 나름대로 아끼고 절제한 20여 년을 통해 성공한 군인가족 생활이라 자부하고 싶다. 한번 길들여진 절약생활은 아직까지도 이어지고 있다. 봉급의 50퍼센트 가까이를 저축하고 있고, 얘들을 위해 조그만 목표를 세우고 그 목표가 이루어질 때까지 우리의 생활습관은 계속될 것이다.

아무리 성실한 가정생활도 집안에 우환이 있느냐 없느냐에 따라, 또는 남편이 진급을 하느냐 못 하느냐에 따라 행복과 불행이 갈리는 것 같다. 우리 집은 한때 아들의 교통사고와 남편이 몇 번 진급에 떨어지는 아픔을 겪었는데, 다행히도 이 모든 불행을 잘 극복하고 호기의 기회로 삼아 성공한 사례라 할 수 있다.

남편은 윗사람들로부터 신임을 받고 아랫사람들이 잘 따르는 사람 같았다. 1991년 2차포대장 생활이 다 끝나지도 않았는데 여단작전장교로 발탁되어 강원도 현리로 이사를 하게 되었다. 역시 서화리 민가에서 살다 4개월 만에 아파트로 이사하여 8개월 정도 살 만 하니까 또다시 현리로 이사하게 된 것이다.

8평짜리 아파트였지만 네 식구가 살기에 충분했다. 남편은 항상 바쁜 업무로 밤새기가 일쑤였다. 그러던 중 토요일 당직 근무를 서고 아파트에 도착해서 현관문을 여는 순간이었다. 두 살배기, 이제 갓 두 돌이 지난 아들이 반가워서 뒤뚱뒤뚱 걸어 나왔다. 남편은 군화를 벗고 현관에 올라 안방으로 들어왔다. 그 순간 아이는 열린 문을 통해 1층 계단을 지나 길가로 나가게 되었는데, 집안의 큰 불행이 시작되는 순간이었다.

남편 군복을 받아 장롱 옷걸이에 걸어 놓고 돌아서는 순간, 한 아이가 달려와서 우리 집 아이가 지프차에 깔렸다는 것이었다. 남편은 속옷 차림으로, 나는 맨발로 달려가 보니 아이가 흙투성이, 피범벅이 되어 나뒹굴고 있었다. 아이를 치었다는 지프차는 보이지 않았다. 하늘이 무너지는 것 같았다. 걸음이 떼어지지 않고 말이 나오지 않았다. 그때 교회 가려고 그곳을 지나던 군단정보과장이 자기 차에 애와 남편, 나를 태우고 병원으로 내달렸다.

현리군인병원에서, 다시 홍천아산병원을 거쳤다. 하지만 그곳에서도 손을 쓸 수 없어 원주기독교병원까지 가야만 했다. 그때서야 남편이 속옷 차림에 지갑도 돈도 없다는 것을 깨달았다. 또한 집에 여섯 살짜리 딸아이를 남겨 두고 왔다는 생각에 아무것도 생각나지 않았다.

남편은 다시 택시를 타고 현리로 이동하여 필요한 돈과 물품을 챙겨 딸아이와 함께 오기로 하고, 나는 계속하여 원주병원으로 달렸다. 그저 아무 일 없기를 기도하면서, 연신 머리에서 솟아나는 피를 훔치며 아이의 이름을 불렀다.

다행히도 아이의 목숨은 살릴 수 있었다. 하지만 머리를 꿰매는 큰 수술을 받아야만 했다. 그 수술을 받는 동안 부모로서 미안한 마음에 몹시도 가슴이 아팠다. 그 후에도 아이가 커 가면서 머리가 아프고 눈이 쑤시다고 말할 때마다 가슴이 저민다.

이후 남편은 보직을 마치고 상급지휘관이 추천한 직할포대장으로 자리를 옮겼다. 누구나 진급을 하고 싶어, 서로 들어가기 위해 많은 노력을 하는 자리다. 그곳에서 업무를 한 달간 했을 무렵 갑자기 부대를 춘천으로 옮긴다는 소식과 함께, 남편 소속도 2군단으로 변경된다고 했다. 사실인즉 원래 소속부대로 원복되는 것이었다. 8월 진급을 앞두고 부대와 소속이 바뀐다고 하니 남편은 좀처럼 이 상황을 이해하기 힘들어했고, 그래서 무척 당황하는 눈치였다.

드디어 부대 이전이 시작되었다. 준비되지 않은 막사에서 임시생활을 하고, 불편한 막사에서 병사들 마음 추스르랴, 훈련하랴, 새로운 부지에 이전 공사하랴! 남편은 결국 신경성 위궤양에 걸려 드러눕게 되었고, 급기야 몇 주간 병가를 내어 부대 출근을 못할 지경에 이르렀다. 매일 한 줌씩 입 안에 털어 넣는 약을 볼 때면 안쓰럽기 짝이 없었다.

큰 위장병을 앓고 있으면서도 내색하지 않고 꿋꿋이 일했던 남편은, 결국 진급에서 탈락하는 슬픔을 겪게 되었다. 일 년을 마치고 다른 보직으로 옮기려 해도 후임자가 없어 결국 또다시 일 년을 더하게 되었다. 그러나 역시 진급이 되지 않았다. 2차 진급까지 되지 않자 모시었던 대대장님께서 연유를 알아봤고, 그 결과 평정 관리가 되지 않았다고 했다.

남편이 보직을 옮기는 곳마다 선배 또는 선임들이 많았고, 마음 좋은 남편은 일만 열심히 할 줄 알았지 나머지는 보지 않아도 뻔할 것 같았다. 2차에 걸쳐 낙천된 남편은 전역을 생각했다.

8월 진급 발표가 나고 전역할 수 있는 부대를 확인 차 출장을 다녀오던 날, 우리 가족은 또 한 번 불운을 겪게 되었다. 마른 하늘에 날벼락이었다. 집에 도착해서 옷을 갈아입던 도중 부대전화로 "오늘 작전과장이 전출을 가는데 회식에 참가하라"는 연락이 왔다. 남편은 피곤한 몸을 이끌고 회식에 참가하였다가 돌아오는 길에 달려오는 오토바이와 부딪혔던 것이다. 차에 부딪힌 사람은 전치 16주의 큰 사고를 당하였고, 남편은 중앙선을 넘은 잘못으로 당시 합의금과 위자료 1,400만 원을 물게 되었다. 엎친 데 덮친 격이었다. 나는 그동안 푼푼히 모아 둔 저축 600만 원과 친정에서 빌린 돈으로 겨우 이 문제를 해결하였다.

사실 막막했다. 전역을 하게 되면 전셋집이라도 얻자고 저축하고 종이갑 접는 부업까지 하면서 열심히 살았건만, 역시 '나에게는 돈복이 없는가 보다' 하고 신세를 탓하지 않을 수 없었다.

전역을 위해 부대를 옮겨도 일복을 타고난 사람은 가만히 놔주질 않는 모양이다. 전역을 한다고 해도 부대에서는 연대작전장교로 잡아 두고 업무를 시켰다. 남편 성격상 못 하겠다고 딱히 거절도 못 할 뿐만 아니라, 일단 시키면 대충할 사람도 아니었다. 연대작전과장이 힘들어 보직을 그만두고 부대를 떠나자, 남편은 이제 작전과장대리 업무까지 해야 하는 어려움을 겪게 되었다. 그러나 내색하지 않고 일하면서 전역 지원서를 냈던 모양이었다.

남편은 전역할 날짜만 기다리는데, 연대장님이 인사과장을 시켜 실제 전역 지원서를 처리하지 않고 숨겨 둔 채 계속 일만 시켰던 것이다. 이제 와서 돌이켜 보면 그 연대장님께 고마울 따름이다. 그때 남편은 새롭게 어떤 일을 하겠다는 확신이 없는 상태였다. 내가 보기에 공무원 시험을 준비하는 눈치였다. 진급 발표가 나는 날 신경은 쓰이고 몸은 아픈데, 남편으로부터는 아무런 연락도 오지 않았다. 다른 인접 아파트에서는 벌써부터 연락이 오고 축하하는 소리가 들려왔다. 괜히 부질없는 마음고생을 한 것 같아 기분이 상했다.

그런데 늦은 시각 남편이 털레털레 힘없이 걸어 들어오면서 "야! 나 진급한 것 같은데…… 군생활 더해야 하는가 봐!" 하는 게 아닌가? 이 소리가 반갑기도 한데 어째 남편은 영 그렇지 않은 것 같았다. 그러나 진급 발표 후 남편은 달라졌다. 어떻게 군생활을 해야 하는지, 자기관리는 어떻게 해야 하는지 이제야 눈을 뜬 것 같았다. 그러나 일이 순탄했던 것은 아니다.

작전과장대리 근무를 마치자 사단화지반장으로 일을 하게 되었고, 몇 개월 후 양구부대로 옮겨 연대군수과장대리, 이어서 동기생이 1차 진급하여 작전장교를 9개월 정도 하고 육군대학(육대) 내려간 자리에 들어가 무려 25개월 동안 작전장교만 하게 되었다. 성격상 육대 간다는 소리도 못하고 대대장님 임기를 맞춘 것 같다.

누가 보더라도 3차 소령 진급에 늦게 들어간 육대, 또 육대를 마치자 강원도 철원 포병부대 작전장교로 가란다. 어이없지만 남편은 또 말없이 자리를 옮겨 일 년의 세월을 보냈다. 진짜 시집와서 강원도 인제, 원통에서 11년을 보내고 겨우 대전 도시물 6개월을 먹어 보고 또다시 강원도라고 할 때는 살아온 청춘을 시골 골짜기에서 다 보낸 꽃다운 20대, 30대가 원망스러웠다.

한번은 육대 교육기간 중 학생단에서 연락이 왔다. 군인가족을 대상으로 군인가족 생활수기 체험교육을 할 수 없느냐는 것이었다. 망설이다가 퇴근한 남편에게 물었더니 잘 정리해서 발표해 보라고 했다. 나는 정말 진정되지 않은 마음을 가라앉히고 250여 명의 군인가족들을 대상으로 한 시간가량 살아온 얘기들을 쏟아 냈다. 박수갈채와 함께 눈물을 훔치는 가족들이 눈에 많이 띄었다.

나 역시 새로운 감회에 가슴이 벅찼다. 하지만 또래의 같은 군인가족 주부들을 대상으로 군인가족으로서의 삶의 애환과 살아가는 방식에 대해 생각을 같이했다는 점에서 좋은 시간이었다. 또한 그이후 내가 살아가는 데 있어 다시 한 번 각오를 다질 수 있는 계기가되었다.

육대 교육을 마치자 강원도 철원으로 옮기라는 육본 명령에 따라철원으로 이사를 하게 되었다. 그리고 일 년이 되어 갈 무렵, 갑자기이번에는 조치원으로 발령이 나 하루아침에 이사를 하게 되었다. 나도 그랬지만 남편 역시 조치원 동원사단은 이제 군생활 그만두라는의미로 보낸 자리라 알고 힘없이 내려갔다. 그러나 우리는 좌절하지않았다. 남편 또한 남편대로 성실하고 열심히 노력한 결과 인정을 받게 되었다.

앞에서 언급한 대로 나는 남편이 전역할 것에 대비하여 웅진코웨이 코디라는 부업을 본격적으로 시작하였고, 중학생이 된 딸아이부터 신경 쓰게 되었다. 그러나 곧은 마음으로 성실히 살겠다는 사람은버리지 않는 모양이다. 우리가 조치원으로 이사하고 2년째 되던 해,

남편은 중령으로 진급하게 되었다. 소령 진급을 3차에 하고도 중령을 2차에 진급한 것을 두고, 다른 사람들은 어떻게 하면 진급을 할 수 있느냐며 부러움의 대상이 되기도 했다.

동기생보다 늦지 않게, 2001년 늦은 가을 인연을 맺었던 철원에서 DMZ(비무장지대)를 지원하는 포병대대장으로 다시 철원 생활을 하게 되었다. 철원을 다시 찾았을 때, 2년 전 소령으로 작전장교를 할 때 같이 근무했던 인접부대 식구들이 가장 반가이 맞아 주었다. 대대장 취임식에 아버님은 참석을 못 했지만, 시댁 식구와 친정 식구의 축하를 받는 자리였다.

지금은 남편이 2년 전 대대장을 끝내고 이곳 서울 생활을 처음 하고 있지만, 돌이켜 보면 가장 어려웠던 시기에 좌절하지 않고 소신껏 성실하게 최선을 다한다면 반드시 영광이 돌아온다는 사실을 깨닫게 되었다. 물론 이런 진리도 남들이 겪지 못했던 나만의 독특한 생활 체험이 있었기에 가능했다. 나는 이 삶의 체험을 평생 소중히 간직하고 싶다.

아이들을 키우면서 우리는 단 한 번도 온 가족이 떨어져 살아 본 적이 없다. 남들은 애들 교육상 부부가 딴 살림을 하는 경우가 많다고 하는데, 우리 가족은 특이하게 여건이 어렵더라도 항상 가족이 함께하는 스타일이었다. 그 덕분에 애들은 학교를 몇 번씩 옮겨 다녔고 동창생도 거의 없다. 애들 모두 정상적으로 학교를 졸업한 적이 없다. 각각 전라도와 강원도에서 태어나 초등학교, 중학교, 고등학교를 졸업한 곳도 모두 강원도다.

열여덟 번 옮겨 다니는 이사 생활 속에서 단 한 번도 투정부리지 않고 잘 적응해 준 아이들에게 너무 고맙다. 항상 미안했던 것은 이사할 때마다 집 정리, 방 정리를 하는 데 며칠씩 시간이 걸렸고, 어떨 때엔 준비물이나 교과서를 다 챙기지 못하고 현관문을 나서는 아이들을 볼 때 가장 가슴이 아팠던 것 같다.

그래도 항상 모범을 보인 남편이 아이들에게는 가장 훌륭한 스승 역할을 해주었다. 반듯한 애들 교육도 부지런한 엄마가 열심히 뒷바라지해 줄 때에야 가능한 것 같다.

우리는 아이늘을 가르치면서 교육여건과 환경 면에서 도시 아이들과 비교할 수 없을 정도로 열악한 조건이었다. 대부분 강원도 산골에서 중요한 중학교, 고등학교를 마쳤는데, 변변한 학원 하나도 없어 도시 아이들처럼 과외도 시킬 수 없었다. 공부는 학교 수업과 인터넷 1318클래스 강의가 고작이었다. 그러나 큰딸은 줄곧 상위권을 유지했다. 부모가 옆에서 같이 공부하고, 공부를 할 수 있도록 여건을 만들어 준 게 큰 도움이 된 것 같다.

딸아이가 공부에 눈을 뜨게 하기 위해 고1 여름방학 때엔 청평 사설학교 4주 코스에, 고2 겨울방학 때엔 강남 고시원에 4주 코스로 보내 보았다. 하지만 결과는 서울 아이들과 비교가 되지 않는 자기 실력에 기가 완전히 죽은 꼴이 되었다. 그때 아이가 완전히 변한 것 같았다. 자기 실력과 월등히 차이가 나는 아이들과 실력을 비교해 보는 계기가 되어 학교에 돌아와서는 더 열심히 공부할 수 있는 동기가 되었던 것 같다. 뿐만 아니라 서울 아이들과 격차를 줄이기 위해 고3 때엔 휴일 날 서울까지 데리고 다니면서 입시설명회를 듣고 분위기를 익히게 만들어 중간에 포기하지 않도록 해준 것도 큰 효과가 있었던 것 같다.

밤 11시가 넘어 집에 오면 그 시간부터 새벽 2시까지 거실에서 공부하는 시간 동안 같이 있어 주고, 졸면 깨워 주면서 일 년을 보낸 것도 효과가 있었다. 작년 수능시험을 성공적으로 치른 딸아이는 연세대 보건행정학과와 한서대 헬기조정학과에 동시 합격하여 행복한 고민을 했다. 그리고 등록을 하루 앞두고서 아이가 결정한 대로 연세대학교에 보내게 되었다. 지금도 학교생활에 열심인 딸아이의 모습을 보면 대견스럽다.

둘째 아이는 중학교까지 강원도 생활만 한 놈이라 서울에서 고등학교에 다니는 것이 무척 힘든 모양이다. 힘들면 학원 공부나 과외를 시켜 주겠다고 해도 굳이 싫다고 한다. 성적이야 만족스럽지 못하지만, 자기 방에서 죽기 살기로 공부에 덤벼드는 것을 보면 한편으론 대견스럽기도 하다. 처음에 입학했을 때엔 어리둥절하고 방황하는 눈치가 보였다. 하지만 2학기부터는 완전히 달라진 것 같다. 서울에 전입하면서 남편도 그동안 미루어 왔던 대학원 공부를 하게 되었다. 아이들 보는 앞에서 밤늦게까지 토·일요일에도 공부하는 모습을 보이고, 1학기 성적도 전체 A+를 받아오자 자극을 받아 자진해서 컴퓨터를 멀리하는 계기가 되었다. 지금은 오직 공부에만 전념하고 있다.

겪어 본 바에 의하면 부모가 억지로 하라고 하는 것보다, 아이들이 직접 깨달을 수 있도록 부모가 함께 공부하는 모습을 보여 준 것이 큰 도움이 된 것 같다.

이제 40대 중반에 접어들어 지나온 군인가족 생활을 뒤돌아보면 20대, 30대란 젊은 나이에 이 좋은 세상, 풍족한 삶을 누려 보지 못한 것이 못내 안타깝다. 하지만 억울하지는 않다. 군인가족이었기에 앞만 보고 정직한 길을 끝까지 걸어올 수 있었고, 아이들 교육도 반듯하게 하지 않았나 싶다.

우리가 걸어온 길을 이렇게 수기로 쓰게 된 것도 지나온 삶을 단순히 되돌아보는 것이 아니라, 군인가족으로서 지나온 선배 가족들의 간접 인생 체험을 통하여 신세대 가족들의 길잡이 역할을 하자는 뜻이 아닌가 싶다.

20년 가까이 함께 살아온 군인 남편을 보면 새삼 경의를 표하고 싶기도 하다. 집안 대대로 내려온 가난의 대물림을 자기 대에서 끊었고, 장손·장남 집안에서 물려받은 재산 없이 스스로 자수성가한 남편. 20대 젊은 나이에 군에 입대하여 흰머리가 희끗희끗해질 때까지 얼룩무늬 전투복 한 벌로 오로지 외길 인생을 걸어온 그 모습이 존경스러운 아버지의 모습이요, 사랑스러운 남편 모습이다. 이 모습은 군인이 아니면 찾아볼 수 없을 것 같다.

요즘도 만학의 꿈을 이루기 위해 대학원에 다니는 남편의 모습을 보면 보기 좋다. 나 또한 조그만 나만의 개인 일을 하고 있는 것에 대해 만족스럽게 생각한다.

이제 군인가족으로서 과거에 비해 많이 나아진 삶에 안주할 것이 아니라, 조국이 우리 가족에게 맡겨 준 소임이 무엇인지 깨닫고, 조그만 불편이 있더라도 우리보다 못한 이웃과 가족들을 생각해 항상 고마운 마음으로 살아야겠다는 생각을 해본다. 또한 어려운 이웃에 봉사하는 자세로 더불어 함께 사는 사회를 만드는 데 앞장서야겠다.

조기분
육군 50사단 이경락 중령 가족

군인가족 생활수기를

올리고 나서 뜻하지 않게도 포상을 받을 수 있었던 것도 우리 가족에게는 큰 기쁨이었고, 결혼생활 20주년을 맞아 잊을 수 없는 큰 기억으로 남을 것 같다.

요즘 매주 금요일 《국방일보》에 게재되는 수기를 읽노라면 삶에 대한 진정한 의미를 되새겨 보게 된다. 누구 하나 보배롭지 않은 가족이 없는 듯하다.

뉴스에서 접하는 소식을 듣고 있으면 깨어지는 가정이 그 얼마나 많고, 흩어진 가정에서 자란 자식들의 애처로운 사연들이 얼마나 많은가?

이런 사회 풍소 속에서도 유일하게 참 가정을 이끌어 가는 것이 군인가족이고, 모범 사회 가정을 보여 주는 것도 군인가족이 아닌가 싶다.

이런 사례들이 수기 책자로 사회에 소개된다면 참 좋겠다는 생각을 해왔는데, 이번에 책으로 발간된다니 좋은 소식이 아닐 수 없다.

사실 남들에게 모범이 될 만한 큰 소재는 아니었지만, 나름대로 수기를 제출하고 나서 나 자신도 더욱 조심스럽게 생활을 하게 되고 애들에게도 더욱 조심스런 엄마, 아빠가 된 듯하다. 이제 만인에게 공개되었다는 조심성도 있지만 남들에게 모범이란 게 얼마나 힘든 일인지도 새삼 느끼게 된다.

아무쪼록 우리 군인가족이 살아가는 방식이나 모습들이 남들에게 희망이 되고, 알뜰하고 건강한 가정을 꾸리는 데 보탬이 되었으면 하고 간절히 바라본다.

다시 한 번 이런 기회를 마련해 준 《국방일보》 담당자와 관계자 여러분들의 노고에 감사드린다.

남편 : 이경락 중령(육군 50사단)

부인 : 조기분

딸 : 이지수(연세대학교 2년 재학 중)

아들 : 이지만(서울고등학교 2년 재학 중)

일당백의 꿋꿋한 아내

조용한 토요일 오전 아침식사를 마치고 마주 앉아 조용히 커피 한 잔을 기울이는 여유로운 시간, 이게 바로 진정한 행복이 아닐까요? 행복은 너무나도 가까이에 있어, 나 자신이 지금 누리고 있었습니다. 나는 무척이나 행복한 사람입니다. 왜냐고요? 군인인 아내를 두었기 때문입니다.

솔직히 우리 집은 여느 가정과는 달리 부부의 역할이 뒤바뀌었습니다. 어쩌면 내 친구들이 입버릇처럼 얘기하는 '탁월한 선택'이었는지도 모릅니다.

현재 아내는 육군 1사단 사령부 인사행정장교에서 며칠 전 3군사령부 부관과 병충원장교로 보직 이동하여 열심히 군생활을 하고 있습니다. 나 역시도 학사장교 27기로 지난 1996년도에 임관하여 전후방 각지에서 6년간의 군생활을 마치고 지난 2002년에 제대 후 현재 중국어를 가르치는 학습지 교사입니다.

아내와 같은 병과 장교로 임관하여 군생활을 했지만, 중국 유학과 무역업이라는 꿈을 접지 못해 전역 후 3년간 유학생활을 시작하였습니다. 유학생활 중 아내는 많은 어려움에도 한 번도 내색하지 않고 묵묵히 참아 주었습니다. 그런 아내에게 너무나 고마울 따름입니다.

내가 없던 3년간 군생활하랴 아이들 양육하랴 전혀 소홀함 없이 아이들을 잘 키워준 고마운 아내, 머나먼 이국땅에 안부 편지와 아이들 사진을 보내 주어 저를 격려해 주었던 사랑스런 나의 아내……. 지금에서야 이야기하지만 이런 아내의 노고가 없었다면 저의 중국 유학은 꿈도 꾸지 못할 몽상에 불과했을 것입니다. 역시나 저의 아내는 씩씩한 군인이자 일당백의 꿋꿋한 아내입니다.

현재 우리는 아기 셋을 가진 다복한 가정을 꾸미고 있습니다. 솔직히 결혼 전에는 아이를 셋씩이나 낳고 키울 거라고는 꿈에도 생각지 못했었습니다. 중국 유학 2년차 여름방학을 맞아 잠깐 귀국해 있던 어느 날 덜컥 아내가 셋째 아이를 임신한 것입니다. 처음에는 앞이 막막하고, 아내도 더 이상 군생활이 힘들 것만 같았습니다. 하지만 아내는 무척이나 강인한 사람이었습니다.

우리 집 큰아이인 첫째 딸은 정신지체 2급 장애아입니다. 흔히 우리가 주변에서 가끔 볼 수 있는 다운증후군이죠. 태어나 아주 어렸을 때엔 아이가 우리 부부에겐 별다른 고민과 근심이 아니었지만, 아이가 점점 자랄수록 우리에게 밀려오는 상실감은 눈덩이처럼 점점 커

저만 갔습니다. 다섯 살 때부터 고도 난시로 두꺼운 안경을 써야 했고, 구강 구조가 태어날 때부터 정상이 아니라서 정확한 발음을 할 수가 없습니다. 여덟 살이 된 지금도 자신의 의사 표시를 제대로 하지 못해 선생님이나 친구들과 의사소통을 하는 데 무척이나 어려움을 겪고 있습니다. 그래서 또래 아이들과 어울리지 못하고, 서너 살 나이 어린 아이들과 자주 놀곤 합니다.

임신 7개월 만에 조산으로 첫 아이를 낳고 나서 며칠이 지나 아이가 장애아라는 사실을 알았을 때엔 하느님을 원망했었습니다.

"하느님! 왜 저에게 장애아를 주셨습니까? 저보나 훨씬 죄 많이 짓고 사는 사람들도 정상 아이들을 낳는데…… 왜?"

우리 부부는 종교생활을 통해 적극적인 사고방식을 가지고, 지금도 어려움을 잘 헤쳐 나가고 있습니다. 저는 가끔 이런 행복한 생각을 하곤 합니다. '이 아이는 분명 하늘나라에서 내려와 지상에서 잠깐 떠돌던 천사가 우리 집에 잠시 둥지를 틀어 쉬고 가는 걸 거야…….' 혹은 '하느님께서 나를 더 크게 쓰시려고 다른 사람들보다 하나의 과제를 더 주신 걸 거야'라고…….

이러한 긍정적인 사고는 우리 두 부부가 금세 아이에 대한 실망감에서 벗어나 아이 양육에 집중할 수 있는 커다란 힘이 되었습니다. 이런 큰아이 때문이라도 셋째를 낳아야 부모가 죽은 후에도 아이들끼리 의지하며 살 수 있을 거라는 확신으로, 셋째 아이를 꼭 낳아 잘 기르고 싶었습니다. 그래서 어렵게 얻은 아이가 딸이 아닌 아들인 것도 현재 우리 두 사람에겐 큰 행복이기도 합니다.

아들을 키우는 것은 두 딸을 키웠던 것과는 달리 또 다른 재미와 행복이 있습니다. 인형을 좋아하는 여자 아이들과 달리, 자동차를 좋아하고 목소리도 씩씩해서 자타가 공인하는 장군감이라고 합니다. 이런 셋째는 하느님께서 저희에게 주신 커다란 선물인 것 같습니다.

지난 8월 17일 아내의 1차 소령 진급 발표에 비선된 소식을 듣고서는 솔직히 많은 실망감과 허탈감이 밀려오기 시작했습니다. 저 역시도 현재 다니는 회사에서 팀장 진급 대상자였으나, 지난 9월 1일부로 진급 탈락 소식을 들었습니다. 우리 부부에게 더더욱 많은 좌절감을 맛보게 하는 힘든 시기였습니다.

하지만 우리 부부는 이제 새로이 마음을 가다듬고, 다시금 자신이 맡은 업무와 본분에 충실할까 합니다. 저는 군인가족으로서의 역할을 잘 해내고, 아내는 군인이면서 엄마와 아내의 역할을 잘해 주길 바랍니다. 이렇게 최선을 다한다면 분명 내년에는 두 사람 모두에게 좋은 소식이 있을 거라고 다시 한 번 전투의지를 불살라 봅니다.

소위 계급장을 달고 처음 육군종합행정학교에서 아내를 만난 지도 벌써 10년이라는 세월이 흘렀습니다. 성남 육군종합행정학교 장교 중대에 더블 백을 메고 처음 내무실에 들어서던 날, 근무복을 입고 내무실에 조용히 앉아 있던 그녀의 모습을 아직도 생생하게 기억하고 있습니다. 동기들은 우리 두 사람이 잘 어울린다고 하면서 두 사람이 결혼에 골인할 수 있도록 큰 도움을 주었습니다.

이제 와서 돌이켜 보면 지난 10년은 군인으로서, 또한 이제는 군인가족으로서 군인과 군대를 사랑하는 변함없는 팬이었지 않나 싶습니다.

아내가 군인이어서 나쁜 점도 있겠지만, 그와 반대로 좋은 점들도 많이 있습니다. 특히 아내가 당직 근무 또는 야간 훈련을 하는 날이면, 중국 유학으로 아내에게 잃었던 점수도 딸 수 있고 아이들과도 더욱 친밀해질 수 있습니다. 잠자리에 들기 전 아빠가 읽어 주는 동화책, 그리고 저녁식사 후 아빠와 함께하는 산책 또는 할인마트 쇼핑……. 이런 활동들은 이제 우리에게 자연스러운 일상생활이 되었습니다.

한 달에 대략 서너 번씩 돌아오는 낭식 근무로 처음엔 낯설고 힘겨운 시간을 보냈지만, 아이들이 커갈수록 그리 어려운 것도 아니란 생각이 듭니다. 오히려 아이들이 아빠의 존재를 느낄 수 있는 절호의 기회요, 아내에게 점수 딸 수 있는 빅 찬스인 것이죠. 다만 아이들에게 맛있는 음식을 엄마에 비해 못해 주는 게 아쉬울 뿐입니다.

당직 근무를 서는 날이 돌아오면 어김없이 자장면 배달 아저씨가 우리 집을 다녀가십니다. 그런데 아이들은 항상 자장면이 먹고 싶은가 봅니다. 언제나 무얼 시켜 먹을지 물으면 세 아이 모두 이구동성으로 자장면이라고 대답합니다. 거참, 그 자장면 내가 어렸을 때도 그렇게 먹고 싶었던 음식인데…… 세월이 지난 지금도 대를 이어 자장면 사랑을 실천하고 있습니다.

항상 아내의 윗사람들은 저를 따뜻하게 맞아 줍니다. 회식 자리에도 같이 불러 즐거운 시간을 보낼 수 있도록 배려하는 덕분에, 아내의 군생활에 대해 더욱 이해하게 되고 술 한 잔 들이켜며 옛 이야기를 하다 보면 옛 전우들이 몹시 그리워지기도 합니다. 만일 제가 군 출신이 아니었다면 아내의 군생활을 그다지 이해하지 못할 것입니다. 저에게 따뜻하게 대해 주시는 상급자와 동료들 덕분에 우리 가족이 함께 탄 배가 순조롭게 항해를 계속해 나가고 있는 게 아닌가 합니다. 그분들께 이 글을 빌려 감사드리고 싶습니다.

매일 아침 7시 기상 나팔이 울리면 우리 집은 그야말로 전쟁터가 됩니다. 아내가 일찍 일어나 출근하기 전에 끓여 놓은 국을 가스 불에 데우고 반찬들을 냉장고에서 꺼내어 아이들과 아침식사를 시작하면, 아이들은 숟가락, 젓가락, 컵 등 시시한 것들을 가지고 싸우곤 합니다. 아이들이 밥 먹는 시간은 거의 한 시간이 넘어 가고, 바삐 회사까지 출근해야 하는 시각 10시는 어김없이 다가옵니다. 어떤 날에는 한 아이가 늦잠을 자고, 어떤 날에는 한 아이가 밖에 나가 들어올 줄을 모르고…….

어느덧 출근시간이 점점 다가올수록 나의 짜증도 점점 더해만 갑니다. 아이들을 모두 어린이집과 병설 유치원에 데려다 주고 나면 바쁜 아침 상황이 종료됩니다. 그럼 제 자신에게 자주 혼잣말을 하곤 합니다. "몇 해만 지나면 괜찮아지겠지! 아이들이 금방 클 거야"라고……. 그렇게 자기 위안을 하며 월요일부터 금요일까지 치르는 아침 전쟁……. 바로 제가 군인가족이 맞다는 사실이죠.

전역 후 동원훈련 소집이 시작되었습니다. 그래도 예전엔 3박 4일이었는데, 이젠 하루가 줄어서 2박 3일…… 적당한 시간이라고 봅니다. 그런데 나에겐 이 동원훈련이 너무나 가고 싶은 휴가입니다. 솔직히 동원훈련이 편해서가 아니라 일상생활에서 벗어날 수 있는 절호의 기회이기 때문입니다.

그런데 올해 동원훈련에서는 초유의 사태가 벌어지고 말았습니다. 아내가 소속된 1사단 본부근무대에 동원훈련이 배정된 것이죠. 참 우습고 재미있는 일이기도 했죠.

동원훈련 중 병과 교육시간에 아내가 근무하는 사무실로 올라가 그동안 바뀐 규정이나 업무에 대해 소개를 받고, 잠시 아내가 직접 교육하는 전시 업무수행절차 교육을 받았습니다. 속으로는 계속해서 웃음이 터져 나오고……. 다른 병사 출신 예비역들이 모르기에 망정이지, 알았더라면 교육시간이 웃음바다가 되지 않았겠는가 하는 생각을 해봅니다.

그러나 훈련기간 중 훈련용 24인용 텐트와 위장망들을 실제로 병사들과 직접 해보니 재미있기도 했고, 한편으론 실제 훈련마다 고생하는 병사들의 마음을 헤아릴 수가 있었습니다. 일상의 잡념들을 다 날려 버리고 한때 몸담았던 군 시절로 다시 돌아가는 것, 어찌 보면 동원훈련은 옛 향수를 달랠 수 있는 좋은 기회입니다.

병 전역자들보다 동원소집기간이 긴 것도 저에겐 전혀 불만이 아닙니다. 이렇게 행복한 2박 3일간의 휴가를 다시 갈 수 있기 때문이죠. 동원훈련 소집기간이 병 전역자보다 길다고 좋아하는 사람이 저 말고 대한민국에 또 누가 있을까요? 이렇듯 매년 돌아오는 동원훈련은 군대가 저에게 주는 또 다른 행복입니다.

며칠 전에는 옆 관사에 사는 두 부부가 집안일 때문에 싸웠다는 소문이 제 귀에 들려왔습니다. 거참, 저도 엄연한 군인가족이라 집안일을 열심히 할 뿐인데 "옆집 사모님, 남편을 저와 같은 입장으로 이해하시면 곤란합니다!"

그 부부싸움의 원인을 제공한 사람이 바로 저이기 때문에 잠깐 그 얘기를 해봅니다. 요새 막내가 대소변을 가리는 시기라 밤에 잠을 잘 때엔 기저귀를 채워야 합니다. 만약 깜박 잊고 채우지를 않으면 어김없이 이불에 오줌세례를 하여 온 방에 지린내가 진동하게 됩니다. 그러면 다음 날 아침 빨래를 해서 오전부터 강한 햇볕에 말려야 하죠.

그런데 제가 이불 빨래를 너는 광경을 옆집에 사는 군인가족이 보고서는 몇 번인가 남편에게 핀잔을 주었나 봅니다. 남편에게 누구는 이불 빨래까지 널어 주는데 당신은 도대체 집에 와서 도와주는 게 뭐가 있냐고 따진 게 그 부부의 말싸움이 됐고, 졸지에 저는 죄인이 된 것입니다.

그러나 제 입장에선 군인인 아내가 아침 일찍 출근을 하기 때문에 빨래 너는 일은 바로 군인가족인 저에게 주어진 임무였죠. 아내가 부대에서 일과시간에 나와 빨래를 널 수는 없지 않겠습니까? "사모님! 왜 이러세요! 저도 성별만 다를 뿐, 당신과 같은 군인가족이라고요."

처음엔 저도 아무렇게나 널었던 빨래가 이제는 제법 질서정연합니다. 역시 군대에서 자주 쓰는 말, '짬밥'이 무섭긴 무섭나 봅니다. 설거지도 마찬가지죠. 어떤 그릇을 먼저 씻고 먼저 헹궈서 정리하는 것 역시, 분명 어떤 순서가 있는 법입니다. 세상사는 이치가 다 그런 것 같기도 하고요. 점점 가정주부의 실력이 쌓여 가는 게 분명한 것 같아요.

현재 우리가 살고 있는 전진마을은 정말 경치가 좋고 공기가 맑은 곳입니다. 다시 말하면 아이들의 생태체험 학습장인 셈이죠. 간혹 고라니가 출현해 돌아다니는 모습도 보고, 어느 날에는 새끼 다람쥐가 나무 위로 올라가는 모습도 볼 수 있는 그야말로 한가로운 산골마을의 풍경을 그릴 수 있는 곳…… 그곳이 바로 여기 전진마을입니다.

어느 날인가 저는 집 문을 열다가 깜짝 놀랐습니다. 작년에 주워 놓은 도토리를 먹으러 청솔모가 굴뚝을 타고 집 안으로 들어왔다가 나도 놀라고 청솔모도 놀라는 재미난 일도 벌어지곤 하죠.

그야말로 제가 사는 이곳은 아이들이 자연을 쉽게 이해하며 신나게 놀 수 있는 좋은 놀이터입니다. 또한 시골에서 자라난 저에겐 텃밭을 일구어 자라난 무공해 작물들을 직접 가꾸어 먹을 수 있는 곳이기도 하죠. 이 모든 것 역시 군대가 저에게 주는 커다란 기쁨이요, 행복입니다. 저는 매일 아침 일어나면 텃밭에 나가 채소들이 얼마나 컸는지부터 살핍니다. 그리고 물을 주고 거름 주는 일도 게을리 하지 않습니다. 농부가 부지런할수록 수확도 많고 자연 속에서 누리는 즐거움도 배가 되지 않을까요?

최근 우리 집엔 새로운 가족이 생겼습니다. 주일이 되어서 성당에서 미사가 끝나면 가까운 계곡 음식점을 몇 번인가 찾아갔었는데, 그곳에 조그만 새끼 강아지가 있었습니다. 음식점 주인은 아이들이 좋아하니 데리고 가서 키우라고 해서 결국 강아지를 덥석 데려오고 말았죠. 그런데 이름을 무엇이라고 짓는 것도 상당히 고민되는 일이었습니다. 결코 쉬운 일이 아니었죠. '흑돌이', '장군이', '개소문'…… 여러 가지 이름들이 나왔지만 결정지어진 이름은 바로 '태극'이었습니다. 제가 태극이라고 명명한 이유는 군인이 받을 수 있는 최고의 훈장이 바로 태극무공훈장이기 때문입니다. 따라서 우리 집에 와서 큰 공을 세우라는 뜻에서 태극이라 명명한 것이죠. '태극이', '태극이'…… 거참 좋은 이름일세!

솔직히 아내는 셋째 아이를 낳고 열한 달 동안 육아 휴직을 냈죠. 아내는 항상 진급이 안 될 수도 있다는 불안감에 사로잡혀 있었습니다. 그래서 그 감점 요소를 해결하기 위해 이번까지 벌써 세 번째 이라크 파병을 지원했지만, 세 번 모두 탈락하고 말았습니다. 이제 와서 얘기지만 너무나 다행스러운 일입니다.

옛 어른들이 자주 하시는 말씀이 '부부는 항상 피부를 맞대고 살아야 한다'고 합니다. '아무리 싸우고 다퉈도 함께 살을 맞대고 살아야 한다'는 지당하신 말씀을 마음 깊이 새기며, 정말 선발에 누락시켜 주신 심사위원님들 너무너무 감사합니다.

가끔 아이들과 함께 아내가 일하는 사무실에 들르곤 합니다. 그때마다 저는 가장 먼저 찾아 읽는 게 바로 《국방일보》입니다. 6년간 군대생활을 했던 저에게 옛 전우들의 향수병이 아직 남아 있는 것은 어쩜 당연한 일이기도 하죠. 또한 아내가 군인이니 어떻게 군대 돌아가는 사정에 관심이 없을 수 있겠습니까? 역시 나는 다른 여느 군인가족보다 군대를 사랑하고 국방의 중요성을 홍보하는 최고의 팬이요, 홍보대사입니다.

아이들과 차를 타고 달리다가 군인과 군 차량만 보면 막내는 큰 소리로 외칩니다.

"군인 트럭이다! 군인 아저씨다!"

세 살 아이에게도 엄마가 군인이기에 군 얼룩무늬 모양은 친근하고 가깝게 느껴지나 봅니다.

내년에는 아내가 2차 진급 심사에 들어갑니다. 내년에는 분명 좋은 결과가 있기를 기대하며, 이내가 국방 임무에 최선을 다할 수 있도록 뒷바라지 소임을 다해야겠습니다. 또한 저 역시 제가 중국어를 가르치는 학생들에게도 최선을 다하여, 국가 경쟁력 향상에 적극 동참할 생각입니다.

군인의 길을 접었던 아쉬움과 군인을 사랑하는 군인가족의 순수한 마음으로 오늘도 전후방 각지에서 고생하는 군인 여러분께 깊은 감사와 힘내시라는 메시지를 전합니다.

군인아저씨! 그리고 여보! 너무너무 고맙습니다.

여러분, 저도 군인가족이래요! 남자 군인가족!

김수경
육군 3군사령부 박효금 대위 가족

군인을 아내로 둔 남편

김수경입니다. 벌써 많은 계절이 지나 따뜻한 봄날이 되었습니다. 계절의 변화만큼 저희 집에도 큰 변화가 있었습니다. 먼저 전할 기쁜 소식은 아내의 부대 이동으로 회사 전출을 왔던 제가 얼마 후 승진을 했습니다. 모두 모두 축하해 주세요. 아내보다 제가 빨리 진급의 축배를 맛보았기에 올해 아내의 소령 진급을 진심으로 기원합니다. 또한 저희 집 큰아이가 초등학교 1학년에 입학해서 학부형이 되니 세월의 무상함도 느끼게 됩니다. 벌써 결혼 10년차라니…… 둘째, 셋째가 학교에 가면 저는 40세를 훌쩍 넘게 되는군요. 상상하면 너무 징그럽기도 하고 두렵기도 하지만 어디 세월 앞에 장사 있겠습니까? 사는 게 재미있고 행복하면 그만이겠지요. 며칠 전에도 아내가 휴일 당직 근무여서 김밥을 싸 가지고 아이들과 함께 위문을 다녀왔습니다. 제대해서 딱 하나 좋은 점은 당직 근무를 안 서도 된다는 것입니다. 아내가 안쓰럽지만 그런 아내 때문에 많은 사람들이 휴일에 편안히 쉴 수 있는 게 아니겠습니까? 가족들 모두 건강하게 잘 지내고 행복하게 살고 있습니다.

끝으로《국방일보》관계자 여러분과 수기에 참여했던 모든 분들이 항상 건강하고 행복하길 빕니다. 그리고 저와 함께 군 생활을 했던 김태원 소령님의 전역을 진심으로 축하드리고요. 고 원사님, 방 원사님, 정 준위님, 화학대 박 원사님의 건강과 건승을 기원합니다.

남편 : 김수경
부인 : 박효금 대위(육군 3군사령부 인사처)
큰딸 : 김은정
둘째딸 : 김은희
아들 : 김동욱

인연(因緣), 내 삶의 영원한 동반자

내 인생에 있어서 군생활이 나에게 주는 의미를 생각하다, 문득 그 속에서 많은 만남과 헤어짐을 떠올리게 되었다. 후보생 시절 만났던 낯선 동기들, 소위 계급장을 달고 야전에서 처음 만난 군생활의 선배들, 여러 부대를 전출입하며 만난 군생활의 선후배들, 그리고 아쉽게 군문(軍門)을 떠나거나 또는 너무나 멀리 떠나 버리신 분들⋯⋯.

이러한 여러 만남과 헤어짐 속에서 과연 나는 어떻게 지내왔는가 하고 스스로에게 질문을 던져 보았다. 한 집안의 아들로서, 동생으로서, 오빠로서 군생활의 특수성을 핑계 아닌 이유로 집안 경조사에 참석을 못 하였다. 부모님 생신을 지나치거나 형님들 결혼기념일과 동생 졸업식 날짜를 잊거나 하여, 가족의 일원으로 너무나 방관적인 모습이 아니었는가 하고 자책에 휩싸이곤 한다.

166

하지만 그러한 점에도 불구하고 군생활은 나에게 너무나 큰 의미가 되었다. 내 인생의 반려자인 아내를 만나게 해준 것도, 내 인생의 스승을 만나게 해준 것도, 내 인생의 중요한 결정을 내리게 해준 것도 결국은 군생활에 의해서였다. 그렇게 본다면 군생활의 시작은 나에게 너무나 큰 인연의 시작이었다.

나는 군인이자 군인의 가족이다. 즉, 군인의 남편이다. 그럼, 군인으로서, 그리고 군인의 가족으로서 겪었던 우여곡절 이야기 속으로 들어가 보겠다.

2001년 3월 육군종합군수학교에서 고등군사반을 수료하고, 고향인 부산에서 며칠을 가족들과 보낸 후 짐을 싸서 떠난 곳은 우리나라의 최전방 부대 중 하나인 청성부대였다. 대전을 지나 휴게소에서 잠시 쉬려고 차에서 내린 순간 내 몸을 휘감는 한기는 나에게 군생활을 천직으로 알고 하라는 부모님의 말씀과도 같이 내 자신을 다시 한 번 돌아보며 비장한 각오를 하게끔 만들었다.

멀리 보이는 산꼭대기에는 지나가던 구름이 걸린 것처럼 흰 눈이 덮여 있었고, 또한 도로 주변에는 잔설로 겨울 분위기를 물씬 느끼게 하였다. 아직 겨울의 끝자락인지라, 어느덧 해는 시곗바늘보다 빨리 기울어 석양을 남기며 사라지는 가운데 나에게 반갑다는 듯이 아름다운 여운만 남기고 저물어 갔다. 이것이 내가 느낀 청성부대에서의 첫 인상이었다.

다음 날 부대를 찾아가 인사를 하고 전입 준비를 하고 있을 때 부대 중앙도로에서 만난 여군 소위가 경례를 하고 지나쳐 갔다. 나중에 알게 되었지만 내가 고등군사반 교육을 받을 때 초등군사반 교육을 받았다고 하였다. 그 이후 나는 중대장 임무 수행을 하며 업무적으로 대면하거나 또는 회식 모임 외에는 별다른 만남이 없었다. 하지만 세상 살아가는 일이 어느 누가 알고 살아가랴마는 인연이라는 것은 어쩔 수 없었다. 동향인데다가 군대라는 조직에서 동고동락하며 객지에서 생활하다 보니 서로 간에 공감대 형성은 그리 어렵지가 않았다. 보이지 않는 곳에서 서로를 챙겨 주며 그렇게 사랑의 싹을 키워 왔던 것이다.

그렇게 한 해가 거의 지나가고 같은 부대에서 근무하던 예비 아내의 고등군사반 입교로 서로 떨어져 지내다가 고등군사반 수료 이후 과천에서 예비 아내가 근무할 때 나는 큰 결심을 하였다. 결혼 전이었지만 조금이라도 더 가까운 곳에서 근무하려는 생각으로, 특전사에 지원하여 인천에서 근무하게 되었다. 그때 예비 아내의 숙소 문제로 인해 양가 부모님의 허락을 얻고, 결혼 전에 혼인신고를 하여 예비 아내는 군인 아파트로 들어가게 되었고 자연적으로 숙소 문제는 해결되었다. 하지만 난 부대가 인천에 있는 상황인지라 주말 외에는 과천까지 가기가 힘들었다.

그러던 와중에 예비 아내는 보직이 만료되어 안양에 있는 부대에서 중대장 보직을 수행하게 되었다. 우리의 애절한 마음을 하늘도 알아 준 덕분인지, 그 부대 대대장님은 내가 소위·중위 시절 모셨던 대대장님이셨다. 그 다음 대대장님도 내가 청성부대에서 모신 대대장님이셨다. 옛말에 '회자정리 거자필반(會者定離 去者必反)'이라 했거늘, 이러한 상황을 두고 하는 말이 아니랴. 군생활에 있어서 이 또한 귀한 인연이지 않은가!

그렇게 시작된 청성부대에서의 인연은 연애 3년 만에 주변의 보이지 않는 도움으로 인해 결혼에 이르게 되었고, 우리는 첫 보금자리를 안양에서 틀었다. 우리가 결혼할 줄은 같이 근무했던 부대의 어느 누구도 몰랐다고 한다. 이제 와서 생각해 보면 우리의 연애는 첩보 작전에 가까웠다고나 할까? 당시 아내와 같이 청성부대에서 근무하던 시절의 대대장님께서 보내 주신 결혼 선물인 '청성부대의 인연' 이라는 문구가 있는 지휘봉은 너무나 감격스런 선물이었다. 지금도 우리 가성의 가보로 간직하고 있다.

그렇게 시작된 결혼생활은 여느 신혼생활 같지가 않았다. 진즉에 예상은 하였지만 같은 병과의 대위 장교끼리의 결합은 상대적으로 같은 부대에서 근무할 수 없음을 의미하는 것과도 같았다.

아내는 나보다 한 살 어리지만 군생활에 있어서는 3년이란 차이가 난다. 내가 3년 선배인 관계로 아내에게 많은 조언을 해주고 있으나, 어떤 때엔 나도 과중한 업무 스트레스로 아내에게 불성실한 데 대해 미안한 마음을 많이 느끼곤 한다. 그래서 이 자리를 빌려 서투른 글솜씨로나마 사랑하는 아내에게 내 옆에 있어 줘서 고맙다는 말을 진정 전하고 싶다.

아내가 안양에서 중대장을 하던 때의 일이다.

어느 수요일 오후, 휴대폰 전화벨 소리에 외부 창을 보니 아내의 전화번호였다. 속으로는 '이 시간에 웬 전화지?' 하고 되뇌며, 왠지 반가운 마음과 불안한 마음이 교차되는 가운데 휴대폰 폴더를 열고 말했다. 그런데 "여보세요?"의 '여'자를 꺼내기도 전에 아내의 다급한 목소리가 귓전을 울리며 허공으로 날아갔다. 마음을 진정시키고 무슨 일이냐고 묻자, 다소 울음 섞인 목소리가 놀란 듯한 목소리에 묻어 나오며 차 사고가 났다는 것이었다. 순간 나도 당황했다. 그러나 그 순간에 본능적으로 나오는 나의 세 마디…….

"안 다쳤어? 괜찮아? 지금 어디야?"

부부의 정이 이렇게 무서운 것인지…… 나도 모르게 순간 당황하여 지금 가야겠다는 생각만 머릿속에 맴돌았다. 나는 보고를 하고 난 후에 차가 있는 곳으로 순식간에 달려가며 다시 휴대폰을 통해 상황 파악을 하였다. 이러한 반사적인 행동은 군생활을 통해 나도 모르게 터득한 것 중 하나다. 위기 대처 및 조치 능력이라고나 할까?

여하튼 순식간에 나는 차에 올라 시동을 걸고 위병소를 통과해 도로로 진입했다. 퇴근시간 전이라 정체는 없는 편이었다. 하지만 머릿속이 복잡하여 어느 도로를 타야 할지 분간이 안 갈 정도였다. 단지 최대한 빠른 길에 올라야 한다는 일념뿐이었다. 하지만 최대한 침착하게 움직이려는 내 생각과는 달리, 내 몸은 레이스 같은 질주를 통해 안양에 도착하고 있었다.

사고지점은 집 근처였다. 의외로 아내는 사고를 당한 사람 같지 않게 이상이 없어 보였다. 그러나 차는 하천에 빠져 있었고, 측면 유리는 거의 깨져 있었으며, 앞 범퍼는 차량과 분리되어 나름대로의 형태를 유지한 채 차 옆에서 내가 앞 범퍼라고 알리기라도 하는 듯 떡 하니 자리를 잡고 누워 있었다. 아내의 운전 부주의 때문이었다. 하지

만 아내는 미안한 마음을 숨기려는지 괜히 나의 호의를 뿌리치는 것
이었다. 외상은 없었지만 혹시 내상이 있는 것은 아닌지, 후유증은
없는지…… 나는 심히 걱정되었다. 그래서 사고를 수습하고 인근 종
합병원에서 검진을 받았다. 내상도 없다고 하였다. 하지만 놀란 마음
이 검진을 통해 확인되나 하는 생각과 더불어 아내에게 미안한 마음
이 교차하였다.

'아내의 놀란 마음을 안정시킬 청심환이라도 하나 사 줄걸…….'

잘못했다고 후회하는 마음과 미안한 마음만이 돌아오는 길에 사
고로 예민해져 피곤해하는 **아내**의 **주변**에 맴돌며 차 안을 가득 채우
고 있었다. 지금 생각해 봐도 미안한 마음과 더불어 후회만 남을 뿐
이다. 아내가 얼마나 놀랐을까 하고 생각해 보면, 또한 아내에게 있
어 미안하고 후회되는 마음을 남겼다는 것이…….

그 무렵 토요 휴무제가 본격적으로 시행되면서 주말에 여유가 많
아졌다. 하지만 아내는 중대장으로서 일요일만 되면 출타 미복귀 인
원으로 인해 많은 스트레스를 받고 있었다. 가지 많은 나무에 바람
잘 날 없다는 말이 있듯이 병력이 많은 만큼 그에 따르는 부담은 커
지게 마련이다. 중대장으로서 출타 전 정신교육이나 기타 추적 확인
체계를 유지하나, 출타 이후의 변심을 어떻게 막을 수 있으랴!

한번은 일요일 오후 모처럼 데이트를 즐기려고 영화를 보러 가기
위해 준비하는 도중, 한 병사의 아는 형이라며 아무개가 사복을 갈
아입고 사라졌다고 하는 의문의 전화가 아내에게 걸려 왔다. 본인도
군생활을 해봐서 알지만, 중대장님이 이해해 주시고 시간을 주면 직

접 데리러 가서 복귀시키겠다고 했다. 분위기가 조금 이상했다. 그 즉시 모든 계획은 해변의 발자국이 밀려오는 파도에 거품만 남기고 지워지듯이 시간의 흐름에 묻혀 버리고 말았다. 나는 아내가 행여나 미안해 할까 봐서 일부러 아무렇지 않은 체하였으나, 속으로는 모처럼 둘만의 즐거운 시간을 앗아 간 그 상황이 달갑지 않았다. 단지 빠른 시간 내에 모든 것이 수습되기를 바라는 마음이었다.

그러한 생각이 나의 뇌리를 스쳐 지나갈 때 아내 역시 자동차 열쇠를 챙기고 나의 곁을 떠나갔다. 어쩔 수 없이 나는 혼자 남게 되고, 일방적으로 나에게 웃음을 이끌어 내려는 TV를 친구 삼아 시간을 보내는 수밖에 없었다. 아내를 비롯한 중대 간부들의 노력으로 그 병사의 행방을 추적하여 무사히 복귀시키고 일단락되었으나, 그 당시 부대의 분위기는 폭풍 전 고요라고나 할까? 사태는 수습되었으나, 그 후부터 펼쳐질 일은 뻔하였다. 그 병사에 대한 징계와 중대장으로서의 지휘 책임이었다.

아내는 중대장으로서 이러한 유사한 일로 인해 스스로 자숙하는 의미에서 영내대기를 통해 중대의 취약점에 대한 전반적인 진단과 보완을 하는 등 후속 조치로 퇴근이 늦거나 아예 하지 않는 경우가 종종 있었다. 그럴 때마다 혼자서 많은 생각에 젖어 들곤 했다. 과연 여자이기 때문에 동정심이 가는 것인지, 아니면 내 아내이기에 측은한 마음과 힘든 군생활을 함께하게 만든 내 자신에 대한 자책감이 드는 것인지······.

이렇게 나름대로의 희로애락을 느끼며 신혼생활을 하던 중, 나의 군생활에 있어서 또 다른 도전의 문을 거쳐야 하는 시기가 되었다. 특전사를 거친 모든 장병들이라면 누구나 고이 간직하고 있는 아련한 추억의 하나인 공수기본교육이다. 사관학교 출신이 아닌지라 공수기본교육을 이수하여야 했으며, 업무 파악과 결혼 준비로 인해 연기해 온 공수기본교육을 2004년 마지막 기수로 입교하게 되었다.

특전사 근무 6개월 만에 처음 발을 디뎌 보는 특전 교육단, 특전사의 요람이라고는 하지만 11월 말의 싸늘한 냉기가 맴도는 연병장은 오히려 심적인 부담감만 가중시켰다. 이렇게 시작된 3주간의 공수기본교육은 나에게 또 다른 나의 모습을 만나게 해주었다. 체력의 한계를 느끼게 하는 훈련의 연속 속에서 체력이 바닥난 상태에서도 힘을 내고 최선의 노력을 다하게 해준 것은 오로지 아내의 힘이 아니었나 싶다. 하루 일과가 끝나고 나면 행정반에서 군 전화를 통해 아내의 목소리를 듣는 것이 나에게는 정말 큰 활력소였다.

그렇게 2주가 지나고 나의 체력과 담력은 몰라보게 향상되었으며, 이제 마지막 과정인 4회 자격강하만 남은 상태였다. 하루하루 마음 졸이며 긴장 속에서 훈련을 하는 나보다 더 마음 졸이며 나의 소식을 기다리는 아내를 생각하니 오히려 더욱 긴장이 되었다. 그러나 온몸을 지면에 맡기며 익혀 온 2주간의 훈련으로 자격강하는 무사히 마치게 되었으며, 아내에게 최종 이상 유무를 지휘보고(?) 하게 되었다. 이렇게 모든 자격강하가 끝나고 나니 마음속에서 느껴지는 무언가가 있었다. 그것은 남편을 고된 교육과정에 보낸 아내의 노심초사하는 마음이었다.

내가 육체적으로 힘들었다면 아내는 정신적으로 얼마나 힘들었을까 하는 생각에 한편으로는 너무 미안했다. 행여나 내가 다치기라도 하면 어쩔까 하고 바쁜 일과 중에도 몇 번을 생각했을 아내의 걱정하는 모습을 떠올리니, 남편으로서 미안한 마음은 가실 줄 몰랐다. 수료식을 마치고 집으로 갔을 때, 3주간의 이별과 고된 훈련으로 초췌해진 나를 반갑게 맞아 주던 아내의 촉촉한 눈가는 아직도 눈에 선하다. 군생활에서 하나의 과정이지만 아내에게 이런 걱정과 더불어 불안한 마음을 가지게 해주었다는 사실 하나만으로도, 그때의 일을 떠올리면 너무나 미안하고 어떻게 보답해야 할지 모를 정도로 고마운 마음뿐이다. 정말 아내에게 잘해야겠다는 생각이 든다.

그렇게 시간은 지나 나의 보직기간이 만료되고, 나는 또다시 육군의 명령에 의해 최전방 부대인 율곡부대로 가게 되었다. 하지만 아내는 아직 보직기간이 남아 있는지라 약 6개월간 이별을 해야 하는 상황이었다. 결혼을 하며 이러한 상황에 대해서도 생각해 보았지만, 막상 그 상황에 처하게 되니 아내에게 미안한 마음뿐이었다. 그러한 상황이 더욱 애절했던 것은 내가 집을 떠나는 날이 성탄절이었기 때문에 더욱 그랬다. 휴일을 같이 보내고 월요일에 출발하고 싶었으나 업무 인수인계를 위한 명령에 따르는 것이 우선이었다.

전방부대에서 근무해 본 경험이 있는지라 업무의 공백이 없어야 한다는 상황에 대한 이해는 성탄절 오후에 아내를 두고 강원도로 발걸음을 재촉하게 만들었다. 그 이후 전화 통화로 아내의 목소리만을 듣고 지내왔으며, 그렇게 집을 떠나온 지 6개월여 만에 아내가 강릉 지역으로 부대를 옮기게 되었다. 하지만 아내 혼자서 이사를 준비하여 다니는 모습을 생각하고, 직접 보게 되니 내 자신이 너무 처량해 보이는 동시에 미안한 마음이 물결쳐 왔다.

내가 한 여자의 남편으로서는 몇 점인지, 군인가족의 남편으로서는 몇 점인지, 부부 군인의 남편으로서는 몇 점인지에 대한 세 가지의 복잡 미묘한 생각에 잠기며, 물결치는 미안한 마음과 더불어 아내를 위해 최선을 다해야겠다는 생각이 그 물결과 섞여 내 머릿속을 휘감으며 소용돌이를 치고 있었다.

지금도 한 달에 두 번 정도 만날 수밖에 없는 상황이지만, 서로가 맡은 임무에 충실해야 하는 것이 군인의 본분임을 명심하고 있다. 결혼을 하면서 우리가 한 가정을 이루기 위해 서로가 다짐한 것이 있었다. 그 다짐은 지금 우리 가정의 가훈이 되었다.

"직도이행(直道以行)."

올바른 길(도리)로써 행하자는 가훈을 가슴속 깊이 새기고, 오늘 하루도 최선을 다하는 아내와 나의 모습 속에 우리는 나름대로 소박한 꿈을 키워 가며 성실하게 살아가고 있다. 또한 9월 26일은 우리의 결혼기념일이다. 아내를 위해 올해는 어떤 이벤트를 준비할까 하는 마음에 다소 설레기도 하지만, 무엇보다 큰 선물은 내가 항상 아내 곁에 있어 주고 우리 서로가 건강하게 살아가며 주어진 임무에 최선을 다하는 것이 더욱 중요한 것이 아닌가 생각해 본다. 부부 군인의 고충이라면 고충이지만, 이러한 것들이 우리를 더욱 강하게 만드는 원동력이자 더욱 열심히 살게 하는 힘의 원천은 아닐까?

지금까지의 짧은 군생활이 힘들다고 말하기에는 다소 외람된 듯하나 군인부부로서, 그리고 남편으로서 내 자신의 역할에 충실하려고 노력하는 와중에 힘든 면도 없지 않았다. 하지만 부부의 힘이 얼마나 크고 깊은지는 말하지 않아도 아는 사람은 다 알 것이다. 그래서 '결혼은 꼭 하고 봐야 한다'라는 말을 하는지도 모른다. 이렇게 짧은 군생활과 결혼생활을 통해 이어진 인연이 우리 부부를 어디까지 데리고 갈지는 몰라도, 심적으로 육체적으로 힘들고 어려울 때 서로의 위안으로 쉽게 형성되는 공감대는 여느 다른 부부들과 큰 차이가 있으리라 생각된다.

내가 전투복의 견장 무게를 느낄 때, 지휘관 휘장 무게를 느낄 때, 계급장의 무게를 느낄 때, 어느 누구보다 나의 마음을 이해해 주고 나에게 위안을 줄 수 있는 당신은 내 군생활의 영원한 전우이자, 내 인생의 영원한 동반자인 아내입니다!

이 글을 빌려 다시 한 번 말하고 싶다.

나의 인연, 나의 아내, 안진희 대위님, 사랑합니다! 힘내세요!

장진성 대위
육군 1군지사 안진희 대위 가족

176

'인연(因緣)'이라는 제목으로 《국방일보》

와는 두 번째 인연을 맺으며 군 생활에서의 인연에 대해 다시 생각해 보는 계기가 되었다. 군 생활에서 만난 내 인생의 스승, 친구 그리고 영원한 반려자인 나의 사랑스런 아내, 이 모든 것이 인연의 한 자락에서 비롯된 것은 아닌지…….

마지막으로 이런 말을 남기고 싶다.

"만남이란 소중한 것이다. 소중한 만남이 좋은 인연이 되도록 우리 모두가 노력하며 살아가자."

남편 : 장진성 대위(육군 22사단)
부인 : 안진희 대위(육군 1군지사)

열·네·번·째·이·야·기

군인으로 커 가는 꿈나무들

남편이 군인이라는 사실을 평생 동안 자랑스럽게 생각하고, 푸른 제복을 무척이나 좋아하고 사랑했지만, 정작 조용하고 온화하고 여성스럽기만 한 큰딸이 여군에 지원할 때엔 반대를 했다. 여자가 직업을 갖는다는 것, 특히 군인이 된다는 데엔 직계가족뿐 아니라 온 가족의 희생이 따른다는 것을 너무나 잘 알고 있었기에…….

하지만 엄마의 반대표는 아빠의 찬성표에 밀려, 큰딸은 대학을 졸업하고 여군 장교에 지원했다. 높은 경쟁률을 뚫고 합격하여 당당히 사관후보생 교육을 받은 것이다.

면회를 갔을 때 힘든 내색 없이 우렁찬 목소리로 "충성" 하며 거수경례를 하는 딸의 생소한 모습을 보면서 나는 엄마답지 않게 울어 버렸다. 남편이 국가에 몸을 바쳐 제복을 입은 지 30주년이 되던 해, 큰

딸은 아빠의 대를 이어 푸른 제복을 입게 되었다. 동시에 1998년 신문과 방송에서 "장군의 딸, 최초로 여군 장교에 임관하다"는 보도로 많은 분들의 관심을 받기도 했다.

조용히 자신의 업무를 하고 싶어했던 딸은 아빠가 군인이라는 사실을 주변에 최대한 비밀에 부치며 근무를 했지만 늘 부담스러워했다. 초급 장교가 겪어야 할 고충보다 '누구의 딸'이라는 더 큰 짐을 안고 가는 딸이 안쓰럽게 느껴져, 나는 최전방에서 근무할 때나 가까운 곳에 근무할 때 혹시라도 이웃에서 알아볼까 염려되어 자주 가 보지도 못했다.

남편의 중대장 시절을 함께했던 나는 그 직책이 얼마나 힘들고 책임이 막중한지를 잘 알기에, 딸이 중대장을 하던 시기에는 단 한 번도 딸의 숙소나 부대 근처에 얼씬도 하지 않았다. 딸이 18개월 동안 혼신을 다해 중대장 근무를 끝마쳤을 때 '선봉중대장'이라는 명예를 받고, "육군 첫 여군 소총중대 선봉중대장"이라는 기사가 《국방일보》(2005년 12월 30일자)에 실렸다. 나는 남편이 중대장 시절에 선봉중대장과 재구상을 탔을 때보다 딸이 더 자랑스럽고 감격스러웠다.

"엄마! 저 최우수상 탔어요!"

얼마 전 '2006년 국방여성 직무수행 및 지휘통솔 성공사례 모집'에 큰딸 박 대위가 국방부장관 상장과 책으로 발간된 성공사례집을 내게 내밀었다. 대견스런 마음에 글을 읽어 보면서 나는 가슴이 찡하고 목이 메어 왔다. 내 자식이 어느새 이렇게 멋진 군인으로 성장해 있구나 하고 생각하니 감격의 눈물이 흘러내렸다.

전후방 각지, 명령이 난 곳으로 이동을 해야 하는 군인의 특성상, 남편의 보직이 언제 어떻게 끝나 어디로 이사를 가야 하는지를 몇 개월 전에라도 알면 아이들 전학시키는 문제를 사전에 계획이라도 세우련만……. 정신적으로, 육체적으로 건강한 아이를 키우는 데 가장 걸림돌이 되고 어려웠던 건 역시 한치 앞도 내다볼 수 없이, 동서남북 방향도 못 정하고 갑자기 이동하는 일이었다.

일 년, 이 년 후를 알 수 없는 군인가족으로서의 생활로 아이들은 전학 다니는 횟수가 많아지고, 나와 아이들은 새로운 생활에 적응해 나가기 바빴다.

언제였던가? 2월의 혹독했던 추위에 관사가 있다는 말만 듣고 세 아이(6살, 3살, 1살)를 데리고 갑자기 이사를 했다. 하지만 현관 유리창은 깨어져 있었고, 연탄보일러는 얼어 터져 불조차 지필 수 없는 참담한 상황 속에서 눈물도 말라 버렸던 기억이 지워지지 않는다.

그해 봄, 큰딸의 초등학교 입학을 놓고 우리 부부는 며칠간 고민을 했다. 학교가 멀어 버스 통학을 시켜야 하는데, 버스도 자주 다니지 않는 시골이었다. 하지만 어린 동생들 때문에 큰딸을 변변히 돌봐 줄 수도 없었기에, 서울에 있는 할머니 댁 근처에 있는 학교를 보내기로 결심을 했다.

그동안 한 번도 떨어져 살아보지 않았던 아이를 떼어 놓는 것이 쉽진 않았다. 부모 곁에서 떨어진 아이는 공부에 취미도 없고 동네 친구들과 노는 데만 열중해, 국어 받아쓰기 20~30점으로 시작해 거의 그 수준을 면하지 못한 채 2학년이 되었다.

남편이 대대장을 나가면서 나는 아이를 데려왔다. 산골에 있는 시골마을이라 버스는 더더욱 안 다녔고, 걸어서 가려면 산등성이 두 개를 넘어야 하는 한적한 곳이었다. 동네 아이들과 어울려 2.5킬로미터 정도 되는 길을 걸어서 보냈더니, 마을 아이들은 도둑놈의 자식이라고 돌팔매질을 하며 왕따를 시켰다. 그 시절만 해도 병사들이 동네 고추장이나 된장을 퍼 가는 사례가 있어, 주민들이 군인들을 도둑놈 취급했었다.

학교 가는 버스 안은 늘 만원이었고, 어린 딸은 다른 사람들의 짐이나 가방에 얼굴이 찢어져 상처가 나기도 했고, 다리가 멍드는 일을 수없이 겪으며 지냈다. 둘째 딸은 시골에 유치원이 귀하여 한 번 더 버스를 갈아타야 하는 곳으로 다녀야 했다.

한번은 유치원에서 너무 열심히 뛰고 놀아서인지 버스에서 잠이 들어 집 앞에서 내리지 못하고, 결국 몇 정거장 지나쳐 내리게 되었다. 그날 딸은 눈물, 콧물에 흙강아지가 되어 엉엉 울며 돌아왔다. 그때의 모습을 생각하면 지금도 가슴이 찡하다.

우리 세대의 군인가족들은 평균 초등학교 4~6회, 중학교 2회 정도 아이들을 전학시켰고, 고등학교 때가 되면 보통 한 곳에 정착해 이동이 거의 없었다. 하지만 우리 큰딸아이는 고등학교도 두 번이나 옮겨야 했다. 고등학교 3학년 때엔 아침에 등교하는 길과 저녁에 집에 돌아오는 길이 바뀌는 일이 세 차례나 있었다.

이사를 자주 다니다 보니 중학교 때 시골학원을 다녔던 경험 외에는 과외나 학원도 보내지 못했고, 학교 수업에만 의존했다. 잦은 전학으로 인해 아이들은 학교에서 받는 불이익과 지역 토박이들에 비해 인정받지 못하는 서러움, 억울함으로 눈물도 많이 쏟았다. 그래도 큰딸은 원하던 이화여대에 진학할 수 있었다.

아빠 부대 연병장에서 연탄을 얼굴에 문질러 위장하고, 긴 막대기를 총이라고 들고 다니며 군인아저씨들 하는 대로 흉내를 내며 신나게 놀았던 아들은 서울 생활을 너무나 싫어했다. 시골에서 살다가 서울에서 학교를 보내게 되었던 나는 신이 났는데, 정작 아들은 학교생활에 적응하지 못했다.

푹신한 흙에서 놀던 아이가 콘크리트 포장만 되어 있는 곳에 살다 보니, 넘어지면 충격은 몇 배가 되어 다리며 팔이 상처투성이였다. 시골로 다시 이사 가자며 보채는 아들은 서울 친구를 사귀지 못해 재미없어 했다. 고학년이 되었을 때엔 걱정이 되는 마음에 학원에라도 보내려 했다.

"엄마! 제발 저를 내버려 두세요. 저를 불행하게 만들지 마세요. 우리 선생님이 반에서 학원에 안 다니는 사람 손들라고 하였는데, 저까지 두 명이었어요. 그랬더니 선생님께서 너희 둘이 가장 행복한 아이들이라고 했다고요!"

잦은 전학으로 자신이 불행하다고 느꼈던 아이는 끝내 나의 의견은 무시하고 학원이란 곳을 가본 적이 없었다. 하지만 결국 고등학교를 졸업하고 서울대에 진학하였다.

아이들이 어릴 때에도 우리 집은 새벽부터 떠들썩했다. 아빠와 아들은 조기 축구를 하고, 나와 딸들은 연병장이나 산책길을 달리며 새벽 운동을 즐겼다. 아빠의 직업 특성상 멀리는 갈 수가 없는지라, 책임 지역에 있는 산에 오르거나 가까운 곳을 산책하며 '체력은 국력'이라고 어려서부터 가르쳤다.

아이들과 함께 꽃밭을 가꾸고, 꽃길을 만들고, 야채밭을 가꾸며 자연에서 얻어지는 식물로 식탁을 풍요롭게 하여 편식하지 않는 건강한 아이들로 키우고자 노력했다.

아빠가 영내 대기에 휴일조차 없던 시절에는 방학을 해도 온 가족이 함께 여행을 떠난다는 것은 꿈도 꾸지 못했다. 따라서 아이들을 위해 주말이면 부대 앞 개울가에 텐트를 지고 캠핑을 즐겼고, 겨울이면 눈썰매장이나 스키장이 아닌 뒷산 언덕에서 김장 절임용 고무 통을 썰매라고 미끄럼 타며 놀았다.

중·고등학교 시절 큰딸은 장거리 달리기 선수로, 둘째와 막내는 단거리 선수로 건강하게 자랐다. 개구리, 나비, 잠자리, 메뚜기를 친구로 삼아 놀던 아이들! 이사할 때마다 정든 친구, 정든 학교를 떠나기 싫어 흘린 눈물도 많았다. 하지만 자연 속에서의 어린 시절은 성인이 된 지금도 아름다운 추억으로 남아, 나보다는 내 주위, 내 이웃을 사랑하며 생각할 줄 아는 사람으로 성장하게 되었다.

'청춘은 즐거워!'가 인생의 모토였던 아빠의 영향을 받아서인지, 아이들은 공부하는 것도 노는 것도 즐길 줄 아는 사람으로 성장했다. 원래 천성이 온화한 남편은 항상 웃는 사람으로 통했고, 그 영향을 아이들이 고스란히 받아 자란 것 같다.

세 아이 중 큰딸과 아들이 군인이 되길 희망했지만, 아들은 고3 때

다리를 다쳐 사관학교의 꿈을 접었다. 이 일을 두고두고 아쉬워하면서 지금은 서울대에서 열심히 공부를 하고 있다. 둘째 딸은 잦은 이사로 성적 관리를 잘 못하더니, 고등학교 때 본인이 좋아하는 시각디자인을 전공하면서 언니와 동생에 뒤질세라 3년 내내 우등상을 타는 범생이가 되어 원하는 대학에서 공부를 했다.

패기 있게 성실히 근무하고 있는 군 후배들! 그리고 자랑스러운 딸 박 대위를 보면 무작정 고맙고 마음 든든하고 이 나라를 잘 지켜 주리라 믿는다. 나는 요즘 바쁘게 살아왔던 세월과는 대조적으로 건강하게 잘 자라고 있는 손자들을 보면서 '마음의 자유'를 누리고 있다. 남편이 36년간 청춘을 바쳐 나라를 위해, 가족을 위해 열심히 일한 공로가 노후생활을 지켜 주었고, 건강하고 바르게 자라 준 아이들 덕분에 행복한 나날을 보내고 있다.

"엄마, 가지 마! 엄마, 엄마……."

애처롭게 울고 매달리는 6살, 4살짜리 아들들을 떼놓고 아픈 가슴을 달래며 근무지로 떠나는 딸 박 대위의 모습을 보면서, 우리 손자들도 조금만 더 크면 엄마를 이해하고 엄마처럼 훌륭하게 잘 성장하리라 기대해 본다.

"할아버지! 충성!"

고사리 같은 손으로 경례를 부치는 손자들…….

"저는요, 이만큼 크면 엄마처럼 군인이 되어서 엄마 부대 갈래요."

6살짜리 큰손자가 자랑스럽게 말한다.

"나도 커서 군인 될래요."

둘째 손자도 지지 않으려고 거든다.

이제 나는 내 인생의 꿈나무 손자들이 국가의 소중한 인재로서 건강하고 바르게 잘 자라서 이 나라에 꼭 필요한 일꾼이 되도록 뒷받침이 되어 주련다.

이영숙
육군 인사사령부 박정화 대위 가족

2007년 1월 매주 금요일자 《국방일보》6면에
실리는 군인가족 생활수기를 읽노라면, 지면이 부족해 못 다한 내 이야기들
처럼 느껴져 눈시울을 적시며 읽고 스크랩하는 취미가 생겼다.

나의 글을 읽은 동기생 부인들이 축하와 함께, 본인들도 예전엔 글을
써서 알리고 싶어도 기회가 주어지지 않아 안타까웠다는 이야기들을 전
해왔다. 군인가족들은 정말 많은 사연들을 가슴속에 묻고 살아간다. 깊은
계곡 속 냇물처럼 이리저리 부딪히며 환경에 따라 굽이치며 살아간다.

동기생들과 가족들, 선·후배들이 전화와 편지로 축하와 감사의 뜻을 전해
왔다. 이들 모두 군인과 군인의 아내로서 나와 같은 삶을 살았고, 그 안에서
행복을 느낀 분들이다. 내 모든 영광을 그분들께 돌리며, 나의 삶을 함께 해
준 사랑하는 남편에게도 고맙다는 말을 전하고 싶다.

남편 : 박흥환(예비역 육군소장) | **부인** : 이영숙(가정주부)
큰딸 : 박정화 대위(육군 인사사령부) | **둘째딸** : 박미화(가정주부)
아들 : 박봉섭(서울대학교 4년 재학 중)

3부

가장
아름다운 삶을
살아가는 길

그녀의 변신, 꿈을 향한 도전

그 마을 이름이 참 재미있다. 일명 '냄비촌' 이다.

처음에 그 이름을 들었을 때엔 얼마나 웃었는지 모른다. 그러나 마을 이름의 유래를 알고 보니 웃을 일이 아니었다. 거기에는 우리 민족의 슬픈 역사가 담겨 있었다. 6·25 때 생활이 어려운 사람들이 골짜기에 모여서 이웃을 이루며 살고 있었다고 한다. 그 시절에는 솥단지도 없었기 때문에 냄비를 걸어 놓고 밥을 해 먹었다고 한다. 그때부터 마을 이름을 '냄비촌' 이라고 부르게 되었다는 것이다.

갓 결혼한 나는 총 10여 호밖에 안 되는 '냄비촌' 의 구성원이 되었다.

당시 그 마을은 야산에서 나무를 베어다가 아궁이에 불을 지피는 집이 70퍼센트나 되었다. 그나마 내가 살게 된 집은 연탄불을 피우는 집이라서 다행이었다. 집도 몇 가구 안 되었지만 성격상 남의 집에 잘 놀러 다니지 않다 보니 산골 마을에서의 생활은 정말 무료했다. 처녀 때 친구들과 왕래하기도 힘들었고, 이웃에는 어울릴 만한 사람도 없었다. 남편이 근무나 훈련 때문에 집에 오지 못하는 날에는 혼자 책을 읽고 글도 쓰고 하면서 지냈다. 그럴 때면 결혼 전에 하던 공부를 계속하고 싶다는 생각이 문득문득 고개를 내밀곤 했다.

1985년 결혼할 당시 나는 가사를 돌보며 원주에서 방송통신대학교 유아교육과에 다니고 있었다. 입학하여 한 학기를 마무리할 무렵 우리는 결혼을 하게 되었다. 그리고 신혼의 보금자리를 강원도 화천의 첩첩 산골 마을에 틀게 되었다. 그러나 보니 자연히 학업에 대한 꿈은 포기할 수밖에 없었다.

결혼한 지 1년이란 세월이 흐르면서 큰아이가 태어났고 2년 터울로 작은아이도 태어났다. 두 아이의 엄마가 되자 한가하게 나 자신을 돌아볼 여유가 없었다. 큰아이는 걷게 하고 작은아이는 등에 업고, 이웃들과 어울려 5일장도 보면서 나는 서서히 그곳 생활에 적응해 갔다.

'냄비촌'에 살면서 가장 어려웠던 점은 물 문제였다. 그곳에는 수도 시설이 없었다. 그렇기 때문에 마을 사람들은 샘물이나 두레박으로 우물물을 길어다 생활용수로 사용하고 있었다. 그곳 생활에 익숙한 사람들은 두레박을 한 번만 '휘익' 던져도 두레박에 물이 가득 담겼다. 하지만 나는 보통 세 번 네 번을 흔들어 가며 두레박을 움직여도 물이 두레박의 반밖에 차지 않았다.

우물 옆에는 작은 빨래터가 있었지만 거기서는 애벌빨래만 가능했다. 따라서 빨래를 제대로 헹구려면 두레박 물을 길어서 해야만 했다. 그러다 보니 아이 둘을 그 마을에서 키우는 동안 무엇보다도 빨래하는 것이 큰일이었다.

요즘엔 겨울이 와도 눈이 많이 내리지 않는다. 그러나 그때만 해도 강원도의 겨울은 동화속 '눈의 나라'라고 해도 과언이 아닐 정도로 눈이 많이 내렸다.

지금은 젊은 시절의 아름다운 추억으로 간직하고 있는 에피소드가 하나 있다.

함박눈이 펑펑 내리던 어느 날이었다. 나는 우물가에서 모자도 없이 빨래를 하고 있었다. 빨래를 하는 동안 머리에는 눈이 소복이 쌓이고 있었고, 치마 끝에는 얼음이 매달리고 있었다. 그때 빨랫감을 가지고 나온 뒷집 아주머니가 말을 건넸다.

"새댁, 하얀 털모자 예쁘네. 아니, 치마는 초가지붕인가 봐, 고드름이 조롱조롱 열렸네."

나는 머리에 쌓인 눈과 치마 끝에 달린 얼음을 털어 내면서 아주머니와 함께 웃었다. 지금도 그 시절 이야기를 아이들에게 해주곤 하는데, 아이들은 거의 믿지 않는 눈치다.

또 한 가지 기억에 남아 있는 것은 석유를 사러 다닌 일이었다. 지금은 가스레인지나 전자레인지 등이 없는 집이 없지만, 당시에는 취사용으로 석유곤로를 사용했다. 따라서 석유가 떨어지면 읍내에 나가서 플라스틱 기름통에 석유를 한 되씩 사와야 했다.

그때 나는 하루에 세 번 운행하는 버스를 기다렸다가 들어오곤 했다. 20분 정도 버스를 타고 와야 했는데, 도로 상태가 좋지 않아서 차가 몹시도 흔들렸다. 아무리 기름통을 비닐로 틀어 막고 단단히 잠가도 늘 석유가 새어 나왔다. 그때마다 기사 아저씨의 싫은 소리 한마디쯤은 들을 각오를 해야 했다.

지금 생각해 보면 그때의 고생스러웠던 일들이 다 추억이고 행복이 아니었나 싶다. 당시 이웃에 함께 살던 분들을 지금도 몇 분 알고 지내고 있다. 우리는 만나면 그 시절 이야기로 시간 가는 줄 모르고 이야기꽃을 피우곤 한다.

결혼 후 아이들이 여섯 살, 네 살이 되니까 엄마인 나에게도 조금은 한가한 시간이 주어졌다. 이렇게 나만의 시간이 주어지자 다시 공부에 대한 미련이 스멀스멀 고개를 내밀기 시작했다. 그러나 대학 공부라는 것이 한두 해로 마칠 수 있는 것도 아니고, 아이들을 키우면서 하기에도 쉽지 않겠다는 판단이 앞섰다.

결국 공부는 뒤로 미루고 경제적으로 보탬이 될 수 있는 뭔가를 배우기로 마음먹었다. 나는 남편과 상의 끝에 미용 기술을 배우기로 했다. 친정인 원주로 가서 부모님 계시는 곳 가까이에 전셋방을 구했다. 그러나 부모님도 일을 하셨기 때문에 아이들을 맡길 수가 없었다. 나는 두 아이를 놀이방과 유치원에 보내면서 미용 학원에 다니기 시작했다. 그러나 작은아이는 아직 어려서인지 엄마와 떨어지지 않으려고 떼를 쓰며 울곤 했다. 그때마다 과연 내가 아이들을 힘들게 하면서까지 이래야 하나 하는 고민도 많이 했다.

한편, 남편은 30대 초반의 젊은 나이에 가족과 떨어져 혼자 지내는 불편함도 잘 감수해 주었다. 당시 교통이 불편했기 때문에 남편의 근무지인 화천에서 원주까지 오려면 4시간이나 걸렸다. 버스도 두 번이나 갈아타야 했는데, 도로도 화천에서 춘천까지는 비포장도로였다. 그리고 그때엔 훈련이나 근무가 많아 주말마다 오기도 어려웠다. 결국 우리는 2주일에 한 번 정도 만날 수밖에 없었다.

나는 미용 기술을 배우는 일을 게을리 하지 않았다. 평일에는 도시락을 싸 가지고 다니면서 학원 수업에 임하였다. 일요일에도 마찬가지로 직접 미용실에 나가 보조로 기술을 배웠다. 그렇게 하다 보니 미용사 자격증을 7개월 만에 딸 수 있었다.

또한 그 당시 내가 다니던 학원에는 미용 업소에서 바로 일할 수 있도록 하기 위한 '업소반'이라는 과정이 있었다. 나는 그곳에서 한 달간 더 배우고 나서 원주 시내 미용실에서 일을 할 수 있었다.

그 다음 해에는 큰아이가 일곱 살이 되었다. 아이의 생일이 빨라 초등학교에 입학시켜야 하는 일이 눈앞에 닥친 것이다. 당시 나의 기술은 아직 미숙했지만, 남의 집에서 일하면서 아이를 챙겨야 한다는 것이 쉽지 않겠다는 생각이 들었다. 시골로 가면 그나마 좀 낫지 않을까 싶었다. 그래서 남편을 떠나온 지 꼭 일 년 만에 다시 남편이 있는 화천으로 두 아이를 데리고 돌아갔다.

남의 집에서 미용 일을 한 지 일 년가량 되자 어느 정도의 기술을 익힐 수 있었다. 그래서 동네에 작은 미용실을 개업 하였다. 평소 미용에 관심이 있었던 터라 미용실을 하는 것이 정말 보람 있었다. 또한 수입도 어느 정도 괜찮아 경제적인 보탬이 되었다.

나는 미용협회에 가입하여 장애인시설에서 봉사도 했다. 몸은 피곤했지만 봉사하는 기쁨이 모든 피로를 풀어 주었다.

미용실을 개업한 지 7년쯤 지나서였다. 가사와 육아, 그리고 끊이지 않는 미용실 손님으로 인해 나의 몸에는 이상 신호가 왔다. 허리 디스크 증세가 심하여 다리까지 저려 내려오는 것이었다. 병원에서는 요추 4, 5번 디스크라는 판정을 내렸고 수술을 해야 한다고 했다.

그때 주위에서는 디스크 수술이 잘못돼서 고생하는 분들의 이야기가 심심찮게 들려왔다. 그 얘기들을 들으니 수술하기가 겁이 났다. 또 스스로 판단하기에도 수술까지 할 필요는 없겠다는 생각이 들었다.

그래서 수술을 안 하는 대신 오래 서 있지 않고 평소에 자세를 반듯하게 하도록 노력했다. 일도 혼자 하기는 힘에 겨워 보조를 두고 하루하루를 버텨 갔다. 그렇게 하여 허리 디스크가 조금씩 나아지고 있다고 느낄 무렵, 손목에 염증이 생겼다. 미용사는 손이 생명인데 손을 못 쓰게 되니 더 이상 일을 할 수가 없었다. 하지만 당장 미용실을 그만두기가 아쉬워서 미용사 자격증을 가진 아는 동생과 함께 일하기로 하였다.

한편, 춘천 병원에서는 손목이 아픈 원인을 모르겠다면서 서울의 대학병원을 소개해 주었다. 그곳을 찾아갔으나 거기에서도 시원한 답을 주지는 않고 그냥 쉬라고만 했다. 그런 상태에서 몇 개월 동안 미용실을 이끌어 갔지만 손목은 나아질 기미가 보이지 않았다. 할 수 없이 같이 일하던 동생에게 가게를 맡기고, 미용을 시작한 지 햇수로

10년 만에 미용 일을 접고 말았다.

매일 출근을 하다가 집에만 있으려니 정말 답답하고 허전했다. 무언가를 배우면 그 허전함이 채워질까 하여 한복 만드는 일과 한글 서예를 배우며 일 년을 보냈다. 그러나 빈 가슴은 채워지지 않았고, 허전함이 계속 가슴 한구석에 남아 떠나지 않았다.

그때 문득 결혼하면서 포기했던 공부를 할 때가 바로 지금이 아닐까 하는 생각이 들었다. 그러나 몸이 안 좋았기 때문에 의욕도 많이 떨어져 있었다. 주위 분들도 몸이 아픈데 공부는 무슨 공부냐며 그냥 쉬라고 만류하였다. 그러나 남이 무어라 하던 관계치 않고 남편에게 나의 생각을 말했다. 그리고 남편은 망설이지 말고 공부를 시작하라고 위로와 격려를 해주었다.

남편의 말에 힘을 얻어, 이제는 정말 내가 원했던 것을 해야겠다고 결심을 굳혔다. 그리고 드디어 방송통신대학교 국어국문학과 02학번으로 입학을 하였다.

2년 후, 큰아들이 춘천에 있는 대학에 가게 되어 우리는 화천을 떠나 춘천으로 이사를 했다. 그러다 보니 남편이 춘천에서 화천으로 출근하는 상황이 벌어졌다. 남편은 매일 왕복 한 시간 반을 출·퇴근 시간에 소비하게 되었다. 힘들 텐데 남편은 오히려 그 시간에 스스로를 돌아볼 수 있어서 좋다면서 위안 삼았다.

학생이 셋이 되어 버린 우리 집은 시험 때가 되면 모두 시험공부에 여념이 없었다. 그러다 보니 우리 집은 작은 독서실이라 할 정도로 분위기가 바뀌었다. 이러한 모습을 보면서 남편도 내심 뿌듯해 하였다. 그러던 중 남편이 진급하면서 이동 명령이 났다.

우리 가족은 작년 여름에 강원도 춘천에서 경기도 구리로 이사하게 되었다. 이사하기까지 고민이 없었던 것은 아니다. 아직 고등학생인 작은아들이 있어서 움직이기가 어려웠기 때문이다. 그래서 남편만 근무지로 이사하고 우리는 춘천에 머물러 있기로 결정을 했다. 그런데 갑자기 작은아들이 자신이 뜻한 바(대학 진학을 연극영화과로 정함)가 있으니 아빠를 따라가겠다고 나서는 것이었다. 우리는 아들을 달래 가며 춘천에서 학교를 마치도록 설득했으나 듣지 않았다.

자식 이기는 부모 없다고 했던가? 결국 내학생인 큰아들만 춘천에 남기고 세 식구가 구리로 이사를 오게 되었다. 작은아들은 고등학교 2학년 1학기를 마치고 방학 중에 구리로 전학시켰다. 모두가 아는 바와 같이 고등학생의 전학 문제가 쉽지 않았기 때문에 교육청으로 학교로 바쁘게 다녀야만 했다.

그렇게 하여 이사를 왔으나 나에게는 짐 정리를 차근히 할 시간마저 주어지지 않았다. 졸업반이었던 나는 졸업 논문을 써야 했고 남은 한 학기 공부도 준비해야 했기 때문이다. 정말 숨 돌릴 틈 없는 나날을 보낼 수밖에 없었다.

낯선 지역이라 논문에 필요한 자료를 찾으려니 우선 도서관이 어디 있는지부터 알아야 했다. 며칠 동안 도서관을 드나들며 논문과 관련된 자료를 수집하느라 바빴다. 다행히 졸업 논문은 제 날짜에 낼 수 있었고, 이제 남은 것은 기말시험이었다. 논문이 통과되더라도 마지막 기말시험에서 과락이 난다면 졸업할 수가 없었기에 조바심을 내가며 열심히 노력했다.

그 결과 나는 학사과정을 무사히 패스하게 되었고, 입학한 지 4년 만에 졸업이라는 영광을 안게 되었다. 여건상 쉽지만은 않았던 공부를 하면서도 나는 고전문학에 대한 매력을 느꼈다. 그래서 고전문학에 대한 깊이 있는 공부를 하려고 서울여대 석사과정에 도전장을 내게 되었다. 긴장된 마음으로 구술시험을 기다리고 있던 어느 날이었다.

곧 고3이 되는 작은아들이 갑자기 늑막염으로 병원에 입원을 하게 되었다. 아들은 병원에서 링거를 맞고 누워 있는데, 엄마인 나는 과연 어떤 선택을 해야 할지 고민스러웠다. 마흔도 넘은 나이에 공부하겠다고 이러는 것이 어찌 보면 너무 내 욕심만 부리는 것이 아닌가 하는 자책도 들었다. 하지만 지금 이 시점에서 그만두게 되면 다시 공부를 시작할 엄두가 나지 않을 것 같아서 아들에게 솔직한 엄마의 심정을 말했다. 아들은 '저는 괜찮으니까 걱정 말고 다녀오라'고 말해 주었다. 그렇게 해서 나는 아들에게 미안한 마음을 안고 구술시험에 임하게 되었다.

지금 현재 나는 석사 1학기를 마치고 방학 중이다. 하지만 인문대 학장실의 조교 일을 맡게 되어서 매일 출근을 하고 있다. 사실 내가 지금까지 공부를 하게 된 데에는 나의 끈기와 노력도 있었지만 남편의 배려와 도움이 없었다면 불가능했을 것이다.

그 고마움을 표현하기 위해 학위 수여식 날에 나는 남편에게 맨 먼저 학사모를 씌워 주기로 약속했었다. 하지만 공교롭게도 학위 수여식 날과 대학원 사전 지도 날이 맞물리는 바람에 학위 수여식에는 참석하지 못하고 말았다. 그래서 남편에게 약속을 지키지 못한 게 못내 아쉽다. 앞으로 계획하고 있는 공부를 마치는 날 쓰게 될 사각모는 남편에게 꼭 씌워 줄 수 있으리라 믿는다.

공부는 하면 할수록 더 욕심이 생기는 것인가 보다. 처음에는 석사 과정까지만 공부해 보려는 마음이었으나, 한 학기 공부하고 나니까 마음에 변화가 생겼다. 이제는 좀 더 구체적인 목표를 세우고 공부해야겠다는 각오와, 박사과정도 공부해야겠다는 욕심이 생겼다.

나의 어릴 적 꿈은 선생님이었다. 지금 나에게 공부할 수 있는 환경이 주어진 것은 그 꿈을 이루기 위한 마지막 기회라고 생각한다. 공부하기에 늦었다고 생각할 수도 있겠지만, 배움에는 나이가 중요하다고 생각지 않는다. 열정과 노력이 있다면 무슨 일이든 가능성은 있다고 본다.

앞으로도 나의 꿈을 향한 도전은 계속될 것이다.

나금자
육군 57사단 박영필 원사 가족

《국방일보》에 나의 수기가 발표되던 날, 남편은 축하 인사를 받느라고 하루 종일 바빴다고 한다. 부대 내에서는 사단장님과 사모님을 비롯하여 많은 간부님들께서 축하의 말씀을 전해 주셨으며, 예전에 함께 군 생활 하시던 분들은 국방일보 독자란에 수기와 더불어 실린 우리 부부의 사진을 보고 축하의 전화들을 주시면서 한편으론 부러워하기도 했다. 그날 나에게도 여러 통의 축하 전화가 왔었지만, 남편은 업무를 못 볼 정도였다며 은근히 행복에 겨운 짜증을 냈다. 진급했을 때 여기저기서 축하 인사를 받는 듯한 분위기였다고 남편은 내심 뿌듯해 했다.

7~8년 전에도 《국방일보》에 짧은 글을 낸 적이 있었다. 그때에도 많은 분들이 축하 인사를 전해 주었지만, 한편으론 나를 다 드러내어 평가 받는 듯한 느낌이어서 한동안 글 쓰는 것에 대한 두려움이 생겼었다. 그런데 이번에는 나의 각오를 만인 앞에서 드러내 보인 때문인지 나의 꿈에 대한 확신을 더 강하게 만들어 주는 계기가 되고 있다.

현재 남편은 25년째 군에 몸담고 있으며, 큰아들은 대학 4학년으로 ROTC 2년차 생활을 열심히 하고 있다. 며칠 전에는 올해 대학에 입학한 둘째 아들이 신체검사를 받았는데 건강이 좋지 않아서 7급 판정을 받고 돌아왔다. 재검이 4개월 뒤에 있다고 한다. 빨리 건강이 회복되어 군에 입대할 수 있기를 바라는 마음이다.

내년에는 남편과 두 아들이 얼룩무늬 제복을 입고 나란히 가족사진을 찍을 수 있기를 기대한다.

남편 : 박영필 원사(육군 57사단)
부인 : 나금자(서울여자대학교 대학원 국문학과 재학 중)
큰아들 : 박수령(강원대학교 4년, 학군 46기)
둘째아들 : 박수진(세종대학교 영화 예술학과 1년 재학 중)

'사모님'에서 '김 문인(文人)', '김 선생'까지

"사모님, 같이 나물 뜯으러 가요."

이웃 관사에 사는 아기 엄마가 말한다.

'나 그런 거 영 소질 없는데······.'

속으로는 그렇게 생각하면서도, 권하는 사람의 성의를 생각해서 따라나선다. 달래랑 냉이를 캐면 된다는데, 시장에서는 척 보면 알겠더니만 흙 속에 뿌리를 숨기고 있으니 영 처음 보는 양 낯설다.

"야, 냉이다!"

몇 뿌리 캤더니 옆집 엄마가 말한다.

"에이, 사모님! 그건 냉이가 아니라 크다 만 민들레구먼."

'아이고, 이 창피를 어찌할꼬.'

이번엔 "달래다!" 했더니, "내가 못살아, 그건 잡초잖아요. 안 되겠

200

어요. 사모님은 옆에서 구경이나 하세요. 제가 뜯어다 나눠 드릴게. 혼자 캐시다간 못 먹는 풀 뜯어 먹고서 병나시겠네, 쯧쯧" 하면서 밉지 않게 눈을 흘긴다. 다행이다. 더 뜯지 않아도 돼서…….

흔전만전 널려 있는 부추에 달래, 냉이, 대문 앞에는 앵두나무, 개집 옆에는 향기로운 라일락, 덤으로 하루 종일 미소 짓는 개 두 마리까지…… 관사 봄 풍경이다.

시골에 살다 보면 도시에서만 자란 군인가족들도 곧잘 채소도 가꿔 먹고 나물도 잘들 뜯어다가 반찬 해 먹더라만 나는 영 아니다. 그 나물이 그 나물 같고, 그 풀이 그 풀 같아 뜯어 반찬 해 먹기는커녕 잘못하면 식구들 배탈 나기 안성맞춤이다. 거기다 고춧대 하나 제대로 못 세워 어쩌다 심는 고추며 가지들이 늘 옆으로 인사를 한다.

관사 마당에 있는 손바닥만 한 채마밭도 그렇다. 오는 사람마다 저렇게 좋은 땅을 왜 놀리느냐며 하도 잔소리를 해대는 통에 어쩔 수 없이 상추랑 가지랑 방울토마토까지 심은 것까지는 좋은데, 주인이 취미가 없으니 간신히 잡초만 뽑아 주고 물만 줄 수밖에……. 그해 농사는 완전 흉년 수준이었다. 결국엔 사람들 모르게 시장 가서 고추, 가지를 사다 먹곤 하였다.

나는 마당에 채소 가꾸고, 밤 줍고, 산나물 캐러 다니는 일보다는 책을 읽고 뭔가 배우는 것을 더 좋아하는 어찌 보면 좀 이상한 군인가족이다. 물론 다른 군인가족들도 대부분 배우기 좋아하고 바쁘게들 살아가지만, 나는 그 방향이 조금 다르다. 배우고 싶은 것도 요리나 테니스가 아니라 남들이 머리 아파하는 어학이고, 책 읽고 글 쓰는 게 적성에 맞는 걸 보면 속칭 특이 체질인가 보다.

2004, 2005년 남편이 대대장을 하는 양평에서 내가 한 일은 책 읽고, 글 쓰고, 배우는 것이었다. 살다 보면 '이게 아닌데……' 하는 생각이 들 때가 가끔 있다. 하지만 동기들보다 늦게 결혼한 죄로, 아이들이 어려 늘 생각으로만 그치곤 하였다. 그럴 때마다 '다 그러고 사는 거야. 일하는 엄마 밑에서 자란 내가 얼마나 힘들었는지 잊지 말고…… 남이 뭐래든 가족을 위해 헌신하는 엄마가 되는 거야' 하고 스스로 위안하곤 하였다.

그랬다. 나는 일하는 엄마 밑에서 자란 아이였다. 공무원이었던 아버지 월급으로는 아이 넷 대학까지 보낼 수 없으리라 판단한 엄마는 내가 초등학교 들어갈 무렵 조그만 가내 사업을 시작하셨고, 그 덕택에 우리 형제들은 옹색하지 않게 대학까지 마칠 수 있었다. 그렇지만 그 대가로 우리는 항상 바쁜 엄마를 이해해야 했다.

학교에서 학예회에 학년 대표로 나가도 친구 엄마가 분장을 해주시고, 심지어 다른 친구들은 다 부모님 손을 잡고 자장면을 먹는 졸업식, 입학식에서조차 엄마 얼굴을 보기는 하늘의 별 따기였다. 일이 먼저였던 엄마에게 표현은 못 했지만 늘 서운한 마음뿐이었다.

그래서 나는 결심했다. 결혼을 해서 아이가 생기면 아이만 바라보고 살겠노라고……. 아이가 웃으면 같이 웃어 주고, 아이가 찡그리면 엉덩이를 토닥거리며 살겠노라고……. 직장을 다니다가 다른 사람보다 늦게 결혼했지만 그 결심에는 변함이 없었다. 더구나 군인가족 신분으로 직장을 갖기란 말해 무엇하랴!

아이를 키우고 사랑해 주는 일은 즐거웠다. 위로 아들아이, 밑으로 딸내미, 거기다 나의 큰아들 남편까지, 감사하는 마음이 절로 들 정도로 행복했다.

포대장 시절에는 금방 결혼해, 멋모르고 남편 내조랍시고 병사들 치다꺼리에 날 가는 줄 몰랐다. 일주일 양식이라고 장을 봐다 놓으면 갑자기 들이닥친 병사들이 하룻밤에 초토화를 시키고 가기 일쑤였다. 일주일 중 사나흘은 병사들이, 주말이면 근처에 사는 결혼 안 한 후배들과 결혼한 동기들이 번갈아가며 정신없이 드나들었다.

포대장 관사에 비닐이나 방충망 칠 때 두세 명이던 병사들이, 막상 떡볶이를 해들고 나가면 7명이 되고 8명으로 불어나 있었다. 그러면 휴대용 버너를 내놓고 라면을 끓이고 커피를 끓이고……. 힘은 들었지만 어찌나 재미있던지!

남편의 '고마워' 한 마디면 만사가 신이 났다. 나중에 들으니 포대장 사모님이 맛있는 것 많이 해준다고 소문이 나서, 고참 병사들은 작업이 한참 진행되고 나면 슬그머니 나타난다고 해 박장대소하였던 기억이 난다.

대대장을 하면서도 남편은 걸핏하면 사람들을 챙기고 싶어 했다.

간부들에게 무슨 안 좋은 말이라도 했을라치면 어김없이 저녁에 집으로 부르곤 했다. 술은 그렇다 치고 안주는 친정엄마 담당이었다.

엄마는 집으로 오실 때나 내가 친정 나들이를 할 때면, '오늘은 쥐포 백 마리, 양념 오징어 한 박스', '오늘은 절인 생강 한 봉지, 무화과 열매 한 봉지' 하며 쉴 새 없이 안주를 내놓곤 하셨다. 죄송해서 그만하시라고 하면, "내가 너한테 해줄 수 있는 게 이것밖에 없으니 내 즐거움을 빼앗지 마라"며 속 좋게 웃곤 하셨다.

덩달아 나도 인심 후하게 술상을 봐내며, "많이 먹고, 즐겁게 일하고, 혹시라도 대대장이 힘들게 하면 내게 이르세요. 잘 때 꼬집어 줄게" 하고 농담을 하곤 했다.

참 재미있는 날들이었다.

군인의 아내로 사는 것이 재미와 함께 보람도 있었지만, 언제부터인가 아이들을 볼 때마다 가슴이 아파오기 시작했다. 결혼 14년에 이사를 장장 여덟 번이나 하다 보니 큰아이, 작은아이의 전학 경력이 쌓이는 만큼 마음도 점점 어수선해졌다. 장교 가족이라면 누구나 겪는 일이 내게도 현실이 되고 있었다. 무언가 준비가 필요하다는 생각이 절실해져 갈 무렵 계기가 마련되었다.

배울 것, 그것도 직업으로 삼을 만한 것이 없나 하고 살피다 보니 '독서 지도사 과정'이라는 문구가 유난히 눈길을 끄는 것이었다. 당장 등록을 하고 수업을 들어 보니 딱 나를 위한 과목이라는 생각이 들었다. 책 좋아하고, 맞고 틀리고 '따따부따 따지기' 좋아하고, 글도 웬만큼은 쓴다고 자부하고 있었으니 이보다 어울리는 일이 또 있을까 싶었다. 그런 생각은 수업이 진행될수록 더해 갔고, 6개월의 공부가 끝나니 슬그머니 자격증이라도 하나 따 놓았으면 하는 생각이 들었다.

독서 지도사란 것이 원래 국가에서 주는 자격증이 있는 것이 아니라 사설 교육 단체에서 시험을 통해 뽑는 것이라는 사실을 알고 공부를 시작했다. 이 과정을 공부하면서 이미 하루에 서너 시간씩 의자에 앉아 있는 것에 이력이 붙기는 했지만 자격증에 대한 부담이 있었기에 열심히 공부했다. 혹시 떨어지기라도 하면 이 무슨 창피란 말인가?

책을 읽고 노트 정리를 하고, 돌아가기를 거부하는 머리에 기름칠을 해가며 몇 번이고 외우고 또 외웠다. 뿐만 아니라 2차로 약술 문제와 지정 도서에 대한 '수업 지도안', '1,500자 독서 감상문' 시험도 준비해야 했다. 정말 오랜만에 열심히 공부했다.

그런데 막상 시험장에 가서 보니 기가 죽었다. 응시생들이 많은 것도 문제였지만, 1차 시험을 보다가 중도에 나가는 사람도 있었고, 2차 시험이 시작되고 보니 자리를 지키고 있는 사람들이 반으로 줄어 있는 것이었다. 2차 시험이 진행되는 두 시간을 꼬박 쓰기만 하고 시험장을 나오니 왠지 가슴이 뿌듯했다. 결과는 1, 2차 모두 합격이었다. 같이 시험을 본 미혼의 선생님도 떨어졌는데 나는 합격한 것이다. 그것도 마흔을 넘긴 나이에 말이다.

"장하다, 대한민국 아줌마, 김수정!"

공부하다가 시험 삼아 '여성 백일장'에 나갔을 때의 일이다.

같이 공부하던 여러 벗들과 함께 참가하였는데, 어느 날 한 친구에게서 전화가 왔다.

"언니, 축하해요. 언니가 장원이라네. 아, 아깝다. 언니 때문에 나는 차상이에요."

얼마나 기뻤던지……!

남편은 축하를 연발하며 아이들을 모아놓고, "앞으로 엄마를 부를 때엔 엄마라고 하지 말고 '김 문인(文人)'이라고 불러라. 너희 엄마는 오늘부터 주부가 아니라 글을 쓰는 문인이다. 알겠지?" 했다.

남편의 기쁨은 거기서 끝나지 않았다. 어느 날 잠을 자다 느낌이 이상해 눈을 떠 보니 남편이 코앞에서 지그시 나를 바라보고 있는 것이다. 그리고 내가 눈을 뜨는 것을 보더니, "김 문인, 일어났어?" 하는 것이다.

그 다음 날에는 저녁을 먹으러 집에 온 포대장들에게 "앞으로 집사람을 보고 문인이라고 부르도록!" 하고 부탁을 하니, 포대장들이 한 술 더 떠서 "관사 입구에 현수막을 달아야 합니다. '대대장 사모님, 백일장에서 장원하다'라고 써서 말입니다" 한다. 밥을 얻어먹는 처지라서인지 아첨 섞인 농담을 하는 것이다.

나는 기가 차서 모두에게 종주먹을 들이대며, "한 번만 더 나를 문인이라고 부르면…… 알죠? 나 성질 더러운 거" 하고 나서야 모두의 즐거운 장난은 끝이 났다. 모두가 기뻐해 주고, 내가 온전히 나 스스로에 대한 자랑스러움을 느껴 본 것이 얼마만이던가!

그 후의 입상 결과에 대해서는 모두들 당연하다는 반응을 보여서 조금 서운하기는 했지만, 어쩌겠는가? 내 주먹이 무서워서 그러려니 해야지…….

내가 논술 공부한다는 소문을 들은 초등학교 사서 선생님의 요청으로, 여름방학 특강 논술 수업을 하게 되었다. 고학년 아이들과 책을 읽고 토론을 하고 하루에 세 시간씩 수업을 한 결과물들을 전시하는 시간이 있었다. 아이들과 열심히 수업을 한 것만도 내게는 큰 축복이었는데, 도서관에 전시된 아이들 작품을 본 학교 선생님들의 반응이 폭발적이었다.

게다가 나의 '독서 논술 교실'의 학생으로 처음부터 끝까지 수업을 함께한 나의 아들이 엄지손가락을 치켜 올리며, "우리 엄마처럼 재미있고 멋지게 수업하는 논술 선생님은 아마 없을 거야" 한다.

가재는 게 편이고 팔은 안으로 굽는다는 걸 알면서도, '아! 이렇게 하면 되는구나' 하는 감동으로 가슴이 먹먹해졌다. 그 겨울, 남편이 자리를 옮기는 바람에 모두가 바라는 겨울방학 특강을 하지 못한 것은 지금도 아쉬움으로 남는다.

그게 벌써 작년 일이다. 자격증을 보고 있으면 밥을 먹지 않아도 배가 불렀다. 그래서 마음속으로 다짐했다. '모두가 서로 배우고 싶어 안달하는 선생님이 되자'고……

희망도 잠시, 대대장이 끝나고 남편을 따라 군인 아파트에 들어가고 싶었지만 서울의 아파트 사정이 나를 도와주지 않았다. 우여곡절 끝에 의정부에 자리 잡고 보니 인생에 대한 자괴감이 나를 괴롭혔다. 검소하게 살고 열심히 저축을 해왔건만 서울 외곽에 있는 집 한 칸 얻기도 힘든 현실에 부딪힌 것이다.

처음부터 군인 아파트를 포기했더라면 군 대출을 받아 서울로 들어갈 수도 있었으련만 당분간 여기(의정부) 머무르다가 군인 아파트에 들어가겠다는 것이 계산 착오였다. 내 소중한 아이들이 반기를 들고 나섰다.

"엄마, 이제 전학하기 싫어요. 여기서 살게 해주세요."

이런 청천벽력 같은 일이……. 내 인생 최대의 위기였다.

몸은 마음을 따라간다더니 고민이 크니 우선 몸부터 아파 왔다. 십여 년을 사랑만 하고 산 남편이 미워지기도 했다.

'내가 당신이랑 결혼하지 않았으면 이렇게 돈 걱정하지 않고 살아도 될걸…….'

난생 처음 이런 후회도 해보았다.

두어 달을 딱히 아픈 곳도 없이 시들어 지내다 보니 포기할 것은 포기하고 용서할 것은 용서하여 건강을 되찾게 되었다. 그런데 인생사 새옹지마라던가? 마음을 다잡으며 새로운 용기로 시작하려던 즈음, 갑작스런 사고로 다리를 다친 것이다. 어이없게도 집에서 전화를 받으려고 벌떡 일어나다 의자 다리에 걸려 넘어지면서 인대가 늘어났다.

깁스를 하고 움직이지 못한 채 집에만 있게 되자 마음이 조급해지기 시작했다. 때로는 예상치도 않은 일이 큰일을 결정하도록 도와준다고 하더니, 조급함이 마음의 결정을 내리도록 도와준 것이다.

다시 공부를 시작했다. 역사 공부에서 시작하여 책, 신문, 평론 등 혼자 할 수 있는 공부는 나대로, 배워야 할 것은 배워 가며 열심히 수업 지도안을 준비했다. 뜻이 있으면 길이 있는 법이다. 몇 달 전 지인의 소개로 한 팀, 몇 주 전 우연히 길에서 만난 위층 아주머니가 논술을 가르친다는 내 말에 선뜻 자신의 아이를 맡겨 주었다.

그래, 시작이다. 이제부터 나는 '사모님'도 아니고 '김 문인'도 아니고 '김 선생'이다. 그것도 따지기 좋아하는 '논술 선생 김 선생'이다.

수업에서 아이들을 만나면 나는 항상 이렇게 이야기를 시작한다.

"논술은 따따부따야. 옳고 그름도 따따부따, 맞고 틀리고도 따따부따……. 따지되, 타당한 이유와 근거를 대는 것이 바로 논술이란다. 자, 그럼 시작해 볼까?"

김수정
국방부 박정곤 중령 가족

아이들과 논술 수업을 하고 있는데 남편에게서

휴대전화로 메시지가 왔다. 수업시간에는 메시지나 전화를 받지 않는 것이 나의 철칙인데, 이상하게도 마음이 끌렸다. 그래서 아이들 모르게 탁자 밑으로 슬쩍 휴대전화를 들여다봤다.

"김 문인! 축하한다. 이번에도 해냈네. 근데 어떡하지? 아쉽게도 우수상 일세. 한 턱 쏴!"

이놈의 주책 없는 입이 나도 모르게 벙실거렸나 보다. 고개를 드니 아이들이 전에 없이 진지한 모습으로 나를 보며 말한다.

"선생님! 무슨 메시지예요?"

앗! 들켰다.

"선생님 글이 어디서 상을 타게 되었단다."

"와, 우리 선생님 짱!"

휴, 살았다. 덕분에 수업시간에 메시지를 훔쳐 본 나의 죽을죄가 묻혀졌다. 다음 수업의 악동들에게도 내 기분이 전해졌는지 평소보다 더 똘망똘망한 눈으로 어설픈 토론도 하고 글도 쓴다.

수업을 마치고 나오는데 이 집 어머니도 한 마디를 한다.

"선생님, 입상하셨다고요? 축하드려요."

'아, 한 동네였지. 금방 사발통문이 돌 거란 걸 깜빡했구나.'

웃음을 꽃같이 흘리며 감사의 인사를 하고 돌아오는데 오래된 내 차까지도 너무너무 잘 달려 준다. 세상에 감사하지 않을 일이 어디 있으랴.

한잔 한 남편은 늦은 밤 온 동네를 뒤져 조그만 케이크 하나를 손에 들고 들어왔다. 문을 열자 얼굴보다 케이크 든 손을 먼저 문틈으로 밀어 넣고는

혀 꼬부라진 소리로, "축하해"를 연발한다. 썩은 술 냄새도 꽃향기 같다. 그렇게 들뜬 며칠이 지나가자 감동도 가라앉고 다시 평범한 일상이 계속되었다.

어느 날 주최 측에서 연락이 왔다. 시상식에 참석하시거나 통장번호와 집 주소를 남겨 달라고 한다.

'오, 그래 상금…… 상금이 있었지!'

없던 돈이 생기는 것처럼 또다시 기분이 박하사탕처럼 화해진다.

'상금을 받으면 꼭 나를 위해 써야지.'

결정을 하고 나니 기분이 날아갈 것 같다. 물론 그 꿈은 다음 날 산산이 깨졌다. 아침에 걸려 온 전화 한 통.

"여기 경남 진해에 있는 천자봉인데예."

'천자봉? 그게 뭐지? 산꼭대기 이름인가?'

"여기가 시아버님 계시는 공동묘지 관리손데예, 죄송하지만 물가 상승률 때문에 어쩔 수 없이 매년 관리비를 받는 걸로 규정이 변경돼서예. 매년 일정액을 관리비로 선납하셔야 하는데 5년을 선납하시면 할인 혜택도 드립니더."

'이럴 수가!'

"그럼 얼마를 내야 하나요?"

"5년 선납하시면 이십칠만 원이라예."

마음이 울컥한다.

'아니, 돈 생긴 걸 어떻게 알고…….'

받지도 않은 상금은 친구와 점심 값으로, 시아버님 오래된 묘지로 다 들어가고 내 손에는 먼지만 남기고 떠나갔다. 가만히 누워서 생각하니 그렇게 억울할 일도 아니다. 맏며느리고 얼굴도 모르는 시아버님 기제사를 지금까지 14년이나 모시고 있지만 정작 내가 아버님께 따로 해드린 건 아무것도 없다. 이제 뇌물을 받으신 우리 아버님, 하늘나라에서도 며느리가 자랑스러우실 거고, 전보다 더 살뜰히 우리 가족을 돌봐주실 거다. 그렇게 쓰라고 돈이 생겼나 보다.

남편 : 박정곤 중령(국방부)
부인 : 김수정
아들 : 박선욱(중학생)
딸 : 박지나 (초등학생)

남편의 한쪽 다리가 되어

2002년 6, 7월은 월드컵의 열기로 뜨거웠던 시기였고, 우리 모두의 기억 속에 영원히 간직되었던 한 해였을 것이다. 나 또한 마찬가지였다. 하지만 나에게는 또 다른 가슴 아픈 사연, 아니 가슴 아프다 못해 시커멓게 다 타 버린 2002년 7월이었다.

내 남편이 신체의 일부인 왼쪽 다리를 잃었기 때문이다.

2002년 7월 6일, 월드컵의 뜨거운 열기가 점점 식어 갈 무렵이었다.

내 남편은 당시 ○○부대 포대장으로 재직 중이었고, 태풍 '라마순'이 우리 한반도에 상륙하여 북상 중이었으며, 남편은 당시 태풍 대비 부대에서 작전 순찰 중이었다. 시간은 저녁 8시쯤, 어둠은 부대에 짙게 깔리고 비바람이 세차게 몰아치고 있었다. 남편은 부대 한 지역을 순찰하던 중 세차게 물 흐르는 소리를 듣고 현장을 즉시 살폈다. 빗물이 여러 곳에서 한 곳으로 모여, 울타리를 통해 부대 밖으로 빠져나가고 있었다고 한다.

그 지점은 이미 지뢰 제거 작업을 실시했지만, 땅속 깊이 매몰되어 있던 지뢰가 아직 남아 있을 수도 있는 위험한 지점이었다. 그대로 방치하면 자칫 폭우로 인한 산사태가 일어나 작전 운영에 차질이 생기고, 남아 있던 지뢰가 유실되어 인명 사고가 발생할 수도 있는 상황이었다.

남편은 지휘관으로서 그 장면을 목격하고 그냥 지나칠 수가 없었다. 옆에는 같이 순찰했던 부하가 있었지만, 만약의 위험에 대비하여 지휘관인 남편이 직접 부대 울타리 사이에 들어갔다. 남편은 부하로부터 받은 비닐과 샌드백을 이용, 배수로 작업에 한참 열중했다. 절반쯤 작업을 했을까! 왼쪽 발이 배수로 깊이 빠져드는 느낌을 받는 순간 '쾅' 하는 폭음 소리와 함께 남편의 몸은 공중에 떴다 떨어지면서 잠시 정신을 잃었다.

다시 눈을 떠 보니 전투화를 신은 남편의 왼쪽 다리는 형체를 알아볼 수 없을 정도로 망가져 있었고 피가 많이 흐르고 있었다.

순간 남편 눈앞에 부모님과 나, 그리고 두 딸아이의 얼굴이 스쳐 지나갔다고 했다.

그리고 순간 여기서 정신을 잃으면 생명이 위험할 수도 있다는 것을 느꼈고, 그때부터 남편의 살기 위한 전쟁 아닌 전쟁이 시작되었다.

피는 하염없이 흘렀고 태풍으로 인한 비바람과 어두움, 그리고 1,400미터 고지대에 위치하고 있어서 빠른 시간 내에 병원까지 이동하는 것은 어려울 것이라 생각했다고 한다. 남편은 우선 입고 있던 우의와 허리띠를 이용해 왼쪽 다리를 동여매어 지혈을 했다. 잠시 후 남편은 부대원에 의해 울타리 밖으로 나올 수 있었고, 우여곡절 끝에 2시간여 만에 국군강릉병원에 도착했다.

기본적인 검사 후 시간이 얼마쯤 지났을까? 남편은 다시 민간 강릉아산병원으로 옮겨졌고, 거기에서 나는 남편의 얼굴을 처음 볼 수 있었다. 내가 사고 소식을 들은 것은 저녁 9시쯤이었다. 지뢰를 밟아 병원에 후송됐다고만 연락을 받았는데, 생사 여부는 알 수가 없었다. 나는 정신 없이 관사를 나와 택시를 타고 무작정 병원으로 향했다.

혹시 남편이 잘못되었을까 싶어 택시를 타고 가면서도 하염없이 눈물을 훔쳤다. 대관령을 넘어 국군강릉병원까지 가는데, 앞이 거의 안 보일 정도로 비바람이 몰아치고 있어 가는 거리가 더욱 멀게만 느껴졌다. 국군강릉병원에 도착하자마자 나는 곧장 응급실로 달려갔다. 하지만 남편이 보이지 않자 순간 뭔가 잘못돼서 영안실로 옮겨간 줄로 알았다. 상처가 너무 심해 아산병원으로 옮겼다는 말을 듣고서야 안도의 한숨을 내쉬었다. 그리고 곧바로 아산병원으로 달려가서 남편을 본 것이다.

나는 흐르는 눈물을 참으며 "괜찮아! 살아 있어 줘서 고마워!"라는 말 한마디와 함께 남편의 손을 꼭 잡았다. 남편은 "어떻게 알고 왔어? 미안해!" 하며 흐르는 눈물을 애써 참으려 했다. 남편의 모습은 전투복은 벗겨지고, 왼쪽 다리는 붕대로 칭칭 감겨져 있고, 몸은 피를 많이 흘렸는지 누렇게 보였고, 손과 얼굴, 머리 여기저기에 흙이 묻어 있었다. 나는 손수건을 꺼내 묻어 있는 흙들을 닦아 주었다.

시간이 얼마나 흘렀을까? 아산병원에서 몇 가지 기본적인 검사를 했으나, 환자 상태로 봐선 병원에서 받아 줄 수 없다고 했다. 절망적인 상황이었다. 병원을 또 옮겨야 된다니…… 도대체 무슨 영문인지 알 수가 없었다. 남편은 또다시 앰뷸런스 차량에 실려 분당에 있는 수도병원으로 향해야만 했다. 한시라도 빨리 어떤 처방이 있었으면 했는데……. 그때 내 가슴은 찢어지는 듯했다.

남편의 다리 통증은 더해 가고, 어떻게 해서든 뭔가 조치가 있어야 할 텐데…… 기본적인 응급조치만 하고 만신창이가 된 다리를 이끌고 이 병원 저 병원을 떠돌며 전전긍긍했던 시간들이 그처럼 길게 느껴졌던 것을 경험해 보지 않은 사람은 아무도 모를 것이다. 강릉에서 서울까지 가는 시간 역시 일 분이 한 시간처럼 느껴졌다. 나는 가는 시간 내내 남편이 정신을 잃지 않도록 손을 꼭 잡고 계속 말을 걸었다.

그러나 이동하는 시간이 너무 길었고, 남편은 계속해서 통증을 호소했다. 이 상태로 수도병원까지는 도저히 갈 수 없어, 함께 탑승한 군의관과 중간에 ○○비행단에 들어가 진통제 몇 대를 맞히고 다시 수도병원으로 향했다.

다음 날 새벽 4시쯤에야 병원에 도착해서 다시 기본적인 검사와 병원에서의 회의를 거쳤다. 그리고 나에게 남편의 왼쪽 다리를 절단

해야 한다는 결정 통보와 함께, 8시쯤 남편은 수술실로 향했다. 내 마음이 한순간 또 무너지는 것 같았다. 나는 흐르는 눈물을 참으며 침대에 실려 수술실로 가는 남편의 손을 꼭 잡고 아무 말도 하지 못했다.

남편은 "걱정하지 마. 수술하고 금방 나올게!" 하며 수술 방문이 닫힐 때까지 나와 시선을 놓지 않았다. 혹 어쩌면 남편을 영영 다시 볼 수 없을 것 같은 생각에 내 눈에선 하염없이 눈물이 흘렀다. 그때 나는 애써 흐르는 눈물을 참지 않았다. 실컷 울고 난 후 다시 남편을 보았을 때 나의 약한 모습을 보여 주기 싫어서였다. 기다리는 시간이 그렇게 불안하고 초초해 본 적은 한 번도 없었다. 금방 나온다던 남편은 아무리 기다려도 수술실에서 나오지 않아, 나는 몇 번이고 간호장교에게 질문을 했다. 하지만 돌아오는 대답은 조금만 더 기다리라는 것이었다.

한 네 시간쯤 지났을까? 수술실 문이 열리더니 남편의 모습이 보였다. 남편은 아직 수면 상태에 있었고, 왼쪽 다리는 절단되어 붕대가 칭칭 감겨 있었다. 절망 그 자체였다. 하늘이 무너지는 듯했다. 누구라도 붙들고 남편의 다리를 돌려 달라고 하소연하고 싶었다. 하지만 내 주변에는 아무도 없었다. 나는 칭칭 감겨진 남편의 다리를 만지며 한동안 말없이 눈물만 흘렸다.

병실로 옮겨진 후 30분 정도 지나서야 남편은 눈을 떴다. 그리고 자신의 다리를 보더니 끝내 눈물을 참지 못했다. 남편은 나의 손을 꼭 잡고 '미안하다'는 말과 함께 "나 괜찮으니까 걱정하지 마!" 하며 나를 달래 주었다. 그때부터 나는 남편의 재활을 위한 남편의 한쪽 다리 역할을 하기 시작했다.

초등학교에 다녔던 두 딸아이들은 강원도에서 광주로 전학시켜 친정에 맡겨 놓았다. 수술 초기 단계라 남편이 꼼짝할 수 없어, 처음 1개월 동안은 침대에서 양치질과 세면, 그리고 대·소변까지 나의 도움 없인 아무것도 해결할 수 없었다. 더욱이 수술 후 대변 보는 횟수가 늘어 한밤중에도 한두 번은 꼭 잠을 깼고, 내가 워낙 민감한지라 한번 깨 버리면 밤을 꼬박 새는 날도 한두 번이 아니었다. 또한 군병원에서 주는 식사도 잘 나왔지만, 남편처럼 절단 환자에게 좋다는 음식을 확인해 새벽 5시만 되면 병실에서 간병인 대기실에 내려가 음식을 조리해서 남편에게 먹였다.

수술 후 10여 일이 지났을 무렵 군의관으로부터 절단된 수술 부위에 부작용이 생겨 또다시 추가 수술을 하여 조금 더 절단해야 된다는 이야기를 들었다. 남편은 또다시 수술실로 향했고, 처음 수술 때엔 전신마취를 했지만 이번에는 하반신 마취만 했다. 두 시간여만에 수술을 끝냈다. 나는 또다시 마음을 굳게 먹어야 했다. 남편 앞에서는 슬픈 내색도, 마음 아픈 이야기도, 그리고 눈물도 보이지 않고 항상 밝은 표정만 보이기로…….

이것이 나를 위한 길이기도 하지만, 더욱 남편을 위한 것이기 때문이었다.

수술 후 보름 정도 지났을까? 남편이 병실에만 있어 너무 갑갑할까 봐 나는 남편을 휠체어에 태워 병실 밖으로 데리고 나갔다. 8월 한

218

여름의 날씨가 찌는 듯했으나, 모처럼 바깥 공기와 경치를 바라보고 있노라니 기분이 한껏 좋아지는 것 같았다. 나는 병실에서 나온 김에 병원 주변을 한 바퀴 돌자고 하면서 휠체어를 밀었다. 수도병원은 산을 깎아 병원을 지었기 때문에 경사가 있어 휠체어를 민다는 것은 무척 힘든 일이었다. 거리도 만만치 않아 15분 정도 걸렸지만 나는 힘든 내색을 할 수 없었다. 지금 어느 누구보다 제일 힘든 사람은 남편이었기 때문이다.

병원 주변을 한 바퀴 다 돌았을 때 나는 땀으로 흠뻑 젖어 있었다. 하지만 나는 남편의 기분 전환을 위해 오전, 오후에 각 한 번씩 매일 두 번 남편을 휠체어에 태우고 병원 주변을 돌았다. 그렇게 한 달쯤 지났을까? 나의 무릎이 아파 오기 시작했다. 병원 진료를 받아 보니 관절염이라 했다. 무리하게 휠체어를 밀고 다닌 결과였다.

그러나 나는 아랑곳하지 않았다. 횟수만 줄였을 뿐, 약을 먹어 가며 남편의 기분 전환을 위해 계속 병원 주변을 돌았다. 시간은 흘러 병원에도 가을이 찾아왔다. 노란 은행나무와 빨갛게 물든 단풍나무 가로수에서 가을을 느낄 수 있었고, 온 산들도 붉은색으로 물감을 칠하고 있었다.

나의 적극적인 간호와 남편의 재활 의지 덕분에 수술 부위도 빨리 아물어 갔고, 정신적인 건강도 되찾을 수 있었다. 상처가 아물자 물리치료가 시작되었다. 남편이 절단된 왼쪽 다리를 2개월 동안 구부리지 못하고 쭉 편 채로 다녔기 때문에 무릎 관절이 굳어 있었다. 다리 근육도 쇠퇴하여 힘이 없었다. 하지만 나중에 의족을 착용하려면 물리치료를 통해 튼튼한 다리를 만들어 줘야 했다. 나는 물리치료를 하는 기간에도 매일 치료실까지 휠체어를 밀고 다니면서 불편한 남편의 한쪽 다리 역할을 해주었다. 동시에 한 번이라도 더 다리 운동을 할 수 있도록 독려해 주었다.

그러던 어느 날 남편의 왼쪽 다리를 대신할 의족을 맞추기 위한 사전 작업이 시작되었다. 걱정이 되기도 하는 한편, 마음이 설레기도 했다. 의족을 착용하고 잘 보행할 수 있을까 하는 염려부터 운동을 좋아했던 남편이 어디까지 할 수 있을지……. 예를 들면 계단을 오르내리는 일 등등…….

기다리던 의족이 나왔다. 남편은 처음 신어 보는 의족이라 어색해했고, 불편한 점도 많아 보였다. 처음 걸음마 단계부터 걷는 연습을 다시 시작해야 했다. 군의관은 처음 걷는 시기가 매우 중요하다고 이야기했다. 처음부터 바른 자세로 걷지 않으면 평생 고치기 어렵기 때문이라고 했다.

따라서 나는 남편이 걸음 연습을 할 때에도 휠체어를 끌고 항상 따라다녔으며, 걷는 자세 교정과 함께 요령을 피우거나 쉬려고 하면 혹독하게 나무랐다. 그 덕분에 의족은 남편의 왼쪽 다리처럼 되어 갔고, 더 이상 휠체어가 필요 없게 됐으며, 휠체어를 이용하여 돌던 병원 주변을 목발만 이용해 걸을 수 있게 되었다. 정상인 걸음에 가까워질 수 있도록 남편의 걸음 연습은 계속되었다.

병원에 입원한 지 6개월의 시간이 흘렀다. 남편은 현역에 계속 복무하길 원했고, 공군 전역심사위원회의 심의를 거쳐 남편의 의사는 받아들여졌다. 다시 '신체유공 장애군인'으로 복직되어 푸른 제복을 입을 수 있게 된 것이다.

신체유공 장애군인이란, '전투 또는 작전 관련 훈련 중 다른 군인에게 본보기가 될 만한 행위로 인하여 신체 장애인이 된 자는 전역심사위원회의 심의를 거쳐 현역으로 계속 복무하게 할 수 있다'라고 군인사법에 명시되어 있다. 그리고 공군에서는 남편이 첫 번째 사례로 '신체유공 장애군인' 신분으로 현역에 복직한 것으로 알고 있다. 모든 고난과 시련을 이겨 내고 다시 군복을 입기까지 6개월여 동안 재활 의지를 가지고, 항상 니를 믿고 따라준 내 남편에게 고마움을 느낀다.

수도병원에서의 치료와 재활 끝에 남편은 2003년 2월 현역으로 다시 복직했으며, 복직 후에도 남편의 몸에 의족을 적응시키기 위한 나의 계속적인 재활 치료 의지는 끊이지 않았다. 저녁식사 후에는 꼭 남편과 함께 아파트 주변을 산책하거나 가벼운 조깅으로 절단된 다리를 단련시켰다. 2004년도에는 남편, 두 딸아이와 함께 계룡산 천황봉(845미터)을 오르기도 했다. 또한 같은 해 9월, 《국방일보》에서 주관하는 '전우마라톤대회' 5킬로미터 코스에 남편과 같이 뛰기도 했다. 정상적인 신체를 가진 사람에게는 가까운 거리였겠지만, 절단 장애를 갖고 있는 남편으로선 5킬로미터를 한 발 한 발 뛰는 모습이 무척 힘들고 애처로워 보였다. 나는 남편과 호흡을 같이하며 뛴 37분이란 짧지 않은 시간 동안 흐르는 땀을 닦아 주고 힘과 용기를 주었다. 남편에게 완주의 기쁨은 정상인들보다 몇 배나 더 뿌듯해 보였다. 나 역시 행복한 웃음을 남편에게 안겨 줬다.

인간은 누구라도 자신의 미래를 알 수 없다고 했던가?

절단 장애인이라면 누구라도 그러하듯이, 남편 또한 장애를 갖게 될 줄은 꿈에도 생각하지 못했었다. 그것도 푸른 제복을 입고 군생활 하는 동안 말이다.

길을 걷다가 장애인을 만나면 '참 안됐구나' 하는 것이 고작이었고, 장애는 나와 전혀 상관없는 일로만 생각했었다.

불행히도 지금 남편은 장애인이 되었다. 그러나 현재 살아 있음에 감사하고, 남편보다도 더한 장애를 갖고 생활하는 사람에 비하면 나는 행복하다고 생각한다.

나는 지금의 남편을 무척 사랑한다. 그리고 앞으로도 군인가족으로 살아가야 하는 것이 결코 쉽지만은 않다는 것을 어느 누구보다 몸소 체험한 나였기에, 군인 남편을 둔 아내로서 앞으로도 더 열심히 살아갈 것이다.

김미선
공군 전투발전단 박철현 소령 가족

요즘 난 참 행복하다. 생각지도 않았던 수기 당선 명
단에 내 이름 석자가 새겨져 남편과 두 딸은 물론이고 친정 부모님으로부터
뜨거운 축하와 격려를 받았다. 상이란 것을 받아 본 것이 몇 해만인지…….

기억이 나지 않을 정도로 아주 오래전 까마득한 추억이 다시 떠올라 나에
게 신선함과 설렘을 느끼게 해주었다. 그리고 매일 비슷한 일상생활을 영위
해 왔던 내게 새로운 활력소를 불어넣어 주었다. 한쪽 다리가 불편한 몸으로
도 항상 밝게 살아가는 남편의 성실함에 한없이 고마움을 느끼면서 이 지면
을 통해 다시 한 번 감사함을 전하고 싶다. 엄마로서 아이들에겐 모범이 되
고 남편에게는 현명한 아내가 되도록 내가 할 수 있는 최선의 노력을 다할
것이다.

대한민국 군인가족 여러분! 그리고 신체장애를 안고 살아가는 모든 분
들! 우리에겐 희망찬 미래가 있고 사랑하는 가족이 있습니다. 항상 웃으며
용기 잃지 마시고 열심히 살다 보면 반드시 좋은 날이 올 것이라 확신합니
다. 우리 모두 파이팅!

남편 : 박철현 소령
(공군 전투발전단)
부인 : 김미선
딸 : 박소라(중학교 3년 재학)
딸 : 박소영(초등학교 6년 재학)

우리가 띄워 올린 무지개

"여보, 나 됐어. 진급했어!"

1999년 9월 남편이 두 번의 실패 끝에 3차 소령 진급 발표가 있었던 그날, 나는 무척이나 많이 울었다. 1991년 5월 결혼 이후 8년 만에 맛보는 정말 고맙고 기쁜 소식이었기에 목 놓아 울었다.

물론 남들 다 하는 소령 진급이었지만, 군인 아내의 길이 순탄치만은 않았던 격정의 세월이었기에 더더욱 울컥하는 뭔가가 한없이 나의 가슴을 울렸다.

1991년 5월 19일, 나는 육군 중위 아내가 되었다. 당시 근무하던 회사 여직원 동생이 남편을 소개해 줬고, 난 나이에 비해 어른스럽고 믿음직한 성품의 소유자인 남편에게 끌렸다. 그래서 '집안이 너무 볼품이 없다. 아직 나이도 어린데, 좀 더 맞선도 보고 연애도 한 후

224

시집가라' 하는 친정 엄마의 만류를 무릅쓰고 남편을 선택했었다. 결혼 당시 남편은 경북 영천의 3사관학교 군사대학을 다녔었고, 우린 9평 남짓 되는 군인 아파트에 신혼살림을 차렸다.

신혼의 달콤함, 그리고 교육기관 학생 신분의 남편이었기에 우린 별 어려움 없이 아름다운 나날을 보냈다. 그러나 60여 만 원이 좀 안 되는 월급통장을 받아 본 날, '아, 내가 정신 바짝 차려야겠구나' 하는 위기의식을 갖게 되면서 나는 조용히 군인 아내의 길에 들어서고 있었다.

그해 가을 남편은 OAC(고등군사반) 교육을 가게 되었고, 상무대 근처 호남대학 앞 단칸방으로 이사했다. 당시 아들 성훈을 임신한 상태라 무척이나 힘에 부쳤고, 입덧이 너무 심해 링거를 맞고 누워 있기도 했다. 경남 창원에서 딸을 보러 달려온 엄마의 모습을 보는 순간 뭐가 그리 서럽던지……. 엄마를 바라보며 마냥 울었던 기억이 난다.

1992년 4월 남편은 강원도 홍천 11사단으로 발령받았는데, 결혼 후 첫 이사라 종이박스에 바리바리 짐 싼다고 곤욕을 치른 기억이 생생하다. 그때 남편이 말하기를, '당신은 친정에 내려가라, 다음 달이 해산인데 못 따라간다. 그리고 부대 아파트가 6월이나 되어야 난다고 하니 이삿짐도 못 풀게 생겼다'면서 일단 부대 BOQ(독신간부숙소)의 휴게실에 짐을 보관한다는 정말 황당한 얘기를 했다.

결국 남편은 대한통운 트럭에 이삿짐을 꾸려서 부대로 가고, 난 창원 친정으로 내려갔다. 그리고 5월 22일 내가 첫아이 성훈을 낳던 날 남편은 오지 못했다. 부대 훈련에다 전입 간 지 얼마 되지 않아 미리

와서 애 낳을 때 옆에 있을 사정이 안 된다고 했다. 정말 무심하고 서운했지만 어쩔 수 없었다. 남편은 성훈을 낳은 후 이틀이 지나서야 모습을 볼 수 있었다.

해산의 고통과 첫아이의 탄생이라는 소중한 순간에 옆에 없었던 남편……. 15년이 지난 지금에도, 부대 사정을 이제는 잘 아는 나이지만, 그래도 그 서운함과 원망은 결코 지워지지 않는 상처로 남아 있다.

해산 후 몸을 풀고 나서 6월 중순, 11사단 화랑 아파트에 들어선 나는 속이 상해서 눈물을 머금어야 했다. 오랫동안 부대에 보관해 둔 이삿짐을 푸는 순간, 시집 올 때 애지중지 준비해 온 살림이 온통 곰팡이가 끼고 녹이 슬어 있었던 것이다. "정말 미안해……"하는 남편이 미웠다. 아니, 그 순간은 정말 남편의 군인이란 직업이 싫었다.

1992년 6월부터 시작된 수색대대 중대장 아내의 길……. 참된 군인가족의 여정이 시작되는 순간이었다. 남편이 훈련 떠나고 없는 빈 아파트를 핏덩이를 안고 지킬 때면 무섭기도 하고 서럽기도 했다. 복귀하는 날엔 부대 가족들이 모두 막걸리, 부침개, 김치 등을 준비해서 위병소에서 다같이 박수를 치며 환영을 하고 뒤풀이를 해주기도 했다.

아직도 가슴 뭉클한 기억으로 남아 있는 건 중위 소대장이 천리행군을 복귀하며 위병소 통과 후 소대원과 부둥켜안고 엉엉 울던 모습이다. 나중에 알고 보니 소대장의 발바닥이 거의 터지고 피멍이 들었다고 한다. 하지만 수색대대원이라는 명예를 지키고자 동료 소대장과 부하들의 도움으로 무사히 400킬로미터의 대장정을 마치고, 위병소 앞 군악대의 팡파르와 함께 모두 하나임을 느끼며 전우애를 다졌다는 얘기였다.

이 얘기는 정말 이 시대의 젊은 병사들에게 두고두고 들려주고픈 얘기이기도 하다. 수색대대에서의 생활은 동계빙상대회, 대대체육대회, 연말회식 등등 군인가족으로서 병사들과 무수히 부대끼며 진행되었고, 그렇게 난 점점 더 군인가족의 삶에 적응되어 가고 있었다.

1993년 12월, 우리는 11사단 홍천 결운리에 추억과 애환을 남기고 다음 근무지인 강원도 삼척 68사단(현23사단)로 가게 되었다. 홍천 이사의 악몽을 되풀이하지 않고자 부단히 노력했으나, 하늘은 이번에도 나에게 시련을 주었다. 횡성을 지나 대관령 근처부터 눈이 펑펑 내리는 것이었다.

대관령 내리막길에서 차가 미끄러졌고, 간신히 중심을 잡고 난간 근처에서 차가 멈췄다. 하지만 그 과정에서 대한통운 트럭 뒤편에 실은 짐이 우르르 떨어지고 말았다. 나는 눈 속에 뒹구는 세간을 챙기느라 손발이 얼어붙는 고통을 참으며, 1시간여를 고갯길에서 내려 다시 짐을 트럭 뒤편에 실었다.

이사를 할 때마다 닥치는 시련. 대관령을 무사히 넘어 강릉 시내 불빛을 바라보며 복받쳐 오르는 보따리 삶의 서러움에, 난 트럭 기사 아저씨의 눈치도 아랑곳없이 또다시 눈물을 흘리고 있었다. 그때 난 다짐했었다. 악착같이 모아서 어느 때가 되면 이사 없이 멋진 집을 지어 살겠노라고…….

68사단 해안중대장……. 남편은 삼척 근덕이라는 곳에 해안중대장 보직을 받았고, 난 그때부터 부대 등대 아파트에서 과부 아닌 반과부로 살게 되었다. 2주에 한 번, 1박 2일 외박이 고작인 남편…….외박 나와도 수시로 벌어지는 해안 상황에 마음을 집에 두지 못하고 쉬는 둥 마는 둥 다시 부대로 가던 남편이었다.

독수공방의 외로움과 서러움, 그리고 더욱 가슴 아픈 기억은 아들 성훈이가 오랜만에 집에 오는 아빠를 보며 낯설어서 슬슬 피하고, 나에게 달려와 뒤로 숨던 모습이었다. 정말 '왜 이렇게 살아야 하나?' 하는 탄식이 나오기도 하였다. 남편이 없던 그때, 나는 아이가 아파서 병원에 가야 할 때, 시장을 보고 한 손엔 아이를 한 손엔 무거운 바구니를 들고 위병소에서 아파트까지 팔이 늘어지게 걸어야 했을 때, 특히 남편이 장남인데 시아버지가 연로해서 시댁에서 제사를 받아 제사 준비를 할 때엔 정말 '이 집안에 시집와서, 군인에게 시집와서 내가 무슨 생고생인가?' 하는 후회 아닌 후회를 하기도 했다.

1994년 1995년 약 2년여 간의 해안중대장을 마친 남편은 대대 지원 장교를 일 년 하고, 관리대대의 작전장교로 보직을 받았다. 이사도 삼척 임원, 또다시 동해시로 두 번 옮겼다. 이사가 싫었지만 남편이 우리 가족과 같이 살게 된다는 사실을 생각하면 너무나 행복하고 기뻤다. 그리고 둘째 지선이도 그때 태어났다.

관리대대는 관사가 부대 바로 뒤에 있어 좋았다. 난 관사 앞 텃밭에 야채도 가꾸고, 묵호항에서 오징어를 떼어다가 말려서 완전

건조 혹은 반건조된 오징어를 비닐에 포장해서 파는 부업을 하기도 하였다.

자세한 얘기는 할 수 없지만, 시댁의 형편이 좋지 않아 시어른들 생활비와 시동생 학비 등도 보태 줘야 할 처지였다. 난 허리띠를 졸라매며 부업도 하고, 때로는 친정 엄마께 부탁해서 시댁인 밀양에 돈을 보내 드리기도 했다.

1997년 남편은 소령 진급 1차를 실패하고, 경기도 고양시 60사단으로 자리를 옮겼다. 보직 문제로 이리저리 알아보고 고민도 많이 했지만, 원했던 작전처나 인사처로 가지 못하고 수색대대 작전장교로 가게 되어 남편의 수심은 극에 달했다. 결국 2차에도 실패……. 낙담하며 4, 5일을 방황하던 남편은 다시 마음을 가다듬고 연대 작전장교를 맡아 열심히 일했다.

'이번이 내 군생활의 마지막 승부야'라고 말하며 매일 야근까지 해가며 일하던 남편의 모습……. 정말 아내가 아닌 제3자가 봤어도 '무슨 업무가 저리 많아 저렇게 사람을 잡는가?' 하는 생각이 들 정도로 일은 끝이 없어 보였다. 그렇게 일을 열심히 하던 남편…….

그런데 진급 발표를 2개월여 앞둔 7월의 어느 날 "사모님! 작전장교님이 쓰러져서 지금 의무실에 실려 갔습니다" 하는 교육장교의 얘기를 듣고 난 눈앞이 무너지는 걸 느끼며 달려갔다. "과로로 인한 탈진 상태에서 쓰러진 것 같습니다"라고 군의관이 얘기해서 일단 안심했으나, 쓰러지면서 뇌진탕 증세 그리고 허리의 충격으로 남편은 수도통합병원으로 후송 가서 2주간 입원하는 신세가 되었다.

면회를 갔을 때 "이렇게 누워 있으면 안 되는데……" 하며 혹여 진급에 낙방할까 부담을 느끼는 남편의 모습에 난 정말 마음이 아팠다. 우리 부부의 모습이 너무나 서러워 "진급? 그게 뭐야! 그게 목숨보다 중요해? 난 진급 못 해도 당신 원망치 않아. 여기 있을 때만이라도 마음 좀 편히 먹어. 사람이 일단 살고 봐야지!" 하며 남편을 붙잡고 오열했다. 그 당시의 생활은 정말 군인 아내로서 가장 힘들고 어려웠던 시간이었다.

남편이 퇴원하고 난 후 나는 식이요법, 건강운동 등으로 남편의 체력을 회복시키고자 무진장 노력했다. 그리고 남편이 기력을 찾아가던 9월…… 드디어 남편은 3차 진급에 성공했다.

그동안 군인가족으로서 떠돌아다닌 세월…… 아이들을 키우며 보낸 어려움…… 뒷바라지를 하며 보낸 세월의 스트레스, 고독, 서러움…… 그리고 미래에 대한 불확실성으로 인한 불안……. 그동안 쌓인 고통의 회한이 울컥 몰려와 나는 눈물을 감출 수 없었다. 그래서 눈물을 흘리고 또 흘렸다.

2000년, 남편은 진급 후 논산의 육군훈련소 교육대장으로 자리를 옮겼다. 그곳 생활은 조금 여유가 있었다. 그래서 난 남편의 체력회복과 건강관리를 위해 노력했고, 우리 가정은 웃음과 건강을 되찾은 행복한 가정이 되었다.

앞에서 얘기한 군생활에 관련된 일 이외에도 우리 가족에겐 여러 가지 아픔과 갈등, 시련이 있었다. 연로한 시부모와 지지리 가난한 시댁은 생활비뿐 아니라 시동생의 대학 학비까지 필요로 했고, 시동생은 졸업 후에도 취직과 실직을 반복하며 경제적 도움을 요구했다. 거기에다 시어머니의 별세와 새어머니를 모시게 되면서 생겨난 여러 가지 경제적 뒷받침……. "여보, 미안해. 없는 집안 장남한테 시집온 당신의 복인 걸 어떡해" 하며 한없이 작아지는 남편의 모습에 나도 어쩔 수 없었다.

나 또한 친정에서 장녀인 까닭에 동생들 결혼이라도 할라치면 그냥 있을 수 없었다. 그래서 나는 이를 악물고 아꼈다. 안 먹고 안 입으며 절약에 절약을 했다. 그렇게 주위를 도우며 살았다. 2003년엔 시누이마저 이혼해서 손을 벌리는 터에 더 이상은 못살겠다고 남편과 싸우기도 하였다. 하지만 나도 여자이기에, 애를 데리고 나와 남편 없이 살아야 하는 시누이 처지를 모른체 할 수 없었다. 그래서 작지만 도움을 주었다. 그리고 2년 전엔 시아버지가 중풍으로 쓰러져 병원 신세를 한참 지셨고, 그 때문에 적금통장을 깨야 하는 어려움도 있었다.

그러나 그 아픔보다 남편은 여생이 얼마 남지 않은 아버지를 위해 큰 변화를 결심했다. 나도 커 가는 애들의 교육문제와 정착을 위해 이에 찬성해서, 남편은 육군대학 공부를 마치고 5사단 부대대장을 마지막으로 현역에서 나왔다. 포천의 산속 고시원에서 1년을 공부하며 남편은 예비군 중대장 시험을 준비했고, 난 또 혼자 애들을 돌보고 PC방 카운터 아르바이트를 해가며 남편 학원비와 고시원비를 보태었다. 다행히도 남편은 1차에 합격했고, 39사단 예비군 중대장으로 내정되어 창녕을 거쳐 지금 경남 사천시 4대대 축동면에서 근무하고 있다.

수많은 역경과 갈등…… 변화의 어려움……. 그 어려움의 환경이 나를 더욱 억척스럽고 강하게 만들었다. 우리 가족의 미래를 위해 어려움 속에서도 아끼고 검소하게 저축하며 살아가는 지혜를 깨우치기도 했다. 재테크 방법도 열심히 연구하면서 살았기에, 얼마 전 이곳 진주에 우리만의 보금자리, 32평 아파트를 얼마간의 대출을 보태 마련할 수 있었다.

"여보! 다녀올게" 하며 군복 입은 남편은 내가 닦아 준 전투화를 신고 오늘도 출근을 한다. 난 15년여를 꼭 전투화만큼은 내가 손수 닦아 주며 살아왔다. 우리 가족을 위해 뛰고 달리는 전투화가 나에겐 너무 소중한 존재이기에, 그리고 이 신발을 신지 못하는 순간이 없기를 바라며, 가정의 수호신마냥 이 전투화를 아끼고 사랑한다.

비록 남편이 중령·대령의 꿈을 접고 지금은 예비군 중대장을 하고 있지만, 그 군복은 여전히 나에겐 자랑스럽고 믿음직스럽다. 군인 아내로서의 세월……, 돌이켜 보면 정말 힘겹고 어려운 삶의 과정이었다. 친정 엄마의 만류를 뿌리치고 내가 선택한 군인 아내의 길이었지만, 때로는 후회도 원망도 했었다. 그러나 지금의 나는 결코 후회도 원망도 하지 않는다. 아니, 많이 오히려 보람을 느끼며 살아가고 있다.

특히 오랜 세월이 지난 후에도 잊지 않고 남편을 지휘관으로 기억하며 연락해 오는 예전 남편의 부하 장교, 병사들이 있고, 그들의 가족들이 나에게도 안부를 전해 올 때면 그래도 남편과 내가 군생활을 실패작으로 끝내지는 않았다 싶어 작은 감사가 가슴속에서 밀려온다.

자식과 남편 뒷바라지에 결혼 후 15년여를 나 자신을 위해 살아 보지 못했다. 나를 위한 제대로 된 옷가지나 귀금속 하나 없다. 하지만 남편이 지금 건강하고 아들도 딸도 잘 자라고 있기에 더 이상 바랄 게 없다.

우리 아들 성훈이는 교육 도시인 이곳 진주에서 중학교 2학년 400여 명 중 15위 이내에 들며, 항상 열심히 공부하고 있다. 딸 지선이도 초등학교 5학년으로, 공부에 소질은 없어 보이지만 간호사 아니면 헤어디자이너가 될 기라며 밝고 예쁘게 자라고 있다. 아내로서, 엄마로서, 여자로서 더 이상 바랄 게 무엇이랴!

2006년 지금…… 난 누가 뭐라 해도 군인가족이다.

남편의 예비군 중대 상근예비역 아저씨들을 위해 무더위라도 식히라고 냉커피와 냉미숫가루를 타서 오늘 아침 남편 편에 보냈다. 가끔씩 군복 입은 현역 아저씨와 상근예비역 아저씨를 보고 있노라면, 국가의 부름에 묵묵히 일하는 그들이 대견하고, 그 젊음이 보기 좋고, 가족을 떠나 인내하며 살아가는 그들의 의지가 아름다워 보인다.

군인의 아내로서 그들이 모두 건강하게 야무진 젊은이로 탄생해 가족의 품으로 돌아가길 기원해 본다.

여보! 정말 고마워.
가난한 군인한테 시집와서 너무 고생이 많았지?
앞으로 우리 웃으며 행복하게 살자.

내가 당신을 만난 것, 그것은 내 인생에 가장 큰 행운이었고, 하늘의 선물이었어.

사랑해.

오늘도 난 지난날 내 생일 때 남편이 보낸 편지를 꺼내 읽으며 작은 행복에 젖어 본다. 그리고 앞으로도 크지는 않지만, 이 작은 행복이 군인가족으로서 계속되길 기원하고 또 기원해 본다.

지난 세월의 큰 추억나무가 지금 이 순간에도 나의 그늘이 되어 뜨거운 삶을 조용히 식혀 주고 있다.

남편과 내가 띄워 올린 작은 무지개……. 하지만 우리에겐 너무나 예쁘고 아름다운 무지개다. 그 무지개의 물방울 속에 오늘도 우리의 희망은 숨쉬고 있다.

팽정옥
육군 39사단 축동면 예비군 중대 김병수 예비역 소령 가족

수기 공모작 당선 이후 많은 전화를 받았다. 특

히 현역 동기생 가족들이 많은 안부를 물어왔고, 현역 당시 군인가족으로서 어려운 환경과 여건에서 내색 없이 지내온 세월들을 많이 격려하고 위로해 주었다.

예비역 가족이 된 후의 생활 그리고 소감, 특히 예비군 지휘관 아내로서의 생활을 많이 궁금해 하며 물어왔다. 그러나 무엇보다 기쁜 것은 중3짜리 아들과 초등학교 6학년이 된 우리 딸이 '군인가족'이라는 환경을 이해하고 군인이었던 아빠의 삶과 엄마의 뒷바라지를 가슴 깊이 느끼고 공감대를 형성하게 되었다는 것이다.

남편은 예비군 지휘관으로서 벌써 3년을 보냈다. 안보의식이 쇠퇴해 가는 지역민들과 제대한 예비군들 속에서 처음엔 많이 갈등하고 적응이 쉽지 않았지만, 이제는 나름대로의 노하우로 잘 적응하며 보람있게 살고 있다. 이제 군복에서 계급장은 없고 일명 '개구리 마크'라는 예비군 마크가 붙은 군복과 전투모를 쓰고 있지만 여전히 군인은 군인이다. 민간인인 지역민들과 기관장들, 그리고 예비군들을 잘 설득하고 화합하며 살아가는 지역 기관장의 역할을 소신 있게 잘하고 있는 것 같다.

요즘 남편이 신바람 난 게 있으니 바로 사이버 '라디오 작가'로서의 활동이다. 정말 작가가 된 게 아니라 시간이 날 때 이제껏 우리가 살아온 이야기들을 감동 있게, 때로는 우스운 코미디로 엮어서 라디오와 잡지 등에 보내고 있다. 아이들도 아빠 글이 방송에서 나오는 걸 들으며 자랑스러워 한다. 나 또한 무척이나 남편이 자랑스럽고 가슴 뿌듯하다. 지금 남편과 나는 너무나 행복하다.

며칠 전 딸애가 작은 교통사고로 우리 부부의 가슴을 쓸어 내리게 했지만 하늘의 도움으로 건강해져서 너무나 감사하고 또 감사하다. 우리가 쏘아올린 무지개는 요즘도 여전히 아름답게 빛나고 있다.

남편 : 김병수 예비역 소령
(육군 39사단 축동면 예비군 중대)
부인 : 팽정옥
아들 : 김성훈(중학교 3년 재학 중)
딸 : 김지선(초등학교 6년 재학 중)

✿ 열·아·홉·번·째·이·야·기

국방부에 도장 찍힌 남자

며칠 전 이제 막 신혼여행을 마치고 돌아온 3층 새댁이 친정어머니께서 싸 주신 진보랏빛의 찰옥수수를 쪄서 인사를 왔다. 한동안 신혼살림을 들여놓는다고 통로가 북적거렸었는데, 9월의 신부가 되어서 군인가족으로서의 삶을 시작한 것이다. 어리고, 순수하고, 말할 때마다 수줍은 미소를 머금는 새댁을 볼 때마다 나의 신혼이 생각났다.

그저 남편 한 사람만을 믿고 시작한 결혼생활이 어느새 10년을 훌쩍 넘기고 있었다. 전방을 돌며, 전국을 순회하며 아이들과 어머니와 함께한 그 짧고도 긴 시간 속에 나도 군복만 입지 않았을 뿐 국가 안보를 염려하고 충성을 다짐하는 군인화된 자신을 발견할 수 있었다.

강원도 철원의 한 시장 골목에서 홀로 되신 어머니는 10평 남짓한

237

해장국집을 운영하고 계셨다. 그런 어머니의 바쁜 손길을 잠시 돕고 있을 때의 일이다.

여느 날과 다름없이 심부름을 마치고 돌아오는데, 식당 문을 들어서는 나에게 "아가씨, 아가씨" 하며 부르는 소리가 났다. 나는 무심코 뒤돌아보았다. 우리 식당 현관문 앞에서 한 젊은이가 수수하게 차려입고는 나를 부르고 있는 것이었다.

그 젊은이는 당당하게 "저는 국방부에 도장 찍힌 사람입니다. 제가 아는 어떤 분이 아가씨를 마음에 두고 있는데, 토요일 오후 2시에 꼭 만나고 싶으시답니다" 하며 부동자세로 말했다.

본래 눈웃음이 많던 나는 그렇게 말해놓고 멋쩍어하는 그 젊은이를 향해 살짝 웃었다. 그런데 식당에 계셨던 어머니와 다른 친척 언니들한테 여자가 아무한테나 웃음을 준다면서 나만 혼이 나고 말았다. 그 바람에 국방부에 도장 찍힌 사람은 바람과 함께 사라졌다.

그런데 잠시 후 그가 또 나타났다.

"아가씨, 혹시 애인 있으십니까?"

친척 언니들은 웬 모르는 남자가 나를 귀찮게 한다고 생각해서, 이번엔 그 남자를 더 많이 야단쳤다. 나는 가만히 지켜만 보고 있었다. 그런데 다시 사라졌던 그가 이번에는 메모지와 볼펜을 들고 나타나서는 "이곳 전화번호가 어떻게 됩니까?" 하는 것이다.

나는 마음속으로 '식당 간판에 전화번호는 기본적으로 다 적혀 있는데, 왜 또다시 들어와서 혼이 나십니까?' 하며 안타까워했다.

저 사람이 군인만 아니었다면 저렇게 몇 번씩이나 혼이 나면서까지 또 들어오지는 않았을 거란 생각이 들었다.

그날 밤 나는 처음 그가 했던 말들이 생각났다. '어떤 사람이……
나를 마음에 두고 있는데…… 그리고 토요일에 만나고 싶다'던 말이
나의 뇌리 속에 잔잔한 여운을 남기고 있었다.

그러고는 까맣게 잊어버리고 있었다. 그런데 며칠 후 식당 한 테이
블에 줄이 반듯이 세워진 군복에 번쩍이는 군화를 신고 개선장군처
럼 양어깨를 활짝 편 군인이 주문을 기다리고 있는 것이었다.

"식사하시겠어요? 무엇으로 드릴까요?"

그렇게 물으며 물컵을 군인 앞에 내려놓는 순간 나는 놀라시 않을
수 없었다. 바로 세 번이나 퇴짜를 맞고 사라졌던 국방부에 도장 찍
혔다던 그 남자였던 것이다. 그가 말한 어떤 사람이란 바로 자기를
두고 한 말이었다.

그날부터 우리의 만남은 이어졌고, 결혼을 해 10여 년을 군인의 아
내란 이름으로 전국을 돌다가 지금은 동해안의 파수꾼인 8군단에서
근무를 하고 있다.

나의 고향은 강원도 철원으로, 자라면서도 군인들을 많이 보며 생
활했다. '철원'이라고 하면 우리나라 사람들은 대부분 38선을 떠올
린다. 최전방으로 북한과 가장 인접하고, 겨울에는 일기예보에 제일
추운 지역으로 나오는 그런 곳으로 생각한다.

그런 인식 속에서 살아온 내가 군인 남편을 만나, 군인가족으로서
의 생활을 할 것이라고는 꿈에서조차 상상하지 못했던 일이었다. 군
인이라 하면 학교에서 선생님의 강요에 못 이겨, 눈보라가 치는 한겨

울에 나라를 위해 고생하시는 국군 장병들에게 감사의 위문편지를 쓰는 것, 그것이 전부였다.

그런데 막상 군인의 아내로, 군인가족으로 살아오면서 이 나라의 국군이야말로 이 나라의 뿌리가 되는 가장 중요한 부분이라는 것을 알게 되었다.

주일마다 교회에서 새로 전입 온 신병 형제들의 인사가 있다. 잔뜩 군기가 들어 자신의 계급과 소속, 관등성명을 밝히는 늠름한 그들을 볼 때마다 눈시울이 뜨거워진다. 사랑하는 부모님과 형제, 따뜻한 가정을 떠나 2년 동안 국가의 부름 아래 순종하고 헌신하는 그들이야말로 이 나라의 주역이자 위인이라고 나는 생각한다.

푸른 군복 속에 저들의 몸은 갇혀 있지만, 저들의 정신과 영혼은 이 나라의 미래를 밝히는 등불 역할을 하고 있다는 생각에 나는 저들을 볼 때마다 자랑스럽고 감사하다는 생각을 떨칠 수가 없다.

우리가 말하는 민간인들(보통 사회인들)은 보통 '군인'이라고 하면 사회에서 분리된 다른 조직의 사람들로 외면할 때가 있다. 나는 그런 말을 들을 때마다 속상하다.

본래 큰 나무의 뿌리는 땅속 깊은 곳에 숨어 있어서 보이지 않는 법이다. 그런데 사람들은 나무의 줄기와 가지, 무성한 잎만 보고 그 나무에 대하여 말한다. 나무를 지탱해 주고 물과 양분을 공급해서 아름다운 나무의 자태를 만들어내는 뿌리가 있다는 것 자체를 기억하지 못한 채, 드러난 겉모습만을 주시하는 것이다.

그러나 어떤 아름답고 좋은 나무라도 뿌리 없는 나무는 없다.

우리나라의 군대는 큰 나무의 뿌리와도 같다.

나라의 미래를 열어 주고, 안보를 책임지면서 보이지 않는 전쟁의 위험요소들로부터 보호해 주고, 세계 속에서 탄탄한 경쟁력을 갖추어 발전할 수 있도록 만들어 주고, 이 나라의 발전을 도모하는 데 필요한 모든 것을 공급해 주는 뿌리인 것이다. 또한 뿌리는 한 줄기가 아니라 크고 작은 수많은 뿌리들로 연합되어 있는데, 그중의 하나가 나는 남편이라고 생각한다.

사실 남편을 만났을 때쯤 우리 집에는 어려운 일이 생긴 직후였다. 친정 오빠 내외의 갑작스런 교통사고 사망 소식으로 인해 첫돌배기 조카 동원이가 남겨진 것이었다. 엄마는 사고 충격으로 몸에 마비가 왔고, 경제적인 문제 또한 매서운 칼바람으로 가정을 흔들고 있었다.

대학 공부를 하는 도중 잠깐 엄마를 도왔던 나는 공부를 중단할 수밖에 없었고, 가정의 모든 짐들은 예고도 없이 나에게 떠맡겨지고 말았다. 나 자신조차도 추스를 수 없었던 그 상황 속에서 남자라고 눈에 들어왔겠는가? 모든 것을 포기하고 싶고 버리고만 싶었던 그때, 남편은 하나님이 내게로 보내 주신 흰옷 입은 천사였다.

우직함과 진실함, 변함없는 사랑, 그리고 끓이면 끓일수록 구수함이 더해지는 뚝배기와 같이 남편은 어린 조카의 살아 있는 아빠가 되어 주었고, 친정어머니에겐 죽은 오빠를 대신하는 아들이 되어 주었다. 다 쓰러져 가는 관사와, 좁은 군인 아파트에서 어머니를 모시고 생활하면서도 불편하다는 내색 한번 보이지 않았고, 아이를 가르치는 데 있어서도 나보다 더 적극적이었다.

남편은 고등학교 때부터 군인이 되기를 소망했었다. 그 꿈을 이루고 지금까지 그때 그 신념으로 참된 군인으로서의 삶을 성실하게 살아오고 있다.

고향인 철원에서 시작된 군인가족 생활은 남편의 중대장 시절부터 함께하기 시작했다. 일 년에 한 번씩 근무지를 옮겨야 하는 어려움 속에서 그렇게 만나는 가족은 모두가 한 가족이고 한솥밥 식구였다. 떠나는 자리라도 아주 떠나는 곳이 아니었으며, 살아도 아주 사는 곳이 아니었기에 우리는 기러기와 같은 삶이었다. 때가 되면 가야 할 때를 아는 철새처럼…….

그래서 어느 곳에 가든지 군인가족이라는 말 한마디면 금방 가족들과 친해질 수 있었고, 가족들의 어려움은 곧 함께 나누어야 할 짐이었고, 기쁨은 더해지는 축복이었다. 지금은 민간아파트에서 많이 살기도 하지만, 아직도 많은 가족들이 부대에서 제공하는 관사에 살고 있다. 좁은 아파트에 많은 살림들을 배열하는 가족들의 지혜는 그 어떤 인테리어보다도 뛰어나다. 또한 검소하고 알뜰하게 살림하는 야무진 손길들은 보통 주부들이 따라가기 힘들 정도다.

결혼 후 우리는 동원이 다음으로 1남 1녀를 낳았다. 그러나 동원이는 남편에게 있어서 언제나 맏이의 자리를 차지했다. 말이나 행동에 있어서 우리가 낳은 아이들에게 첫째의 자리를 한 번도 내어 준 적이 없었다.

언젠가 육군대학교육과정이 거의 끝나는 12월 말이었다. 그날이 동원이 생일이었는데, 학교에서 정해진 회식을 마치고 함께 집으로 들어오는 도중에 늦은 시간임에도 불구하고 대뜸 교회를 가자는 것이었다. 나는 교회 문이 닫혔을 거라고 했지만 남편은 막무가내였다. 아니나 다를까 교회 문은 굳게 닫혀 있었다.

나는 방향을 틀어 발걸음을 돌렸다. 그런데 남편은 못하는 것이 없다는 군인 정신으로 문이 닫힌 교회 문 앞 차가운 콘크리트 바닥에 무릎을 꿇고는 동원이를 위해서 기도하는 것이었다. 그리고 잠시 후 남편은 울고 있었다. 그때 나는 내 남편의 눈물을, 한 남자의 눈물을 처음으로 보았다. 누구보다도 강하고 약함을 보이지 않는다는, 내 옆의 군인이라는 이름 아래 포장되어 있던 남편의 모습은 한 아이의 이름 아래 다 무너져 버렸다.

지금도 교회에 가서 제일 먼저 기도하는 것은 연준이나 예나보다도 동원이에게 마음과 손이 먼저 가게 해달라는 것이라고 한다. 그 고백을 얼마 전 들었을 때 나의 가슴은 형언하지 못할 정도로 아팠다. 마치 큰 쇠망치로 얻어맞은 듯한 충격을 받았다. 그런 사랑의 거름을 먹으면서 아이는 잘 자라 주었다.

초등학교 1학년 말 아빠와 성이 다르다는 이유로 아이들에게 놀림을 받고부터는 아빠의 성을 따서 이름도 바꾸어 주었다. 그리고 이사를 할 때마다, 학교가 바뀔 때마다 선생님을 찾아가 아이의 자초지종을 설명하고는 동생과 같은 성의 이름을 불러주실 것을 부탁하는 일 또한 잊지 않았다.

유치원 때에는 꼭 되고 싶은 사람으로 아빠처럼 군인이 되고 싶다고 할 정도로 아빠를 자랑스러워했고, 군인인 아빠를 나보다도 더 사랑하고 있다.

이제는 중학생이 되어 아빠의 키를 훌쩍 뛰어넘을 것 같은 눈높이에서 아이가 바라보는 아빠는 가정에서뿐만 아니라 이 나라에도 없어서는 안 될 중요한 사람이 되었다.

그런 남편에게 나도 마음속에만 담고 있었던 말 한 마디를 하고 싶다. 감사하다고…… 정말 사랑한다고…….

지금도 남편은 자신이 군인이라는 것에 대한 자부심과 긍지가 하늘을 찌를 듯이 높고 대단하다. 그런 사람을 남편이 되게 한 것, 그리고 하늘 같은 넓은 사랑을 가진 아버지가 될 수 있게 한 것은 조국을 위해 자신의 목숨을 내놓았다는 숭고한 군인의 정신과 열정, 헌신이 있었기 때문이라고 생각한다.

아직도 가끔 전역한 병사들의 전화가 오기도 하고, 말끔한 사회인이 되어 직접 남편을 찾아와 술잔을 기울이기도 한다. 병사와 남편 사이에 있는 계급은 서로의 마음을 품어 주고 이해해 주면서부터 형님과 아우가 함께 어우러져 흘러가는 강물이 되어 있었다.

군생활의 두려움과 가정의 혼란으로 탈영하려고 담장을 뛰어넘고 있는 병사를 붙들고 눈물로 달래며 무사히 전역하기까지 정성을 들였던 남편의 군생활 또한 순탄하지는 않았다. 하지만 앞으로도 남편은 국가가 허락하는 그 순간까지 푸른 무늬의 군복을 벗지 못할 것이다. 365일 신고 있는 군화로 인해 발에는 일 년 내내 무좀을 달고 다닌다. 그래도 그 발을 아끼고 사랑한다.

앞으로도 우리의 생활은 지금까지 해왔던 것에서 크게 다르지는 않을 것이다. 그러나 국가에 대한 신뢰와 소망, 그리고 남편의 군생활에 대한 기대와 자부심은 더해만 갈 것이다.

이태옥
육군 8군단 석금찬 소령 가족

어느 날 남편이 가위로 오려 낸 신문의 한 귀퉁

이를 식탁 위에 올려 놓고 출근을 했다. 군인가족의 생활수기를 공모한다는 내용의 홍보자료였다. 내가 평소에 글을 좀 쓴다고 생각한 남편이 아무런 말도 없이 내게 무언의 압력을 행사한 것이다.

그 후 나는 한마디 말도 않고 쓸까 말까를 고민하다가, 공모 마감시간 하루 전에 10여 년의 군생활을 돌아보며 그동안 있었던 일을 정리하였다. 그러다가 신문에 당선기사가 난 것을 다른 부대에 근무하시는 분이 보시고는 남편에게 전화를 주셔서 남편도 아내가 글을 썼다는 것을 알게 되었다. 당선기사가 나고, 시상을 받고도 내 글을 남편에게 보여 주지 않았었다.

남편 또한 어떤 내용의 글을 썼는지에 대해 내게 묻지 않았다. 남편은 모든 일에 있어 나를 믿고 내게 위임하는 사람이다. 하지만 다른 사람들이 이글을 먼저 읽기 전에 남편에게 제일 먼저 보여 주고 싶었다. 아니, 그래야 할것만 같았다. 그래서 컴퓨터에 저장된 글을 프린트해서 조용히 보여 주었다. 다 읽고 난 남편은 다만 머리를 긁적일 뿐 아무런 말도 하지 않았다. 남편은 내가 동원이의 이야기를 썼을 것이라고는 미처 생각지 못했던 것이다. 우리가 남들에게는 없는 특별한 사랑이 있어서 오늘의 자리까지 올 수 있었던 것이 아님을 알고 있다. 오직 하나님의 은혜로 아이는 자라온 것인데 자칫 우리의 자랑이 될까 싶어 남편은 염려했다.

우리 가정의 비밀이고, 아픔이고, 십자가였기에 그동안 숨길 수 있는대로 숨겨서 다른 사람들이 알지 못하게 하는 것이 우리에게, 동원이에게 있어 최선의 방법이었다.

왜냐하면 아직은 우리 사회의 뿌리 깊은 편견과 선입견이 친자와 양자를 구분하는 데 있어 차갑고, 자기들만의 이기적인 시선으로 판단해 버린다는 것을 우리는 수없이 경험했기 때문이다. 그 사실을 이제, 이렇게 밖으로 공개적으로 드러낸다는 것은 나에게 있어서조차 큰 용기가 필요했다. 언제까지나 동원이가 우리의 그늘 아래 머무를 수만은 없기 때문이다.

당선은 기쁨이기에 앞서 세상을 향한 우리 가족의 새로운 도전이 되었다. 학교 다니면서도 많은 상장을 받았지만 이번처럼 크고 묵직하고 멋있는 상은 처음이다. 입상의 영광인 상패는 우리들을 이해하고 더 큰 사랑으로 보듬어 주신 밀양의 시어머니께 드렸고, 상금으로는 지병이 있으신 친정어머니의 한약을 지어 드렸다.

동원이는 작년 말 친정어머니가 계신 뉴욕에서 공부를 하기 위해 지금은 우리들 곁을 잠시 떠나 있으나, 그의 따뜻한 마음은 오히려 우리에게 힘이 되고 있다. 수식어가 따로 필요 없었던 우리의 삶이 우리와 같은 어려움 속에 직면한 많은 사람들에게 진실은 믿음으로 심겨지고, 그 믿음은 축복으로 이어진다는 진리의 희망이 되었으면 좋겠다.

남편 : 석금찬 소령(육군 8군단)
부인 : 이태옥
큰아들 : 이동원(중학교 2년 재학)
작은 아들 : 석연준(초등학교 3년 재학)
막내딸 : 석예나

세상을 향한 당신과 당신들의 노래

앞산처럼 듬직하고 늘 푸른 소나무처럼 변함없으신 당신!

봄 햇살처럼 따사로이 비쳐주며 고요한 바다처럼 넓은 가슴을 지닌 당신을, 세상을 향해 노래합니다.

군인으로서 자부심을 가지고 인생을 설계하며 미래를 준비하는 당신을 만나 가정을 이루고 살아온 23년이란 세월 앞에서, 지나간 세월의 흔적이 한 편의 영화 필름처럼 저의 시야에 들어옵니다. 철없던 시절 당신을 만난 것이 저의 삶에 있어서는 가장 큰 행운이었습니다. 비록 현실이 우리에게 슬픔과 좌절을 안겨줄 때도 있었지만, 그럴 때마다 당신은 묵묵히 주어진 삶의 현실 앞에서 결코 군인의 본분을 저버리지 않았습니다. 변함없이 가정의 울타리가 되어 주셨지요.

제한된 지역과 특정 분야에서 28년 이상 군생활을 하며 최선을 다

하는 당신의 모습을 바라보노라면 다시 한 번 아낌없는 존경과 찬사를 보내드리지 않을 수 없습니다. 항상 집보다는 부대가 우선이었던 당신의 선택에 때론 많이 섭섭한 날들도 있었답니다. 함께 웃고 울며 아파하고 한 식구처럼 지내왔던 수많은 군인 형제들의 모습들이 지금은 소중한 인연들이 되었네요.

20여 년이 지난 지금도 오고 가며 소식을 전하고, 함께하는 모습들 속에서 당신이 군인 형제들을 사랑하며 진심으로 챙겨주셨던 일들이 결코 헛된 일이 아니었다는 사실에 더욱 보람을 느낀답니다.

어려운 여건과 환경 속에서도 실망하지 않고 최선을 다해 오늘을 있게 한 당신을 정말 사랑하며 존경해요. 군인가족의 일원으로 가정을 이루고 살아온 행복한 세월과 함께 감추어진 불행은, 우리의 삶 속에서 함께해야 할 영원한 친구이자 이웃이었던 것 같습니다.

조용히 노크해 봅니다. 세상을 향해서…….

어느 가정, 어느 가족이 한평생 살아오면서 가슴 아픈 사연과 아픔이 없을 수 있겠습니까? 특히 매스컴을 통해서 군인가족들이 사건 사고로 사랑하는 가족과 이별하는 소식을 듣노라면 뼈가 녹아내리는 아픔으로 함께 아파하며, 군인가족의 한 사람으로서 자신을 돌아보며 감히 열심히 살아가고 있노라고 말하고 싶습니다.

최전방에서 나라의 안녕과 가족의 행복이란 명분 아래 군인의 본분을 다하고자 개인의 행복도 마다하며 희생하시는 당신들 속에 감추어진 애환을 그 누가 얼마나 이해할 수 있을까요.

대한민국 국군과 군인가족 여러분! 정말 사랑하고 존경합니다. 개인의 사정과 형편을 뒷전으로 하고 나라를 먼저 사랑한 당신들! 민족과 국가의 안녕을 지키며 오늘의 대한민국이 있게 한 당신들! 군인의 길을 천직으로 여기시며 최선을 다하는 남편 분들과 아내 분들에게 소리쳐 봅니다.

"파이팅! 힘내세요! 사랑하는 가족들이 있잖아요."

몇 년 전 IMF 때 유행했던 '아빠 힘내세요!'라는 노래 가사가 이제는 일상 생활어가 되어 버렸습니다. 행복이 무엇인지 인생이 무엇인지 알기도 전에 불행을 먼저 알게 된 시간……

23년이란 결혼생활 중 18년이란 세월이 사랑하는 우리 큰아들의 재활치료와 후유증을 염려하고 아파하며 살아온 시간들의 연속이었던 것 같습니다. 하지만 세상의 이치는 동전의 양면과도 같아 불행 속에서도 가족이 함께한다는 사실과, 함께하는 세월 앞에서 결코 우리 가족은 불행만을 겪었음이 아니라 더 많은 감사와 사랑을 깨달으며 살아가고 있다는 것을 지금 뒤돌아보며 느낀답니다.

그날을 기억하고 싶지는 않지만 또한 잊을 수도 없습니다. 유난히도 똑똑해서 읍내에 있는 유치원에 일찍 보낸 것이 큰 녀석 인생에 아픔을 안겨다 주리라고는 생각지도 못했지요. 집으로 돌아오던 길에 건너편에 서 있는 동네 형을 보고 반가운 마음에 길을 건너다 과속으로 달려오던 봉고차에 그만……

그때만 해도 시골길은 교통안전에 관해선 거의 무방비 상태였기 때문에 아이들에게는 절대적으로 위험했고 안전에도 취약한 도로였죠. 그래서 집 앞까지 아이를 데려다 주지 않았던 유치원 선생님을 원망

250

도 했지만, 그러한 원망은 공허한 메아리일 뿐이었습니다.

가망이 없다는 의사선생님의 목소리는 아직도 저의 귓가에서 맴돕니다. 삼 일을 넘기기 힘들다는 믿기 힘든 현실 앞에서 절망과 고통에 몸부림치면서도 하나님께 기도 드리는 것만이 제가 할 수 있는 유일한 것이었기에 더욱더 힘들었던 시간이었습니다.

삼 일을 넘기기가 힘들다는 의사선생님의 말씀과는 달리, 우리 큰아들은 정말 잘 버텨 주었지요. 산소호흡기 하나에만 의지한 채 삶의 끈을 놓지 않는 어린 생명을 보면서 살 수 있다는 한가닥 희망과 함께 인간의 생명과 존재에 대한 존귀함을 깨달았던 시간이었습니다.

꺼져가는 촛불처럼 힘들게 이어 가는 어린 생명을 바라보며 24시간 함께하고 싶었지만, 중환자실에 있는 아들과 저희에게 하루에 주어지는 10분이란 시간은 안타까움을 더할 수밖에 없는 시간이었죠. 일주일이 지나고 한 달 두 달 의식불명 상태에서도 하나님을 믿고, 또 우리 큰아들을 믿으며 그렇게 시간은 흘렀습니다.

일 년 동안 병원생활로 집안 살림은 전혀 돌아볼 수가 없었습니다. 남편의 고생이란 이루 말할 수 없음을 누구보다도 잘 알고 있었지만, 불평도 원망도 없이 겸손히 현실을 받아들이는 모습에 전 감동을 받았습니다. 두 살짜리 막내는 외할머니께서 키워주셨지요. 이렇게 어려운 환경 속에서도 이웃과 함께 지내는 군인가족들의 깊은 사랑과 배려가 저희에겐 많은 힘이 되어 주었답니다.

이런 감사함 속에서 큰아들은 퇴원했지요. 정말이지 온전치 못한 몸으로……. 그리고 비록 3년이라는 통원 치료가 있었지만, 조금씩 나아지는 아들의 모습에서 포기란 있을 수가 없었습니다. 하지만 역시 현실과 바람은 다른 것이었습니다.

산더미처럼 늘어나는 빚은 현실을 더욱더 힘들게 했습니다. 하지만 내 의지와는 다르게 점점 지쳐가는 모습 앞에서, 사고 후유증으로 말을 못하던 큰아들이 '아' 하는 외마디 소리와 함께 말문을 열기 시작했습니다. 그땐 정말 세상을 다 얻은 듯한 기분이었죠. 그리고 이런 아들을 위해, 그리고 가족을 위해 하루라도 빨리 안정된 가정생활을 위해서 무엇이라도 열심히 해야겠다는 생각뿐이었습니다. 그리고 조그마한 힘일지라도 남편의 어깨에 올려져 있는 무거운 짐을 덜어 주고 싶었습니다.

시골에서 사는 장점을 이용해서 빈터에 돼지를 키우고 개를 키우면서 책 장사, 옷 장사, 슈퍼, 미용실 등 지금 생각하면 어떻게 그렇게 할 수 있었을까 싶을 정도로 열심히 일을 했답니다. 그리고 지금에서야 느낍니다. 이렇게 모든 것을 할 수 있었던 것은 바로 당신의 깊은 배려와 변함없는 사랑 때문이었다는 것을……. 행복을 바라는 가족 모두의 기도였다는 것을 말이지요.

또한 큰아들의 상태가 고생하는 것만큼 조금씩 호전되고 있다는 것도 저에겐 큰 힘이 되어 주었습니다. 큰아들의 치료 종결로 병원에서 퇴원하라고 할 때엔 평생 보호자가 곁에 있어야 살아갈 수 있다고 했습니다. 하지만 우리 부부는 치료 종결 상태의 장애 진단을 거부하고 끊임없이 희망의 끈을 놓지 않았습니다. 그리고 재활에 정성을 기울이고 또 노력하며 남들이 바라보는 정상인이 될 것이라는 희망을 버리지 않았습니다.

그 결과 군 입대를 앞두고 장애 3급 판정을 받았지요. 사회생활 하는 데엔 지장이 없을 만큼의 결과였지만, 그토록 가고 싶어 하던 군대를 가지 못하게 되어 버린 현실에 안타까워하던 아들의 모습에 또 한번 부모로서 가슴이 미어졌습니다.

하지만 자신에게 주어진 현실의 벽을 이겨내고 더욱더 강한 모습으로 자신의 몫을 해내기 위해 최선을 다하는 모습을 보고 있노라면 앞으로 다가올 우리 가족의 또 하나의 행복을 그려보게 됩니다.

가족이 함께한다는 것 외에 그 무엇이 필요하겠습니까마는, 가족의 행복을 위해서라면 그것이 지나친 욕심일지라도 용기를 내고 싶습니다. 그리고 그런 행복을 위해 직업 특성상 가족과 떨어져 있는 시간이 많지만, 군인이라는 직업을 사랑하고 최선을 다하는 당신의 모습이 바로 우리 가족이 꿈꾸는 행복의 연결 고리라고 생각합니다.

어려운 여건 속에서도 김포대학 경영정보학과를 졸업하고, 금년에는 경희사이버대학교 사회복지학과를 졸업한 당신의 모습이 어찌나 자랑스러운지 모른답니다. 당신이 꿈과 비전을 가지고 준비하는 일들이 모두 이루어지리라 조금도 의심치 않아요.

정년퇴임 후 제2의 삶은 복지기관에서 봉사하며 생활하겠다는 당신의 꿈에 전적으로 동감합니다. 미력하나마 끝까지 함께 동반자의 길을 가기 위해 저도 준비할게요. 이제 길다면 길고 짧다면 짧은 당신의 남은 군생활이 당신 생애에 있어서 가장 멋지고 보람 있는 아름다운 인생의 시간들이 되길 항상 기도드려요.

여보! 그동안 고생 많으셨어요. 정말 존경하고 사랑해요!

우리 사이에서 변함없이 푸른빛을 잃지 않고 잘 자라 주고 있는 두 그루의 소나무 세준이와 현준이……. 이제는 우리에게 든든한 버팀목이 되어 주겠노라고 항상 이야기하면서 '아버지를 가장 존경한다'는 우리 가정의 청송 세준과 현준……. 당신과 저의 인생길에 멋지고 든든한 후원자들이 있어 당신과 저는 성공한 삶을 살았노라고 감히 말하며, 이 모든 것에 감사드려요.

유난히도 더위로 국민들을 힘들게 했던 금년 여름은 국지성 폭우와 태풍으로 우리 이웃들의 애간장을 태웠고, 씻을 수 없는 상처와 함께 피해 또한 너무 컸던 것 같아요. 그러한 국민들의 재난 앞에 누구보다도 마음 아파하고, 그들 앞에 달려간 당신들을 보면서 대한민국 군인가족의 한 사람으로서 책임과 보람을 함께 느꼈답니다.

수많은 이들의 고통과 아픔을 어찌 말로 다 위로할 수 있겠습니까. 하지만 우리 대한민국 군인들이 있기에 다시 한 번 희망을 가져봅니다. 방방곡곡 찾아다니시며 힘이 되어 주는 당신들의 모습은 우리 대한민국의 희망이요, 등대가 아닐까요?

대한민국 국군 파이팅! 군인가족 파이팅! 그리고 사랑하는 당신, 파이팅! 여보! 힘내세요! 당신 곁엔 항상 우리 가족이 있답니다.

남궁미선
국방부 임종무 공군준위 가족

먼 길 가신 님 오시는 날처럼 군인가족 수

기당선 작품이 단행본으로 제작된다는 소식이 작은 설렘으로 다가오네요. 인생사 어디 그리 쉬운 일이 있겠습니까마는 불특정 다수인에게 읽혀야하는 글을 쓴다는 것은 정말 어렵고 조심스런 일인 것 같습니다. 작게나마 수기를 통해서 삶의 애환과 인생사를 이웃과 나누며 지나간 삶의 흔적들을 다시 한 번 돌아보며 생각할 수 있는 아주 유익한 계기가 되었던 것 같습니다.

소리 없이 행복이란 단어를 되새겨 봅니다. 오가는 계절의 흐름 속에서 우리의 인생도 흘러가고 있지만 모든 가정과 가족의 화목과 믿음만은 늘 변함없이 지켜지길 기도하며 나의 작은 바람을 전해 봅니다. 앞으로도 군인가족 수기공모 프로그램이 몇 회로 끝나는 것이 아니라 대한민국 국군이 존재하는 한 계속 이어져서 군인가족들의 삶의 애환을 나누는 장이 되길 바랍니다. 그래서 군인가족으로서 보람을 느끼는 매체가 되어 주는《국방일보》의 한 면을 장식하는 프로그램으로 발전하기를 희망합니다. 제일 먼저 남쪽에서 들려오는 봄소식과 더불어 전 대한민국 군인가족 여러분 가정에 좋은 소식만 전해지길 기도합니다. 행복하세요!

남편 : 임종무 공군준위(국방부)
부인 : 남궁미선

아버지의 길을 따라가는 여군 장교들

"주먹 쥐고 엎드려뻗쳐!"

무슨 이야기냐고요? 저희 세 딸들이 어렸을 적 아버지에게 혼나기 전 아버지께서 하셨던 말씀입니다.

어렸을 적 아버지는 우리가 잘못을 해도 절대 매를 들지 않으셨습니다. 오로지 군대식으로 '기합'을 주셨습니다.

다른 집 아이들은 벌을 선다고 하면 무릎 꿇고 손을 든다고 하는데, 저희 집은 달랐습니다. 집 밖이건 집 안이건, 남이 보건 안 보건 무조건이었습니다.

그때엔 남들이 보는 앞에서 기합을 받는 게 정말 창피하고 부끄러워서 아빠를 원망하기도 했는데, 지금은 더없이 소중하고 재밌었던 기억으로 남았습니다.

군인가족! 여느 가족들과는 달리 신성한 국방 의무를 함께하며 서로에게 힘이 되어 주는 가족!

더구나 자식들도 그 길을 함께하는 우리 가족은 다른 가족들보다 더욱 특별하다 생각하고 있습니다.

저는 어려서부터 군인 아파트에서 생활한 군인가족입니다. 그리고 지금은 저 역시 현역 군인으로 벌써 4년째 군복을 입고 근무하고 있는 여군 장교입니다.

제가 태어나기 전부터 고등학교 졸업할 때까지 우리 가족은 15평 군인 아파트에서 20여 년간 여섯 식구가 생활해 왔습니다. 당시 우리는 흔치 않았던 대가족이었기에 풍족하게 자라지는 못했습니다. 여자 아이라면 거의 다 다녔던 피아노 학원이나 미술 학원도 다니지 못했고, 그저 학교 교육에 충실하며 모르는 것은 언니와 부모님께 물어봐 해결했으니까요.

또 15평짜리 작은 집은 우리 가족이 살기에는 조금의 무리도 없는 보금자리였지만, 아빠 친구, 옆집·앞집의 동네 친구들 등 늘 손님들로 북적이다 보니 작게만 느껴졌습니다.

제 기억으론 어린 시절 우리 가족이 다 함께 놀러 가 본 적은 거의 없는 것 같습니다. 아버지가 휴가를 길게 다녀올 수 없었던 터라, 여름이 되면 해상 훈련을 떠나시는 아버지를 따라가는 것뿐……. 하지만 그나마도 철조망을 사이에 두고 아버지는 그 앞에서 훈련을 하시고, 그 뒤에서 우리 자매들은 모래성을 쌓고 백사장에 그림을 그리며 놀았을 정도입니다.

하지만 저에게도 군인가족으로서의 특별한 추억이 있습니다.

5학년 때 어린이날이었을 겁니다. 아버지가 근무하고 있는 부대에서 어린이날 행사의 일환으로, 군인가족들 중 어린이들에게 헬기를 태워 주는 행사를 가졌습니다. 그때의 기억은 아직도 너무나 생생합니다. TV나 책으로만 접했던 헬기에 몸을 싣고 푸르른 창공을 날아다닌다는 것이 어린 시절 저에게는 너무나 신기하고 즐거운 경험이었습니다. 그 당시 하늘에서 내려다본 지상의 모습은 작다는 느낌과 더불어, 제 자신이 큰 존재로 보이게끔 한 특별하고도 인상 깊었던 소중한 경험이었습니다.

그리고 같은 해 광주 지역의 군부대(지금 제가 근무하는 있는 부대)에서 주관하는 '호국문예예술제'에 참가하게 되었습니다. 원래 나가기로 한 친구가 사정이 생겨 못 나가게 되어, 제가 대신 나가 그리기 부문에서 최우수상을 탔습니다.

초등학교·중학교 시절 미술부에서 특별활동을 했었는데, 제가 그린 그림이 백일장 등 각종 대회에서 수상을 했었습니다. 그러자 중학교 때 미술 선생님께서는 방학 동안 미술 학원을 다녀서 예술고등학교에 진학하라고 권유하셨습니다. 혼자 며칠 동안 고민했습니다. 얼핏 듣기에 예술고등학교에 가면 비용이 많이 든다고 하니, 선뜻 부모님께 말을 꺼내기가 어려웠습니다. 그래서 고민 끝에 가지 않기로 했습니다. 그때엔 무척 가슴 아팠지만 부모님을 원망하지는 않았습니다. 풍족하진 않았지만 언니, 동생이 있어서 항상 든든했고 행복했기 때문입니다.

이렇듯 제 어린 시절의 추억을 회상하면 군과 관련된 기억밖에 떠오르지 않습니다.

아빠, 엄마, 그리고 딸 셋에 아들 하나…… 그게 우리 가족입니다.

딸, 딸, 딸, 아들……. 이렇게 이야기하면 사람들은 "성공했구나!"라고 합니다. 사실 저희 가족들에겐 아무 의미가 없는데…….

아버지는 특별히 아들에 대한 집착이 있었던 것도 아니고, 오히려 엄마가 집에 없으면 길었던 제 머리카락을 묶어 줄 정도로 딸들에 대해 애정이 깊으셨습니다. 어머니가 제 남동생을 낳을 무렵 아버지는 낚시를 하러 가셨을 정두니 대담이 되었겠지요?

어린 시절 우리 남매의 모습은 이렇습니다. 치마보다는 바지를…… 긴 머리보다는 짧은 머리를 즐겨 하던 언니, 말수가 적고 고집이 세서 '황소고집'이라 불렸던 나, 그날 사 준 새 옷을 그날 입고 나가 놀다 찢어서 들어오던 셋째, 그리고 누나들의 기에 눌려 큰 소리 못 내고 누나들이 시키는 심부름이면 뭐든지 다 했던 착한 막내 종민이……. 이것이 우리 4남매의 어렸을 적 모습입니다.

그렇다 보니 우리 아버지는 딸이 셋이면서도 남들이 느끼는 딸 키우는 재미를 아마 못 느껴 보셨을 겁니다. 애교도 없고, 털털하고, 터프했던 딸들이었으니까요.

저는 군인입니다. 제 언니도 군인입니다. 제 여동생도 군인입니다.

들리는 말에 의하면 창군 이래 4부녀가 현역에 복무한 적은 없다고들 합니다. 그렇다 보니 자연스레 주위의 시선을 받거나 신기해하는 반응들을 접하게 됩니다. 이런 이야기들은 저희 가족에게 왠지 모를 부담으로 다가오는 것도 사실입니다.

"너는 왜 군에 왔냐?"

이 질문은 대한민국의 모든 여군들이 가장 많이 듣는 질문입니다.

저 역시 수없이 들어왔습니다.

어렸을 적 아버지는 우리가 아침잠에서 깨기도 전에 출근을 하셨습니다. 또한 주말에는 '군기 순찰'이라는 완장을 차고 순찰을 다니셨습니다. 그 어린 나이의 제가 봐도, 늘 부대 일만 생각하고 중요하게 여기시는 아버지가 멋있게 느껴졌고 '프로'라고 생각되었습니다.

저희 엄마 역시 군인의 가족인지 딸 셋 중에 한 명은 군인을 만들어야겠다고 생각하셨답니다. 그것도 장교로…….

당시 엄마는 "자식들 중 하나가 군인이 된다면 부사관이 아닌 장교가 되었으면 좋겠다"라고 늘 말씀하셨습니다. 군인 아파트에 사는 주위 아주머니들이 내비치는 "딸자식을 뭐 하러 4년제 대학에 보내느냐? 전문대학만 나오면 됐지……" 하는 이야기도 듣기 싫으셨답니다. 여자라도 얼마든지 실력을 키워서 능력을 갖추면 뭐든 할 수 있다고 믿으신 엄마는 '자신의 보물인 세 딸들'을 위해 이런 주위의 이야기에 아랑곳하지 않고 우리 의견을 존중해 주며 바르고 건강하게 키우셨습니다.

이러한 부분들이 제가 군에 오게 된 가장 큰 이유가 된 것 같습니다. 옛말에 '딸을 낳으면 비행기를 타고, 아들을 낳으면 리어카를 탄다'는 말이 있습니다. 딸이 아들보다는 효도를 한다고 해서 생긴 말이라고 하는데, 아직 저희들은 부모님께 비행기를 태워드리지 못했습니다. 하지만 꼭 태워드리려고 합니다.

2001년, 언니가 여군에 지원을 했는데 2차에서 아쉽게 탈락하였습니다. 그때 부모님의 안타까움은 이루 말할 수 없었습니다. 그래서 전 결심했습니다. 제가 엄마의 소원을 꼭 이뤄드려야겠다고…….

그래서 저는 대학 시절 학과 공부에 열심히 노력했고(다른 이들도 마찬가지지만……), 대학 졸업 예정자로서 사회에 나가기도 전에 여군 장교 시험에 지원하였습니다. 그리고 많은 경쟁자들과 경합을 하여 결국 합격이라는 통보를 받았고, 이러한 결과에 대해 부모님은 물론 언니, 동생들도 무척이나 좋아했습니다. 지 또한 무척 기뻤습니다.

2002년 3월 4일 여군학교에 입교하는 날, 엄마가 신용산 우체국까지 데려다 주셨습니다. 그날 저는 점심도 못 먹고 여군학교에 입교하였습니다. 여군학교로 향하면서 뒤를 돌아보니 한참 동안 엄마가 그 자리에 서 계셨습니다. 점심도 못 먹여 보내고, 앞으로 넉 달간은 얼굴도 못 볼 딸 걱정에다, 처음으로 군에 가는 제가 몹시도 걱정되셨나 봅니다.

여군학교 가입교 일주일 동안은 정말 지옥 같은 시간이었습니다. 지금 생각하면 아무것도 아닌데 그때엔 왜 그리 힘들었는지……. 그 기간 동안 저는 잠들기 전 매일 속으로 울면서 견뎠습니다.

어느 날 구보를 하는데 인솔하는 사관후보생이 "전방에 보고 싶은 사람을 크게 불러 봅니다"라고 외쳤습니다. 그때 저는 "엄마, 엄마, 엄마" 하고 외치면서 '절대 여기서 나가서는 안 되겠다'고 다짐했습니다. 제가 여기서 나가게 되면 부모님께서 받아 주지 않을 거라는 생각이 들었습니다.

또 하나는 사회인과 동화할 수 없는 짧게 잘린 제 머리카락을 보고, 여기서 포기하면 안 되겠다고 생각했습니다. 그리고 얼마 후 합격자가 발표되었고, 전 여군학교에서 규정한 머리스타일, 일명 '상고머리'로 자르고 들어왔지만 여군학교 미용실에서 다시 머리카락을 잘랐습니다. 당시 입교식을 앞두고 많은 여군 동기생들이 머리카락을 잘라야 했기에, 솔직히 사회에서 자른 것처럼 세련되거나 예쁘지는 않았습니다.

또한 여군학교 시절 첫 행군을 하게 되었습니다. 27킬로그램의 군장을 메고 처음으로 간 곳은 높지 않은 산이었습니다. 계속 오르다 보니 숨이 턱까지 차올라서 아무 생각도 나지 않았습니다. 그저 앞사람과의 간격을 벌리지 않겠다는 각오로 앞사람 발뒤꿈치만 보고 올랐습니다.

정말 힘들어서 못 참겠다고 생각했을 때 내리막길이 보였고, 달콤한 10분간의 휴식시간이 주어졌습니다. 고진감래(苦盡甘來)라고 했던가요? 정말 그 10분간의 휴식은 이때까지 제가 느껴 보지 못한 짜릿한 즐거움과 행복이었습니다. 이처럼 견딜 수 있는 고통만을 주시는 하나님을 의지하며, 여군학교 시절의 힘든 훈련을 남보다 뒤처지지 않고 잘 견디며 지내 왔습니다.

여군학교에서 훈련을 받고 나서 상무대에서 OBC(기초군사과정)를 받을 때 언니는 군에 다시 도전하겠다는 의지를 조심스럽게 밝혔습니다. 한 번 실패를 맛보았지만, 그대로 접어 두기엔 박씨 가문의 여

장부가 아니라는 언니의 생각도 있었지만, 부모님께서 또 한 번 도전하기를 희망하셨습니다. 당연히 저 또한 언니에게 다시 한 번 도전하기를 권했습니다.

언니는 묵묵히 준비해 나갔습니다. 자격증, 체력검정 등등……. 그리고 이런 준비에 부모님은 지원을 아끼지 않으셨습니다.

그 결과 언니도 합격하게 되었고, 대학을 졸업하고 공인회계사가 되겠다고 공부하던 여동생 역시 호기심 반 도전 반의 생각으로 군에 자원을 하게 되었습니다. 나와 언니와는 다르게 동생은 육군이 아닌 해군에 자원하였고, 결과는 합격이었습니다.

전 높은 경쟁률을 뚫고 육군이 아닌 해병대에 합격한 동생이 너무나 자랑스러웠습니다. 한편으론 그 힘든 훈련을 어떻게 견딜까 하는 걱정도 했습니다. 하지만 나는 동생에 대한 믿음이 있었기에 많은 걱정은 하지 않았습니다.

독실한 기독교 신자는 아니지만 전 '하나님께서는 견딜 수 있을 만큼의 고통만을 주신다' 는 말씀을 굳게 믿고 있기에 하나도 두려울 것이 없다고 믿었습니다.

해병대로 간 동생의 첫 면회 가는 날!

우리 가족은 동생 면회를 위해 언니와 나, 아빠, 엄마까지 휴가를 내어 포항으로 향했습니다. 일찍 출발했다고 방심했던 탓인지 예정된 시간보다 늦게 도착하였습니다. 동생은 다른 가족들은 다 왔는데 우리 가족이 오지 않자 불안해하며, 동기생 부모님의 전화로 계속 전화를 해왔습니다. 그때엔 정말 미안했습니다.

포항에 도착하여 마주하게 된 동생은 새카맣게 타고 바짝 마른 모습이었습니다. 처음에는 정말 못 알아봤습니다. 물이 몸에 맞지 않아 얼굴엔 뭐가 많이 나 있었고, 팔의 상박과 하박은 확연히 구분될 정도로 흰색과 검은색으로 나뉘어 있었습니다.

그래도 모처럼 한 가족이 다 모여 즐거운 면회 시간을 보냈습니다. 그런데 면회 시간이 채 끝나지 않았는데 아빠(여단 주임원사)가 그날 저녁 부대에 행사가 있어서 일찍 복귀하겠다고 말씀하셨습니다.

언니 역시 근무지인 경기도 가평까지 가야 했고, 저도 강원도 삼척까지 가는 길이 너무 멀어 일찍 복귀해야겠다고 하자 동생은 무척이나 실망한 눈치였습니다.

옆 동기는 남자친구가 함께 와서 연못 주위를 거닐며 데이트하는데, 제 동생은 남자친구도 없고 면회 온 가족들마저 일찍 가겠다고 하니 얼마나 서운했겠습니까?

지금 생각하면 그때 조금만 더 같이 있어 줄걸 하고 후회도 되고 미안한 마음도 들지만, 그때 당시엔 그게 아무렇지 않게 생각되어 모두들 본인 의지대로 일찍 부대로 복귀하였습니다. 엄마는 이럴 수도 저럴 수도 없는 사정에 무척이나 안타까워했지만, 하는 수 없이 저희들과 함께 집으로 향하셨습니다.

그날 아버지는 저녁 행사에 참석하기 위해 과속하다 그만 속도 위반을 해서 벌금을 내셨다고 합니다.

하지만 동생은 우리 가족들의 기대를 저버리지 않고 훌륭히 훈련을 마쳐 해군 후보생 100기로 소위 계급장을 달았습니다. 나의 사랑하는 동생 경숙아, 파이팅!

우리 가족은 아버지를 비롯해 딸들이 군인이다 보니 다양한 계급들이 있습니다. 그렇다 보니 주위 사람들은 집에선 제 계급이 가장 높으니 계급 순서대로 하면 대위한테 찍소리 못할 거라고 농담 삼아 말씀하십니다. 하지만 우리 집에선 소위가 대위보다 더 높은 계급입니다.

해병대 간 막내가 안쓰러워 엄마는 늘 막내 걱정이시고, 가끔 집에라도 오면 온 정성을 다해 먹을거리를 해주시고, 더 챙겨줄 것이 없니 그것만 생각하십니다. 출가한 언니와 저에 대한 관심이 모두 막내에게로 간 모양인 듯합니다. 하지만 그게 다 엄마의 마음인 것 같습니다.

참! 우리 언니 이야기를 조금 할까 합니다.(이야기 안 하면 섭섭해하니까……)

언니는 주말부부도 아닌 월말 부부입니다. 사회생활 할 때 직장 상사였던 지금의 형부와 결혼해 12개월 된 아들을 두고 있습니다.

언니의 모습을 보면 여군이란 직업은 정말 어려운 것 같습니다. 일과 가정에서 모두 성공하고 싶은 여성들이 욕심을 내어 보지만, '슈퍼우먼'이 아닌 이상 부대 일과 가정 일 사이에서 많은 문제점이 생기기 마련인 것 같습니다. 그런 것들을 해결하는 과정에서 고민도 많을 것입니다. 업무는 둘째 치고 가정생활이 정상적이지 못하니 말입니다.

우리 집 여자들은 모여서 농담 삼아 이야기합니다.

"엄마, 종민(우리 집의 유일한 아들)의 아내가 군인이어서 언니처럼 살게 된다면 어떻겠어?" 하고 우리가 물으면, 엄마는 "솔직하게 말하면 딸이니까 봐주지……" 하시며 말끝을 흐리십니다. 며느리가 그런다면 마냥 좋지만은 않을 거라고 말입니다. 어쩌면 이기적이라고 할 수도 있지만, 그게 아들을 두고 있는 엄마의 솔직한 마음인 것 같습니다. 그래서인지 언니도 더욱 잘하려고 노력하는 것 같습니다.

더구나 엄마는 저희 세 딸들에게 "군대 가라. 아기도 봐주고, 김치도 담가 줄 테니, 군생활 계속해라"라고 말씀하십니다.

스무 살 꽃다운 나이에 아버지와 결혼하신 엄마는 여자도 직업이 있어야 하고 경제적 능력이 있어야 한다고 말씀하시면서 저희 세 딸들에게 심적·물적 지원을 아끼지 않으십니다. 이런 엄마 덕분에 용감하게 장기 지원을 하였고, 지금에 이르게 된 것 같습니다.

최근 저희 사단에서 현역 2인 이상 군에 근무하는 가족들을 초청하여 사단장님과 간담회 및 식사를 하는 특별한 행사를 하였습니다. 일 년에 두 번 이상 모이기 힘든 저희 가족은 사단장님의 관심과 배려로 올해 두 번째로 한자리에 모였습니다. 그날 행사에서 우리는 주위의 많은 관심을 받으며 즐거운 시간을 보냈고, 4박 5일이라는 꿀맛 같은 휴가도 다녀왔습니다.

이 기회를 빌려 사단장님께 진심으로 감사드립니다.

이제 12월이면 언니가 대위가 됩니다. 동생은 8월에 중위로 진급했습니다. 계급이 높아질수록 맡은 바 임무에 대한 중압감이 커지지만, 군에 먼저 온 선배로서 자부심을 가지고 열심히 도전하고 또 도

전하라고 이야기하고 싶습니다.

또한 아버지의 멀고 길게만 느껴졌던 군 복무 기간이 이제 2년을 남겨 두고 있습니다. 실제 사회 적응 기간 1년을 빼고 나면 전투복을 입고 근무할 기간은 1년밖에 남지 않았습니다.

곧 군을 떠나 사회에서 제2의 인생을 시작하실 아버지! 아버지를 통해 군이란 것을 알았고, 또 군의 매력과 순수함을 느꼈습니다. 아버지의 자랑스러운 세 딸은 아버지가 평생을 바쳐 걸어왔던 길을 이정표 삼아 멋진 대한의 여군으로 군 복무에 최선을 다할 겁니다.

또한 평범하지 않은 우리 가족에게 많은 격려와 칭찬을 아끼지 않으시는 주위 분들께도 늘 감사하는 마음으로 군생활에 최선을 다할 것을 약속드립니다.

마지막으로 아버지, 그리고 엄마! 정말 존경하고 사랑합니다. 참, 우리 착한 막내 종민이도 사랑하고, 멋진 누나가 될 것을 약속할게…….

박정숙 대위
육군 11공수여단 박두봉 주임원사 가족

먼저 최우수상을 주신 《국방일보》와 군인공제회 관련자 분들께 진심으로 감사드립니다. 가족에게 군인가족의 자부심과 자긍심을 심어주고자 잘 못쓰는 글이지만 용기를 내어 응모했는데 이렇게 큰 상을 주셔서 감사합니다.

수상 소식을 가족 및 친지에게 알렸더니 다들 상금이 얼마냐고 물어보더군요. 저도 솔직히 잘 몰라서 대답을 못 했는데 상금과 상패를 택배로 보내니 주소를 알려달라는 《국방일보》 기자의 전화를 받았을때 은근슬쩍 물어봤더니 꽤 되더군요.

상금을 받아서 일부는 글을 잘 다듬어 주시고 조언해 주신 정훈공보부 가족들과 식사를 하고, 일부는 자동차 보험료로 사용하고, 일부는 어머니께 옷을 사 드렸습니다.

근데 그 여파로 아버지에게는 20만 원 상당의 떠먹는 요구르트를 부대 간부들에게 사야 했던 가슴 아픈(?) 일도 있었습니다. 아버지에게 아무것도 해드린 것이 없는데 아버지만 돈을 쓰시게 해서 정말 죄송하고 빚을 진 것 같습니다. 앞으로 갚아야죠

요즘도 예전과 다름없이 전국 각지에서 군생활을 열심히 하고 있고, 저는 꿈에 그리던 중대장 견장을 3월 20일에 달게 되었습니다.

멋진 지휘관이 돼서 부모님과 친지, 저를 아는 모든 분들께 자랑스러운 군인이 되도록 하겠습니다.

다시 한 번 《국방일보》와 군인공제회 관계자 분들께 감사드립니다. 다음에는 더 좋은 모습과 소식으로 《국방일보》에 얼굴을 디밀도록 하겠습니다. 감사합니다. 충성!

필자 : 박정숙 대위
아버지 : 박두봉 주임원사
여동생 : 박경숙 해병대 중위
언니 : 박정자 대위
(왼쪽부터)

4부

나는
자랑스런
대한민국의
군인가족이다

가족으로부터의 선물

　우리 가족은 군인가족이기에 공부를 잘할 수 있는 여건이 있는 곳에 쉽게 거주할 수 없었다. 때문에 우리는 공부를 잘해서 전문적인 대학에 가는 길을 접었고, 그로 인해 난 또 다른 나만의 꿈을 가지게 되었다.

　만일 내가 좋은 가정, 돈 많은 가정에서 태어났다면 비싼 과외에 유명한 학원들을 다녀서 성적이 최상위권이었을지도 모를 일이다. 하지만 난 그런 가정에서 태어나지 못했고 최상위권의 성적도 쉽게 바랄 수 없었다.

　내가 어릴 때 아빠는 주로 전방이라 불리는 시골에서 근무하셨다. 그 덕에 난 누구도 쉽게 볼 수 없는 통일전망대에서 휴전선까지를 볼 수 있었고, 보통 사람들이 쉽게 경험하지 못하는 많은 것들을 경험했다. 반면에 우리 집은 시골에 위치했었고, 생활에 필요한 물품들을 사려면 꽤 멀리 나가서 사와야 했다.

난 어린 마음에 우리가 이런 집에 살게 된 것을 아빠 탓으로 돌렸고, 지금에 와서야 그 잘못을 반성하고자 한다. 당시 난 학교에 가려면 항상 버스를 타고 20여 분 정도를 다녀야 했다. 또한 남는 시간에 놀 수 있는 것이라고는 내 하나밖에 없는 형과 놀이터, 그리고 축구공뿐이었다.

하지만 시골이라는 게 사람을 참 낙천적으로 만드는 것 같다. 내가 느끼는 나의 낙천적 성격은 아마도 시골에서 사는 것에서 비롯된 것이 아닌가 할 정도로 말이다.

첫 번째로 나는 군인가족이어서 낙천적 성격을 얻을 수 있었다.

우리 가족은 이사를 꽤나 자주 다녔다. 내가 기억하는 이사만 해도 현리에 살다가 대전 자운대로 이사를 갔었고, 다시 강원도 원통으로, 그곳에서 다시 월학리, 그리고 원주, 그리고 계룡대……. 아빠는 또다시 현리 맹호부대 대대장이 되셨다. 대충 이렇다.

물론 다른 군인가족들이 들으면 '몇 번 안 갔네?'라고 할 수도 있겠지만, 어린 시절 흩어가는 친구 백 명보다 절친한 친구 한 명을 원했던 나로서는 참 커다란 고통 중의 하나가 바로 전학이었다.

세월 지나도 변하지 않을 친구 하나하나가 귀중한 시간이지만, 난 군인가족이었기에 친구에 버금가는 귀중한 것을 하나 배웠다. 바로 사회생활……. 난 자꾸만 바뀌어 가는 사회에서 적응하는 법을 배웠고, 때문에 유난히 텃세가 심하다는 계룡대의 용남중학교에 들어와서도 잘 적응하고 있지 않나 싶다.

두 번째로 난 군인가족이어서 사회생활을 배웠다.

군인 월급…… 물론 적진 않다. 하지만 우리의 교육이라는 커다란 문제 때문에 아빠의 월급 통장은 항상 돈이 모자라기만 한다. 그래서 인지 내 어린 눈으로 봐서도 우리 집 생활비는 절대 넉넉하지 않다. 다행히도 내가 다니는 용남중학교는 군인가족이 대부분이어서 빈부의 차이가 눈에 띄게 나타나진 않는다. 하지만 난 서울의 다른 사장 아들들과는 달리 내가 당장에 원하는 것을 가질 수 없고, 때문에 내 욕심을 줄일 수밖에 없다. 하지만 이것이 내 마음속에서 '절제'라는 양심을 키워 주었고, 아빠와 엄마가 항상 아끼면서 생활하는 것을 보며 '절약'이라는 습관을 가질 수 있었다.

우리 집 가훈은 '생각하라, 생각했으면 말하고, 말했으면 행하라.' 이다.

난 중학교 3학년이 된 지금에야 이 가훈을 지키려고 노력하는 것 같다. 이 가훈은 아빠가 2000년 새천년을 맞이하여 만드신 것이다. 정말 세상에서 하나밖에 없는 고귀한 가훈이다. 이 가훈은 나에게 말한다. 항상 생각하고, 생각을 말하고, 말했으면 몸소 실천하라고…….

이 가훈이야말로 사회에 적응할 수 있는 현명한 대비책이라고 나는 말하고 싶다. 나는 이 가훈을 내가 미래에 가질 자식들에게도 전하려 한다.

가훈을 보면 일단 생각하는 게 가장 우선이다. 항상 사람을 대할 때 그 사람의 기분 그리고 내 기분, 지금의 상황, 나의 위치 등을 생각한다. 생각을 마치고 결정을 내렸으면 그 결정을 과감하게 말로 내뱉어야 한다. 얼마 전 대천 해수욕장으로 네 가족이 모두 피서를 갔을 때 아빠가 나에게 한 말이 있다.

'세상은 자기가 원하는 대로 살기 힘들다.'

아빠는 나에게 불가능하다고 말하지는 않았다. 자기가 원하는 대로 살기 위해서는 '관철', 이것이 필요하다고 했다. 즉, 내가 생각하고 결정한 것을 과감하게 말하여 다른 사람들이 내 의견을 따를 수 있도록 만들라는 것이다. 이번 해에 아빠한테 들은 교훈 중 가장 기억에 남는 것이다. 하지만 성격을 고치기란 쉽지 않은 법! 나는 관철을 원하지 않는다. 때문에 아빠 말을 따를 순 없지만, 난 이 말을 내 가슴속의 야망에 담아 놓을 것이다.

'입으로만 사는 사람은 아무것도 할 수 없다.'

이 말은 아마 내가 중학교 2학년이 되어 방황할 때, 그리고 중학교 3학년이 되어 중간고사를 보기 전에 아빠한테 들었던 말이었던 것 같다. 이 말은 우리 집 가훈으로 비추어 볼 때 절대 있어서는 안 되는 일이다. 하지만 난 한때 이런 범행(?)을 저질렀던 적이 있다.

중학교 2학년 시절, 공부는 정말 하기 싫고 자살 충동까지 느꼈던 시기였다. 이 시절 나는 학원에 간다고 하고 PC방에도 들락거렸고, 공부한답시고 책상에 앉아 졸기를 일삼았다. 지금 생각하면 참 한심했던 것 같다. 하지만 난 아빠가 했던 이 한마디에 마음이 움직였고, 겨울방학에 필리핀에 어학연수 간 것을 시작으로 다시 새로운 사람으로 태어나게 되었다.

새로운 사람이 되고 나서 한참을 바쁘게 살다가, 이 글을 쓰는 순간에야 나는 아빠가 한 이 말이 내 인생에 큰 도움이 되었다는 것을 깨달았다. 정말 감사했다.

'나는 군인이다. 대한민국의 국방을 책임지는 아주 훌륭한 사람이다. 나는 내 아들을 훌륭하게 키울 의무가 있다.'라는 이 말이 아빠 마음속에 자리 잡고 있었으면 한다. 난 훌륭한 아빠를 본받아 훌륭하게 되고 싶고 잘나가고 싶다. 아빠도 마음속에 이런 마음을 가지고 있다고 난 믿는다. 아빠가 나한테 주었던 수많은 교훈들을 근거로 해서…….

아빠는 군인이다. 때문에 엄격한 면이 없지 않다. 아빠가 엄격해서 난 어릴 적부터 고개 숙이는 법을 알았나 보다. 아빠의 엄격함이 날 주눅 들게도 했지만, 난 아빠의 엄격함을 사랑한다.

그렇다고 아빠가 엄격하기만 한 것은 아니다. 아빠는 이 세상의 어떤 남자보다도 부드럽고 로맨틱하다. 엄마와의 기념일을 항상 챙기고 준비하는 완벽한 로맨티스트란 말이다. 난 또다시 이런 아빠의 모습에서 사랑을 배웠고, 내 미래의 배우자에게도 내가 배운 이 사랑을 퍼부을 생각이다.

아빠는 엄마만큼이나 우리를 사랑하셨다. 퇴근길에는 항상 한 봉지 가득 과자를 사 오셨고, 엄마와 아빠의 잠자리 가운데에 꼭 우리를 끼워 주셨다. 이런 사랑이 지금의 나의 정서에도 커다란 영향을 미쳤다고 해도 부정할 사람은 없을 것이다. 난 아빠의 모습에서 사랑과 신뢰를 배웠고 사랑을 아끼는 법을 배웠다.

난 아빠와 떨어져 살면서 이런 아빠의 모습이 정말 자랑스러웠다. 아빠와 떨어져 지내면서 한 달에 한두 번 정도 아빠 집으로 찾아갔다. 아빠 집으로 찾아갔을 때 가끔 들어가 보는 곳이 바로 아빠가 지휘하고 있는 부대이다. 모든 군인아저씨들이 아빠만 보면 '맹호'라고 인사를 한다. 아랫사람들에게 공경 받고 인정받는 아빠가 난 세상에서 제일 멋있다.

그런데 나는 아빠 부대에만 찾아가면 꼭 느끼는 것이 하나 있다. 아빠가 부대 바리케이드를 통과하는 순간 아빠 어깨는 넓어진다. 난 그 넓어진 어깨에서 아빠의 책임을 느낄 수 있고, 그 책임을 지키려는 아빠의 모습을 볼 수 있었다. 그리고 나도 이 세상에서 정말 멋있는 사람이 되려고 한다. 책임감 있는 사람이 되려고 한다.

우리 엄마는 군인의 아내가 할 수 있는 모든 것을 보여 주는 가장 정석인 사람이 아닌가 싶다. 엄마의 성격을 글로 표현하자면 일단 사람들과 잘 어울리고 항상 적극적이고 운동도 잘하신다. 외향적 성격, 사람과 어울리기를 좋아하는 성격이시다. 엄마의 성격은 아빠가 군 생활을 하시는 데 항상 산소 같은 활력소가 되었고, 아빠도 그 덕에 부부 동반 행사에 항상 편안한 친구 한 명을 데려가는 느낌이었을 것이다.

엄마는 아빠와 떨어져 지내면서부터 일을 하기 시작했다. 아마도 우리 교육비 문제인 듯싶었다. 때문에 난 낮 시간에는 엄마를 거의 보지 못한다. 그런 도중에도 엄마는 없는 시간을 내서 아빠에게 자주 가신다. 우리 가족 중에서 혼자 여자이신 엄마는 우리 형제와 아빠

사이에서 항상 든든한 다리가 되셨고, 이 때문에 가정의 평화가 지켜지는 듯싶다. 이토록 헌신하는 엄마가 나 자신을 키워 가는 데에 가장 큰 도움을 주신 손을 가지신 분이 아닌가……. 난 군인가족이기에 '헌신'을 배웠다.

우리 형은 세상에서 하나밖에 없는 착한 형이다. 여태껏 우리 형제는 정말 극하게 대립하여 싸운 적이 없었고, 앞으로도 없을 것이다. 형은 항상 내 친구와 같았고, 내게 모범이 되는 모델이었다. 난 형에게서 많은 것을 배웠다. 특히 내가 친구들에게 대해야 할 태도를 배웠다.

형은 육사 지망생이다. 아빠 뒤를 이어 훌륭한 군인이 되겠다는 목표를 가진 사람이다. 형은 정말 멋있다. 나 역시 형이 육사를 목표로 정했을 때 형을 따라서 꿈을 정했고, 그 꿈이 발전해서 지금의 단계까지 왔다. 내 꿈이 정해지기까지의 과정에는 형이 있었던 것이다. 난 형에게서 형제, 친구, 남자 간의 우애를 배웠다. 내가 살아가는 동안에 큰 도움이 될 기둥 하나를 얻은 셈이다.

지금 나, 형, 그리고 엄마 이렇게 세 가족은 아빠와 떨어져서 지내고 있다. 아빠가 2004년 9월 경기도 가평의 맹호부대의 60대대장으로 발령이 나셨고, 형과 나는 조금이나마 나은 여건에서 공부하기 위해 이곳 계룡대에 남기로 했기 때문이다.

아빠와 처음 떨어져 지내서 그랬는지 몰라도, 난 내 옆에 항상 있던 사람을 갑자기 볼 수 없다는 게 너무도 허전하고 슬펐다. 이제 아빠와 떨어져 지낸 지도 어언 2년……. 하지만 2년의 대가를 치렀음에도 아빠와 또다시 함께할 수 없다. 이제 나와 형도 서로 떨어져 지내야 하기 때문에, 아빠와 마지막으로 같이 살 수 있는 기회가 아니었나 싶었는데 그 일마저 뜻대로 되지 않았다. 아빠는 다시 이곳 육군본부로 오지 못하고, 고양시에 있는 부대로 발령이 나셨기 때문이다. 이것이 내가 군인가족으로서 느낀 가장 큰 슬픔이다.

우리 가족은 또다시 떨어져 지내야 하는 생활을 해야 될 것이다. 하지만 나는 이 글을 쓰게 되면서 우리 가정이 더욱 친밀해졌으면 하는 바람을 가져 보았다. 그리고 작가 지망생인 나로서의 첫 번째 작품(?)이라고 할 수 있는 이 글이 내 꿈에 보탬이 되었으면 하는 바람을 가져 본다.

김건우
육군 1포병여단 김선호 중령 가족

어머니의 추천으로 알게 되어 쓰게 된 군인가족 체

험수기가 입상하여 책에까지 실린다고 하니, 작가가 꿈인 저로서는 인생에 남을 커다란 첫 발을 디딘 기분입니다.

사실 이 수기를 쓰면서 제 글이 입상할 것이라는 것은 꿈에도 몰랐고, 아직도 상을 수여받는 장면을 찍은 사진을 보면 자랑스럽고 흐뭇한 마음을 감출 수 없습니다. 그때 받은 상금 또한 한없이 저를 행복하게 만듭니다.

저는 이 수기공모에서 입상하면서 작가가 되겠다는 꿈이 이루어질 수 있다는 것을 느꼈습니다. 이번 수기는 제가 만들어 낸 최고의 글이었고, 작가를 지망하는 학생으로서 큰 기대감과 자부심으로 쓴 글입니다. 이렇게 노력해서 쓴 글이 입상을 하게 되어서 저는 제가 작가를 지망하는 것이 불가능하다는 생각을 버릴 수 있게 되었습니다. 제 꿈을 더욱 부풀릴 수 있을 것 같습니다. 이렇게 저에게 희망을 가질 수 있게끔 이끌어 준 이 '군인가족 수기공모'는 저에게 있어서는 커다란 기쁨입니다.

이 수기를 쓰면서 아버지의 도움이 참 많았습니다. 아버지께서는 제가 쓰는 글에 대해 깊은 관심을 기울여 주셨고, 글 쓰는 방법 역시 자세하게 가르쳐 주셨습니다. 아버지 역시 글을 아주 잘 쓰시는데, 제가 이번에 입상한 게 다 아버지를 닮아서가 아닌가 하는 생각도 해봅니다. 이런 좋은 아버지를 둔 것에 대해 저는 정말 감사하고 아버지의 군인이라는 멋진 직업 덕분에 이런 수기공모에도 참가할 수 있었다는 게 다시 한 번 행복합니다. 이번 작품을 완성하는 데에는 저의 노력과 아버지의 관심이 큰 역할을 했다고 생각합니다. 그래서 비록 식상하지만 '이 영광을 아버지께 돌리고 싶습니다.' 라는 말을 꼭 서문에 올리고 싶습니다. 그리고 제가 작품을 쓰는 내내 옆에서 응원해 주신 어머니와 이번 출판을 도와주실 모든 분들과 제 작품을 뽑아 주셔서 저의 작가가 되겠다는 의지를 확고히 해주신 분들께 감사의 말씀을 드립니다.

아버지 : 김선호 중령(육군 1포병여단)
어머니 : 박선미
형 : 김경민(용남고등학교 3년 재학)
동생 : 김건우(용남고등학교 1년 재학)

최고를 지향하되 최악을 대비하라

아버지는 지금까지 다른 직업을 가지신 적이 없습니다. 줄곧 군인이라는 직업으로 나라와 가정을 위해서 살아오신 아버지…….

스물일곱 나이가 되어서야 30년 넘게 한 직장에서 근무한다는 게 어떤 고뇌와 힘겨움을 이겨내야 하는 건지 아주 조금은 알 수 있을 것 같습니다. 다른 직업도 아닌 나라의 안녕과 평화를 유지해야 하는 군인이란 직업은 아직 전시 국가인 우리나라에서는 얼마나 위험한 직업인지도 알게 되었습니다.

아버지……. 그분은 18세 어린 나이에 군인이 되셨다고 합니다. 태어나서 단 한 번도 다른 직업을 생각하지도, 꿈꿔 보지도 못하시고 50세가 훌쩍 넘어 버린 지금까지 그 자리를 지키고 계십니다. 그런 아버지 밑에서 자랐다는 게 지금은 감사하고, 또 그분을 존경해마지

282

않습니다. 하지만 내 어린 시절은 그리 행복하지만은 않았습니다.

내 나이 12세, 초등학교 5학년……. 나는 그때까지 다섯 번의 이사를 했습니다. 어린 시절을 함께 나눌 친구들은 하나도 없었고, 초등학교 5학년에 막 올라서서 나는 또 한 번의 이사를 해야 했습니다. 죽고 못 살 듯한 친구들이 내 이사 소식에 서럽게 울며 난리였지만, 나는 알고 있습니다. 결국 시간이 지나면 나는 이들에게서 잊혀질 사람이라는 걸 말입니다.

내 기억 속에 처음 이사로 인해 상처를 받았던 것은 6살 때입니다. 아이들과 함께 너무노 즐거운 유지원 생활을 하고 있는데, 아버지의 발령이 났습니다. 여지없이 짐을 싼 나는, 친구들에게 날 잊지 말라며 손가락을 꼭 걸며 맹세했습니다. 그때 얼마나 울었던지 어린 나이에 밥도 제대로 먹지 못할 정도로 힘들어했던 기억이 납니다.

하지만 이사를 하고 새로운 세상에 적응할 때쯤 그렇게 서럽게 울며 손가락을 걸었던 친구들은 하나씩 기억 속에서 지워져 가고, 우리는 사진 속 어린 추억으로 묻혀 가고 있다는 것을 알게 되었습니다.

그렇게 새로운 친구들을 사귀고, 또 이사하며 내겐 이제 떠나는 것에 대한 두려움은 없어졌습니다. 하지만 이사할 때마다 매번 같은 말들과 같은 행동들로 친구들과 헤어져야만 했습니다. 그때마다 가슴속에 남는 상처는 어쩔 수 없었나 봅니다. 그냥 시간 지나는 대로 이겨내는 수밖에 다른 방법은 없는 것 같습니다.

그때엔 아버지께서 군인인 게 너무너무 싫었고, 아버지가 미웠습니다. 나에게 죽마고우도 없고 소중한 고향도 없다는 게 모두 아버지

탓이라고만 생각했으니 말입니다.

지방으로 이사 온 후 교우 관계와 학교생활에서 망가지는 우리를 보면서 부모님께서는 대단한 결심을 하셨던 것 같습니다.

결국 어머니의 희생으로 부모님은 주말부부가 되셨습니다. 우리를 위한 희생이었다지만, 우리는 수도권에서만 이사를 했던지라 처음으로 지방에서 생활하게 된 게 너무나도 고역이었습니다.

친구들은 우리의 서울 말투에 질투하고, 선생님께선 전학 온 지 얼마 안 되는 아이에게 서울에서 왔다는 이유로 은근슬쩍 뇌물을 바라시며 온갖 트집을 다 잡으셨습니다. 나는 또 다른 세상에 대한 적응 부족으로 '틱'이라는 성격 장애를 갖게 되었습니다. 정말이지 다시 돌아가고 싶었습니다.

정신과 치료를 받고 운동을 시작하면서 나는 점점 새로운 환경에 적응하기 시작했습니다. 내 길지 않은 삶 속에서 참으로 큰 고통으로 기억되는 시기입니다. 이러한 환경 속에서 아버지께서는 멀리 계시고, 어머니께서 혼자 어쩌지 못해 나를 붙들고 한참을 우셨던 기억이 납니다.

그때 군인이신 아버지는 나라만 지키고 가정은 지키지 못하는 무능한 아버지로 비쳤던 기억도 납니다. 아버진 가정에 돈을 벌어다 주는 사람이었습니다. 주말에 먼 길을 오시기 때문에, 피곤하다며 늘 주무시거나 안마 부탁 정도만 하시고, 우리와 함께 시간을 보내거나 추억을 만들지는 못했습니다.

어린 시절부터 지금까지 아버진 나라의 부름과 업무로 인해 나의 생일에 함께 계셨던 기억이 별로 없습니다. 그것은 어린 시절 아빠 없이 자란 아이 같다는 생각을 하게 만들었습니다.

사춘기에 접어들 무렵, 아버지께선 해외 교육을 가신다며 그나마 주말에 오시던 것조차 못하게 되었습니다. 엄마의 강요로 가끔 아빠와 전화 통화 하면서 사랑한다는 말을 했지만, 이미 내게 아빠의 자린 없었습니다. 그 아빠의 자리까지 군인의 아내로 이미 여자이기보다 강한 어머니가 되어 버리신 어머니께서 채워 주고 있었습니다. 나이 먹을수록 여자로서 어머니가 참으로 안쓰럽고 불쌍하다는 생각이 들었습니다. 과부 아닌 생과부로 10여 년을 살아가신 어머니…… . 당신은 무엇 때문에 그렇게 희생하셔야 했는지…… . 군인이라면 지긋지긋하다고 말씀하시면서도…… .

"군복에 주름이 2개면 바람피우는 거래. 그러니까 아빠 밖에서 오해 안 받으시려면 내가 꼭 다려야 해."

어머니께서는 그렇게 말씀하시며 옆에 계셔 주지도 않으시는 아버지의 군복을 늘 칼같이 다려 놓으시곤 했습니다. 그게 습관이 되어 중·고등학교 내내 나의 교복까지도 칼 주름을 잡아 다려 주시며 옷매무새까지 잡아 주시던 어머니…… .

처음 교복을 입을 때엔 어깨선과 허리선이 반듯하게 각 잡힌 모양으로 다려야 하는 줄 알았습니다. '교복이란 원래 그렇게 입어야 하는 거구나.' 하고 생각했습니다. 하지만 시간이 지나 한 친구가 "너는 교복에 왜 줄을 잡아?"라고 물었을 때 나는 주변을 살펴보았습니다. 학우들 모두 선 하나 없이 판판한 교복을 입고 있었습니다.

그 이후 나는 그 선을 없애기 위해 교복을 몇 번이나 빨고 다림질을 했습니다. 하지만 아버지의 직업으로 생긴 어머니의 습관은 지워지지 않았고, 더 이상 다림질을 하지 않아도 그 선은 선명하게 남았습니다. 그때는 군복처럼 된 교복의 각조차도 왜 그렇게 싫고 창피했는지 모릅니다.

그렇게 오랫동안 자리를 비우셨던 아버지가 우리에게 돌아오셨습니다. 긴 교육을 마치고 2년 만엔가 돌아오셨던 것 같습니다. 아버지의 손엔 우리를 위한 선물들이 가득 있었고, 우리는 오랜만에 보는 아버지의 모습보다도 선물에 더 큰 관심이 있었습니다. 부모님 또한 선물을 향한 우리 자매의 모습에 참으로 기분이 좋으셨던 모양입니다.

오랜만에 재회하신 부모님과 한자리에 모여 나는 이 선물 저 선물을 뜯어보았습니다. 그리고 나서 너무너무 예쁜 옷을 선물 받아 좋아하며 입어 보려 할 때쯤 우리 가족의 웃음은 잠시 사라졌습니다. 너무 오랫동안 떨어져 사는 바람에 아버지께선 딸들의 옷 사이즈를 잊어버린 것이었습니다. 아니…… 더 정확하게 말하면 우리가 얼마나 자랐는지 몰랐던 것입니다.

팔뚝 위로 올라오는 소매, 무릎 위로 한참 올라가는 스커트, 허리가 맞지 않는 바지들은 일 년 전 우리가 입을 법한 물건들이었습니다.

잠깐의 정적이 흐른 후 우리 가족은 '나보다 어려운 사람을 돕자.'란 가훈을 실천하게 됐다며 웃음으로 그 상황을 넘겼지만, 가족구성원 각각의 마음속엔 알 수 없는 상처가 남게 되었습니다. 우리에게 처음으로 미안한 표정을 지으시던 아버지의 모습을 지금 생각하니 참으로 가슴이 아려옵니다.

대학을 선택할 때 나는 또 한 번 군인가족임을 상기해야 했습니다. 성적이 그리 좋지 않았지만, 고민하며 소신껏 대학을 지원한 후 불안해하고 있을 무렵 아버지께선 나를 불러 술 한 잔을 권하셨습니다.

"이제 어른이니 술은 아버지한테 배워야지."

아버지는 그렇게 말씀하시면서 술은 아버지와 남편에게만 따르는 것이라며 주도를 가르쳐 주셨습니다. 그러고는 딸의 가슴에 비수의 한마디를 날리셨습니다.

"이미 주사위는 던져졌고 앞으로의 계획을 말해 보거라. 만약 대학을 안 가게 되면 취업을 할 것이냐, 아니면 재수를 할 것이냐?"

이렇게 물으시는 아버지가 참으로 미웠습니다. 아직 발표도 나지 않은 상태였고, 1차 발표가 난다고 해도 후보도 남아 있었던 것입니다. 게다가 가장 불안해할 시기에 위로는 못 해주시고, 벌써 재수를 준비할 것인지 취업을 준비할 것인지 물으시는 아버지가 너무너무 미웠습니다. 가정 형편이 어려우니 재수를 하려면 아르바이트 하면서 하라는 말씀은 더더욱 나의 가슴에 상처를 안겨 주었습니다. 마치 아버지는 내가 불합격되길 바라시는 것 같아 너무 마음이 아팠습니다.

그날 밤 나는 엄마 품에 안겨 정말 서럽게 울었던 것 같습니다. 그리고 엄마의 한마디에 큰 위로를 받게 되었습니다.

"아버진 군인이시잖니……. 네가 합격되길 바라시면서, 평생 최고를 지향하며 최악을 대비하시다 보니까 기대보다는 대비하는 데 앞서서 그러시는 거야. 군인이 전쟁을 치르면서 이기겠지 하고 안일하게 생각한다면 그 전쟁에서 이길 수 있겠니? 이길지라도 졌을 때의 상황을 미리 계획하고 대처해야지……. 그게 평생 몸에 배신 분이야. 너도 알잖니……."

어머니의 그 말씀은 내 평생 아버지를 미워하고 싫어했던 기억들을 지우게 했습니다. 그리고 이제 아버지를 이해할 수 있을 것 같다는 마음도 갖게 했습니다. 그제야 그 말이 가슴속에 들어왔나 봅니다. 그제야 아버지가 군인이심을 인정하게 되었나 봅니다.

시간이 지나 나는 대학에 합격을 했고, 누구보다도 부모님께 이 사실을 알리고 싶어 멀리 계신 아버지께 전화를 걸어 사실을 알려 드렸습니다. 자랑스러움 반, 그리고 위로받고 싶은 마음 반…… 하지만 아버지께선 나의 합격 소식에 단 한 마디만 하셨습니다.

"수고했다. 축하한다."

도대체 내가 무슨 말을 기대했던 걸까요? 칭찬의 말을 잔뜩 기대했던 나는 분명 상처를 받아야 마땅한 말에 왜 웃음이 났는지 모르겠습니다. 머릿속에서는 말 한마디가 자꾸만 맴돌고 있었습니다.

'최고를 지향하되 최악을 대비하라.'

이 한마디에 나는 아버지의 평생을 이해하게 되어 버렸습니다. 그리고 어머니의 그 한마디 덕분에 나는 아버지를 사랑하게 되었습니다. 이제야 철이 들었나 봅니다.

288

어린 시절이 다 지난 지금 나는 아버지가 존경스럽습니다. 그리고 아버지가 하시는 어떠한 상처가 될 법한 말들과 행동들도, 33년을 넘게 군인으로 살아오신 그분의 성품과 그 성품을 따뜻하게 감싸시는 어머니의 마음으로 이해하고 웃어넘길 수 있는 여유가 생겼습니다.

지금은 스물일곱, 어린 나이도 아니건만 나는 아버지와 뽀뽀도 하고 애교도 떨며 행복하게 살고 있습니다. 어릴 때 아버지께 받지 못한 사랑을 지금은 어머니께서 시샘할 정도로 분에 넘치도록 받으며 행복하게 살고 있습니다.

그리고 이제는 넉넉히고 여유로운 웃음으로, 정년을 바라보시는 군인아저씨의 모습으로 살아가시는 나의 아버지를 나는 사랑하고 존경합니다.

강서린
육군항공작전사령부 강진수 준위 가족

군인 자녀로 짧은 삶을 살아오면서 좋았던 추억,

힘들었던 기억들을 늘어 놓은 이야기가 나와 같은 삶을 살고 있는 이 나라의 군인가족들에게 위로가 되고 공감할 수 있는 이야기가 되길 바랍니다.

군에 평생을 바치신 나의 아버지와 군인의 아내로 어려운 환경을 살아오면서 가족들의 무사안일을 밤낮으로 하나님께 기도하신 나의 어머니께 지난 세월에 대한 수기를 통해 웃으며 떠올릴 수 있는 추억거리를 선물하게 되어 참으로 기쁩니다. 신문에 난 글을 보시며 이곳저곳에서 인사를 받는다며 자식 자랑에 여념이 없으신 부모님의 행복한 모습을 뵐 때 효도한 기분이 들었습니다.

이제는 군생활의 마지막을 조금씩 준비하시는 아버지와 퇴직 후 노후를 준비하시는 어머니, 그리고 먼 나라에서 음악 공부를 하면서 힘들어 하고 있을 사랑하는 내 동생…….

아직도 많은 군인가족들처럼 전부가 떨어져서 살고 있지만, 그래서 서로를 위해 더욱 간절히 기도하고 사랑하는 우리 가족이 세상에서 가장 화목하지 않나 생각해 봅니다.

그리고《국방일보》에 실린 수기가 내게 보내 준 또 하나의 소중한 선물이 있습니다. 태어나서 지금까지 군인의 삶으로 아버지를 바라보며 군인과의 인연이 얼마나 힘든 삶인지 봐 오며 절대 군인은 만나지 말아야지 생각했었는데《국방일보》에 실린 수기를 보고 나를 만나보고 싶다며 찾아온 인연, 그는 수기가 내게 준 또 다른 선물입니다. 내년에는 군인의 자녀가 아닌 군인을 사랑하는 사람으로 글을 쓰게 될지도 모르겠습니다. 내게 이번 수기는 참으로 특별하고 소중한 것들을 가져다 준 경험이었습니다.

아버지 : 강진수 준위(육군항공작전사령부)
어머니 : 민영윤
딸 : 강서린
동생 : 강서희

친구, 가장 그리고 대한민국의 육군

아빠의 특별한 직업은 나와 우리 가족의 삶에 깊숙한 영향을 끼쳤다. 아빠로 인해 나는 태어날 때부터 군인 아파트에서 살았다. 대부분의 군인 아파트는 공기가 좋은 산 근처에 있어 자연과 함께한 기억들이 많다.

유치원을 다니던 시기에 나는 가을이면 밤을 따고, 겨울에는 비료 포대로 눈썰매를 탔다. 또한 아빠가 근무하고 계신 부대 체육관에서 움직이기도 버거운 운동기기들을 장난감 삼아 해질 무렵까지 신나게 놀았다. 다른 아이들은 근처에 가서 놀기만 해도 쫓겨나는 부대 입구를 당당히 들어갈 수 있는 자격이 나에게는 있었다. 그래서 누구에게나 아빠는 자랑거리였다. 친구들에게 아빠를 소개할 때면 늘 부러움의 눈총을 한눈에 받았다. 어린 나에게 아빠는, 그리고 아빠의 직업은 특별한 선물이었다.

가끔 명절이나 공휴일에 부대에 일이 생기면, 시골에 내려갔다가
도 당일 새벽에 와야 되는 경우가 있었다. 처음에는 친척들과 오랜
시간을 함께하지 못하는 아쉬움으로 서운했지만, 나라를 지키고 가
족을 지키는 일은 아빠의 임무였으므로 이해할 수 있었다. 이렇게 나
는 대한민국 육군 소령의 자식으로 매우 행복한 어린 시절을 보냈다.

시간이 흘러 나는 초등학생이 되었다.

5학년 2학기가 시작될 무렵의 일이다. 한동네 살던 친구들이 아빠
발령지를 따라 하나둘씩 이사를 갔고, 이제 우리 가족 차례가 되었
다. 그때까지 몇 차례 이사를 다녔던 나는 선뜻 어머니를 따라 이삿
짐 차에 올랐다. 정들었던 학교와 친구들을 떠나는 서운함, 새로운
환경과 친구들을 접하는 기대감……. 매번 이사 다닐 때면 이 두 가
지 감정이 마음속을 온통 헤집어 놓았다.

그런데 이번에는 서울과 가까운 학교로 전학 가게 되었으므로, 보
통 때보다 더 큰 기대감과 설렘이 교차했다. 새 집으로 향하는 내내
서울 친구들에 대한 막연한 동경심으로 가슴이 두근거렸다.

전학 간 첫날 나는 당당하게 자기소개를 끝마치고, 교실 맨 뒷자리
에 앉았다. 전학 간 날이면 거의 대부분 많은 친구들에게 질문 세례를
받는다. '너는 어디에서 사니?' '아버지는 뭐하시니?' '좋아하는 게
뭐니?' 등등. 신상에 관련된 다양한 질문들에 대답하고, 금방 아이들
과 친해지는 것이 그동안 내가 새로운 환경에 적응하던 방식이었다.

그런데 다시 수업종이 치고 점심시간이 될 때까지 어느 누구도 선

뜻 다가오지 않는 것이었다. 이상하다는 생각이 들었다. 친구들의 눈에선 새로 온 전학생에 대한 호기심이 가득하다는 걸 읽을 수 있었는데, 여전히 아이들은 침묵을 지키고 있었다. 들어오시는 선생님들마다 나를 일으켜 인사를 시켜 주셨지만, 정작 친해져야 할 반 친구들은 아무런 반응이 없었다. 전학 온 첫날은 그렇게 지나가 버렸다.

다음 날, 드디어 한 남자 아이가 말을 걸어 왔다.

"너 모기향 초등학교에서 왔다며?"

순간 난 매우 당황스러웠다. 그 아이의 말투와 표정에는 적의가 가득했던 것이다. 그 이후로 반 아이들은 내가 시골에서 전학 왔다는 이유만으로 왕따를 시키기 시작했다. 지금 생각해 보면 전학 온 아이에게 텃세를 부리는 것으로 여길 수 있겠지만, 그때는 이를 전혀 이해할 수가 없었다.

전학 오기 전까지만 해도 학교 대표로 많은 활동들을 해왔던 나였다. 꾸준히 임원 활동도 하였고, 누구에게나 내 의견을 당당히 표현할 수 있었다. 그런데 전학 왔다는 이유만으로 부당한 대우를 받는다는 것은 어린 자존심에 커다란 상처를 주었다.

그렇게 나는 왕따로 낙인찍힌 채 하루하루 악몽 같은 학교생활을 보내야 했다. 미술 시간에 모자이크를 하려고 잘라 두었던 종이를 몰래 버리고, 가방에 식판의 음식을 쏟는 일부터 시작하여 어린 나에게 너무나 감당하기 힘든 많은 일들이 매일매일 계속되었다.

누구보다도 활발하였던 성격이었지만, 점점 소심해져 갔다. 다른 사람들에게 말을 거는 것조차 어렵게 느껴졌고, 이런 내 자신이 미웠다. 조금이나마 속마음을 전하고 싶어 몇몇 친구들에게 보냈던 편지는 조롱거리가 되어 돌아왔다.

나는 밤마다 눈이 퉁퉁 붓도록 울었고, 난생 처음으로 학교가 싫다는 생각을 하게 되었다. 벗어나려고 발버둥칠수록 더 심각해지는 왕따의 수렁 속에서, 이곳으로 전학을 와야만 했던 상황을 원망했다. 동시에 언제나 자랑스럽게 생각하던 아빠의 직업이 나를 힘들게 만들었다는 생각도 했다.

예전으로 돌아가고 싶어, 살던 곳으로 전학 가겠다고 떼를 썼지만, 아빠의 남은 복무 기간이 2년이나 되었기 때문에 유일했던 희망마저 접어야만 했다. 졸업하면 나아지리란 생각으로 이를 악물고 학교에 다녔다.

시간이 흘러, 나는 중학교에 입학하게 되었다. 드디어 악몽 같던 괴롭힘 속에서 벗어나게 된 것이다. 이제부터는 내가 꿈꾸던 즐거운 학교생활을 시작할 수 있을 것만 같았다. 그때 또 한 번 거대한 폭풍이 다가와서, 겨우 일궈 놓은 평화를 깨뜨리려 하였다. 또다시 전학을 가야 한다는 것이다.

아픈 기억을 품고 있는 나에게 전학은 입에도 올리기 싫은 말이었다. 아빠의 전근 날짜는 점점 다가왔고, 나는 초조해져 갔다. 또다시 고통 받고 싶지 않다는 강한 욕구가 밀려왔다. 나는 눈물 콧물을 쏟아 가며 이사가지 않겠다고 말했다. 부모님께선 딸의 심정을 이해해 주셨다. 그리고 결국 아빠는 혼자 이사를 가셨다.

철없는 나는 계속 다니던 학교에 갈 수 있다는 사실에 마냥 기쁘고 신이 났다. 친구들이 점점 많아지고, 방학이 없었으면 좋겠다는 생각이 들 정도로 학교가 좋아졌다. 그렇게 일 년이 지나갔다.

내가 행복하게 지내는 동안 아빠는 TV에서만 보던 기러기 아빠생활을 하셔야 했다. 해 뜨기 전에 출근하셔서 해가 진 후 퇴근하셔도 맞이해 줄 가족 하나 없이…… 훈련이 끝나고도 푹 쉴 따뜻한 집 없이 사셨다. 엄마는 항상 제대로 된 밥 한 끼 해드리지 못한다며 미안해 하셨다. 때로는 부부 사이가 좋지 않아 따로 산다는 오해까지 감수하셔야 했다. 나 하나 때문에 아빠와 엄마는 많은 희생을 하셔야 했던 것이다.

그래서 나는 전학을 가지 않는 대신, 더 열심히 공부해서 부모님을 기쁘게 해드려야겠다고 결심했다. 그때부터 지금까지 나는 안이하게 살아왔던 태도를 고쳐 나갔다. 아빠가 출근하시는 새벽에 일어나 공부하고 별을 보며 집에 돌아왔다. 아빠가 전화로 좋은 말씀을 해주실 때마다 기운을 내었다.

그러자 성적이 조금씩 오르기 시작하면서 나의 노력들이 빛을 발하기 시작했다. 졸업 무렵 나의 성적은 입학 때보다 무려 평균이 20점이나 향상되어 있었다. 1학년 때만 해도 상상하지 못했던 명문 고등학교 입학도 고려하게 되었을 정도로 성적은 상위권을 유지했다.

차가운 겨울바람이 온몸에 스며들 무렵, 나는 원서를 쓰게 되었다. 처음부터 잘했던 것이 아니기 때문에 합격 안정권은 아니었다. 담임 선생님께서는 상담을 할 때마다 신중한 결정이 필요하다고 말씀하셨다. 내가 가려고 마음먹은 학교는 비평준화 지역에 있었기 때문에 평준화 지역과 같은 날 원서를 쓰게 되어 있었다. 즉, 합격 여부가 다른 아이들이 입학 정원을 채운 뒤에 발표되는 것이다. 그래서 만약 떨어질 경우 집 근처 인문계 고교에도 입학하기가 매우 어려워지게 되었다.

어떠한 선택을 해야 하나 고민을 하던 중 아빠에게 전화를 걸었다. 그날 아빠와 오랫동안 전화로 나누었던 대화들은 평생 잊을 수 없을 것이다. 아빠의 목소리가 들려오자마자 나는 그동안 머릿속에 실타래처럼 엉켜 있던 고민들을 하나하나 털어 놓았다. 아직은 스스로 결정할 수 없었고, 어떻게 해야 할지에 대해 전혀 갈피를 못 잡고 있던 나였다. 아빠는 잠자코 딸의 이야기를 다 들어 주신 후 한마디 말씀을 해주셨다.

"우리 딸이 어떤 결정을 하든지 아빠는 딸을 믿는다. 그동안 훌륭하게 자라 주어서 고맙다. 아빠는 네가 자랑스러워."

통화를 마치고 수화기를 내려놓음과 동시에 아빠에 대한 감사함과 죄송함으로 눈물이 쏟아졌다. 아빠는 전적으로 내 의견을 신뢰하고 존중해 주신 것이다. 그래서 비록 불안정하지만 아빠로부터 얻은 용기로 나는 큰 결단을 내렸다.

고입 선발고사를 보는 날까지 남은 기간은 30일 남짓……. 이 시간 동안 최선을 다한다면 가능성은 충분했던 것이다.

지금은 벌써 고3이 되어 가는 시점이지만, 생각해 보면 그때 나는 제일 공부에 목숨을 걸었던 것 같다. 이른 새벽에 일어나 깜깜한 밤하늘의 별들을 볼 때까지 나는 공부하기 시작했다. 힘들거나 지칠 때면 10여 년 넘게 고생하신 아빠를 생각하며 기도했다.

달력은 어느새 마지막 한 장이 넘어가고, 드디어 선발고사를 치르는 날이 되었다. 시험 보는 내내 나는 손을 바들바들 떨었다. 시험지에 어떻게 답을 체크하는지조차 잊어버릴 정도였다. 200문제 중 적어도 190개 이상을 맞아야 했다. 따라서 나는 수능을 치르는 고3 수험생마냥 신중에 신중을 기했다. 국어, 영어, 수학, 예체능, 기술·가정……

시험이 모두 끝나자 이런 생각이 들었다.

'난 최선을 다했으니, 어떠한 결과가 나오든지 승복하자.'

고입 합격자 발표의 날. 나 스스로 자신이 없어 수험번호도 확인해 보지 못하고 있었다. 그때 걸려온 친구의 전화…….

"이슬아, 너 합격했대. 축하해."

아! 그때 나는 세상 모든 것을 다 얻은 기분이었다. 옆에서 통화 내용을 듣고 계시던 엄마를 부둥켜안고 기쁨의 눈물을 흘렸다. 그리고 바로, 그날 아침에도 근무하러 부대에 출근하신 아빠에게 전화를 걸었다. 내가 합격 소식을 전했을 때, 수화기 너머로 아빠의 기쁜 심정을 느낄 수 있었다. 용기를 낼 수 있게 도와주신 아빠께 너무 감사했다.

그렇게 나는 수재들만 들어간다는 학교의 당당한 신입생이 되었다. 게다가 군인이신 아빠의 직업에 따라 기숙사에 우선순위로 배정될 수 있었다. 이사에 대한 부담감 없이 고등학교 3년을 보낼 수 있게 되었다는 사실에 뛸 듯이 기뻤다.

벌써 입학한 지 2년이 되어 가고 있다. 그동안 학급의 반장을 맡으며 꾸준히 성적을 올려 왔다.

지금 생각해 보면 지금의 나를 만든 건 아빠인 것 같다. 군인가족들은 누구나 아버지의 근무지를 따라 이사 다녀야 하는 어려움이 있다. 언젠가 육해공군 자녀들의 연합 수련회에 간 적이 있었는데, 그곳에서 만난 아이들은 하나같이 새로운 환경에 적응해야 하는 어려움을 가지고 있다고 했다. 그러나 시각을 조금 달리해 보니 군인가족이 된 것은 두 번 다시 얻을 수 없는 큰 축복이었다.

비록 힘들고 어려웠던 시기가 있었지만, 그로 인해 약했던 마음이 더욱 강해지고 동그래졌다. 이젠 주변 사람들로부터 성격이 좋다는 이야기를 많이 듣게 되었으며, 웬만큼 어려운 일에도 꺾이지 않을 의지가 생겼다. 누구보다도 강한 사람이 되었다는 생각이 든다.

또 학교 다니며 국가에서 제공하는 수업료 면제도 받을 수 있어 큰 도움이 되고, 저렴하게 식당, 목욕탕, 편의점 시설 등을 이용할 수 있어 여러 모로 편리할 때가 많다. 살펴보면 군인가족이어서 손으로 꼽을 수 없을 정도의 많은 혜택을 누리면서 살고 있었다. 그러나 그동안 그런 것에는 무감각해져 불평하며 살아왔던 것이다.

친구이자 가장이자 대한민국의 육군이신 아빠의 훌륭한 딸인 나는 세상에서 가장 행복하다. 군인가족이 된 것은 선택받은 것과 다름이 없다. 나라를 위해 빨간 날도 없이 수고하시는 아빠를 보조하며, 주어진 상황에서 최선을 다한다면 불평보다는 감사하는 마음이 나오는 날이 온다. 생각을 조금만 바꾸면 현재의 불행도 행복으로 바뀌게 되는 마술 같은 일이 벌어진다.

군인가족, 특권이자 기회이다. 그리고 앞으로는 계속 감사할 일만 남은 것 같다. 내가 성인이 되면, 그리고 꿈을 이루는 날이 오면, 아버지가 나라를 위해 수고하신 그 시간만큼, 외롭게 지내오신 그 시간만큼 사랑과 웃음으로 채워 드리고 싶다.

보람 있는 인생의 세 가지 길

하나, 하루에 적어도 한 가지씩은 진리를 담은 글을 암송하라.
이렇게 암송하는 내용이 곧 자신의 인생, 인격, 장래의 일부가 될 것이기 때문이다.

둘, 자신의 목표, 바라는 바, 포부를 늘 명확하게 하라.
그 내용을 글로 적되 성취하기 위해 취해야 할 행동과 구체적인 시간표까지도 함께 작성해 둔다.

셋, 자신의 노력을 집중할 특정한 분야를 선정하라.
적어도 그 분야에 관한 한 전문가가 되어라. 그러면 오래지 않아 그 분야에서 없어서는 안 될 사람이 될 것이다.

김이슬
육군수도군단 김시광 소령 가족

300

처음 아빠가 《국방일보》에서 수기공모를

한다는 기사를 보여 주셨을 때 글을 써야 할지 말아야 할지 망설였다. 군인 가족으로서 살아온 18년의 생활에서 누구에게도 함부로 말하지 않았던 마음의 상처들을 드러내 글로 작성해야 하는 것이 생각만큼 쉬운 게 아니었기 때문이다.

하지만 내 글을 읽고 군인가족으로 살아가면서 나와 같은 고민을 하거나 그런 상황에 놓여 있는 많은 군인 자녀들이 용기와 힘을 얻을 수 있다면 지금까지의 어려움을 그들과 나눈 것이 나에게도 유익했다는 생각으로 마음을 굳혔다.

글을 쓰는 동안 나는 어느새 기억을 거슬러 초등학생이 돼 있었다. 당시 내가 느끼고 생각했던 모든 것들을 원고로 한 장 한 장 작성하면서 그때 내가 이런 생각들을 했구나 하고 새삼 놀라기도 했다.

글을 한참 써내려 갈 때엔 감정에 북받쳐 몇 번 운 적도 있었다. 그때마다 그만둘까 하는 생각도 했지만 마음속에서 솟구치는 계속된 울림이 다시금 원동력이 되어 주었다. 나는 이 수기 한 편을 완성하면서 단순히 글을 작성한 것이 아니었다. 과거의 내 삶을 인정하고 극복하고 사랑하는 마음 또한 완성했다. 게다가 '최우수상'이라는 명예까지 얻게 되어 정말 기쁘다.

마지막으로 당선 수기와 더불어 격려와 위로, 축하를 아끼지 않았던 모든 분들께 감사를 표하고 싶다. 우선 나를 지금까지 이끌어 주시고 여기까지 있게 하신 하나님께 감사한다. 그리고 언제나 사랑으로 한결같이 키워 주시고 눈물로 기도해 주시는 부모님께 감사한다. 또한 《국방일보》에 실린 수기를 읽고 아빠를 통해 축하해 주신 분들께 감사한다. 그리고 수기 마감일까지 쩔

쩔 매던 나를 시험기간에도 마다하지 않고 도와준 친구 누리에게도 고맙다는 말을 전하고 싶다.

내 글을 통해 어렵고 힘든 상황에 있는 군인 자녀들이 조금이나마 힘을 얻었으면 한다.

아버지 : 김시광 소령(육군수도군단)
어머니 : 고광희
딸 : 김이슬(안산 동산고등학교 3년)
동생 : 김화랑(백영고등학교 1년)

나라와 가족을 지키는 든든한 버팀목

"물!"

"불 꺼라!"

"밥!"

항상 명령하시는 우리 아버지……. 바로 앞에 있는 선풍기도 저보고 끄라고 하시네요.

올해로 군생활 33년째를 맞이하고 계신 우리 아버지……. 군생활 때문일까요? 생활 속에서 군인 정신이 묻어나십니다. 경상도 토박이의 무뚝뚝함과 냉철한 군인 근성, 정말이지 우리 아버지는 대단하십니다. 하지만 저는 우리 아버지가 서울 남자 같은 나긋나긋함이 조금이나마 있었으면 좋겠습니다.

우리 아버지! 고등학교 시절 통기타에 빠져 사시다가 대학에 떨어지셔서 바로 군인이 되셨다고 합니다. 할머니 말씀에 의하면 큰아버지한테 크게 혼나시고, 큰아버지께서 군인이 되라고 하셔서 이 길을 걷게 되었다는 말도 있지만요. 얼마 전까지는 몰랐는데 우리 아버지가 특전사 출신이랍니다. 정말 멋지지 않나요?

우리 가족은 현재 군인 아파트에 살고 있습니다. 이사 온 지 어언 10년이 넘어서고 있습니다. 처음 이사 올 때엔 멋 모르고 좋아했지만, 사실은 고생길의 시작이었습니다. 후방에 있는 사람들이 들으면 웃을지도 모르지만요. 저에게는 나름 힘들었답니다.

사람들은 '군인 아파트'라는 이름만 듣고 저에게 묻습니다.

"아버지가 혹시 군인?"

이름만 들으면 무언가 멋있고 근사할 것 같습니다. 그것도 언덕 위에 우유 팩 모양의 아파트 여섯 채가 예쁘게 자리 잡고 있어, 아무것도 모르는 사람들은 멀리서 보면 꽤 아름답게 보이나 봅니다. 하지만 실상은 그렇지 못합니다.

처음 이사 왔을 당시 이 지역에는 버스도 몇 대 없고 학교도 멀고 사방팔방이 다 허허벌판이었습니다. 이사 후에 학교 마치고 아파트 순환버스를 놓쳐 언니랑 버스를 기다렸습니다. 그런데 한 시간 반이 지나도 버스가 오지 않는 겁니다. 그것도 햇볕이 심하게 내리쬐는 한여름에 말이죠.

그때 저는 초등학교 6학년이었습니다. 그 어린 나이에 언니랑 같이 아빠를 탓하면서 울며 걸어갔던 기억이 납니다. 지금은 언제 그랬냐는 듯이 아파트 단지도 많이 들어서고 개발도 많이 되었지만요.

딴 집들은 차가 없으면 다들 태우러 오는데, 우리 집은 아버지께서 정말 강인하게 자라야 된다는 교육 이념 아래 정말 강인하게 키웠습니다.

그 덕일까요? 우리 언니는 지금 육군 하사로 근무하고 있습니다. 처음에 언니가 부사관에 합격한 걸 보고 우리 아빠가 어찌나 좋아하시던지……. 그 모습은 잊을 수가 없습니다. 그래도 언니가 훈련소에 입소하던 날, 아버지도 그 어려움을 아시는지라 눈물을 머금고 계셨습니다. 요즘엔 저보고도 군인 돼라고 난리십니다.

제가 초등학생 때 운동회 때문에 아버지께서 군복을 입고 학교에 오신 날이 있었습니다. 양손에 PX에서 구입하신 '암바사'를 사 들고 걸어 들어오시는데 모든 이목이 집중되었습니다. 저는 부끄러워서 고개도 못 들고 있었습니다. 하지만 그날 이후 저는 아이들의 관심을 한눈에 받았습니다. 초등학교 아이들 눈에는 군복을 말끔하게 차려입은 군인아저씨가 정말 멋지게 보였던 것입니다.

그날 이후 저는 우쭐해 하며 아버지가 군인인 걸 자랑하고 다녔죠. 마치 제가 벼슬이라도 한 것처럼 말이죠.

그 후 저는 졸업식 때도 아버지께 꼭 군복 입고 오라고 투정을 부린 적이 있습니다. 그래서 졸업식 때도 아버지는 군복을 입고 오셔서 당당하게 사진도 찍고 했던 기억이 납니다.

그리고 간간히 그 맛있다던 군용 건빵도 먹곤 했습니다. 학교에 몇 개 들고 가는 날에는 정말 인기 폭발이었습니다. 선생님께서 보시고 건빵 좀 가져다 달라고 부탁했을 정도니까요. 정말 군대 건빵은 너무 맛있었습니다.

중학생 시절 아버지께서 부대에 세차하러 가는데 같이 가자고 하셨습니다. 저는 한창 사춘기라 남자들 많은 부대가 낯설기도 하고 부끄럽기도 했지만 함께 따라갔습니다.

아무도 안 보는데 혼자서 머리 다듬고 옷매무새 똑바로 잡고……. 세차는 안 하고 쓸데없는 데 신경을 쓰곤 했습니다. 지금 생각하면 웃긴 일이지만 그 당시 저에게는 큰 행사 치레였던 것입니다.

제 인생에 있어서 가장 아버지 덕을 본 때는 대학 입시 때였습니다. 한창 대학문제로 고민하던 고3 때 부사관 자녀 특별전형 수시모집이 있었습니다. 마침 제가 가고 싶었던 학교, 학과였기에 소신껏 지원하였습니다. 후에 합격 통지를 받은 저는 남들보다 일찍 입시 고충을 마무리했고, 아이들의 부러움을 한몸에 받았습니다.

선생님께서도 "나라를 지키는 아버지 덕이다!"라며 농담을 건네셨죠. 그렇게 저는 대학에 입학하게 되고, 아버지께서도 동시에 무언가를 준비하고 계셨습니다. 일 년 뒤에 군인 특별전형으로 성덕대학에 입학하시고, 젊은 시절 못했던 공부를 새롭게 시작하셨습니다. 몇 번 리포트 쓰는 데 도와달라고 부탁하시곤 하셨지만요. 수업이 끝나면 다른 군인아저씨들과 회식도 잦아 엄마로부터 핀잔을 듣기도 하셨죠.

그래도 지금 우리 아버지는 졸업을 하시고 또 다른 길을 준비하고 계십니다. 직장 일을 하시면서 학업을 병행하기가 힘드실 텐데, 저렇게 노력하시는 우리 아버지를 볼 때면 저도 정말 열심히 해야겠다는 생각이 불끈불끈 솟아납니다.

가끔 나태해질 때면 아버지를 생각하면서 열심히 해야겠다고 깨닫게 되고 늘 노력합니다.

우리 아버지는 정말 부지런하십니다. 새벽 4시 반에 일어나셔서 새벽예배와 아침 조깅을 하고 난 후에 하루 일과가 시작됩니다. 모든 업무를 마치시면 또 운동을 하러 나가십니다. 하루도 빠지시지 않고 정말 부지런하십니다. 일 년 전 겨울에는 운동을 하시다가 얼음판에 미끄러지셔서 발목에 금이 간 적도 있었습니다. 병원 신세를 지실 때 정말 많은 사람들이 찾아오더라고요.

오랜 군생활 덕분일까요? 인맥이 어찌나 넓으신지, 사람들이 사온 음료수로 장사해도 될 정도였습니다. 문병 온 사람들이 다 건네는 말이 매일 아침 운동하시던 분이 안 보여서 알게 되었다는 것입니다.

지금은 또다시 열심히 운동하러 다니십니다.

언니가 군인이 된 지는 이제 일 년이 되었습니다. 두 차례나 낙방하고 포기하려던 찰나에 합격통지서가 날아들었습니다. 아버지는 정말 좋아하셨고, 언니도 당당한 직업이 생겨 정말 기뻐하였습니다. 요즘 여군만큼 여성들에게 좋은 직업이 없다 하죠. 남녀평등이 존재하는 유망한 직업이죠.

언니도 훈련받을 때엔 많이 힘들어 했지만, 지나고 나니 좋은 추억이고 경험이라며 웃으면서 말합니다. 언니는 동기 남자친구들과 만나면 딴 사람이 듣기에 낯설 정도로 군대 이야기를 합니다. 저는 언니가 그렇게 여자들이 싫어하는 군대 이야기를 남자 동기들과 공감대를 느끼며 스스럼없이 하는 모습을 보면서 '정말 우리 언니가 군인이구나!' 라고 느끼게 됩니다. 남자들만 득실득실대는 군대에서 용케 잘 버텨 내는 언니가 정말 대단하게 느껴집니다.

언니가 훈련소에 입소할 때에는 정말 펑펑 울었습니다. 항상 아버지에게 어려운 훈련 이야기도 많이 듣고, 군대 이야기도 많이 들어왔던 터라, 그래도 여자인데 싶은 게 걱정이 많이 되었습니다. 하지만 걱정은 진짜 걱정일 뿐이었습니다. 지금껏 잘해 오고 있는 언니 모습을 보면 제가 괜한 걱정을 했구나 싶습니다.

언니 덕택에 저 또한 경험해 보지 못할 일들을 많이 했습니다. 아직 남자친구에게도 못 해본 군대에 소포 보내는 일, 수신자 부담 전화 받는 일, 편지 쓰는 일 등등.

제 동생도 이제 고3이니 곧 군대에 갈 텐데……. 그럼 집안에 군인이 세 명이나 됩니다. 이참에 저도 군에 지원해 볼까요?

한창 북한의 도발 행위, 군사적 충돌 등으로 골머리를 썩고 있을 때, 전쟁 나는 거 아닌가 하는 위험이 도사리고 있을 때 우리는 가족 전체가 비상입니다.

이것 하나만은 확실한 것 같습니다. 바로 애국심!

아버지가 군인이라서 그런 건지, 우리 가족은 애국심 하나는 타고났습니다. 국경일이 되면 한 번도 거르지 않고 국기를 답니다. 우리뿐만 아니라 군인 아파트 전체가 국기를 다는 일을 거르지 않습니다.

사실 요즘 일반 아파트의 경우 국기를 단다는 가정이 몇 안 되지 않습니까? 하지만 여기에서는 국경일이 되면 아파트 전체에 태극기

308

가 휘날립니다. 그 모습이 어찌나 멋있는지 제가 다 뿌듯합니다.

저는 늘 저의 아버지가 군인이신 게, 그리고 언니가 군인이라는 게 정말 자랑스럽습니다. 어릴 때엔 그저 제복 입은 모습을 보면 멋있고, 뭔가 특별해 보여서 좋았지만 지금은 다릅니다. 나라를 위해 열심히 일한다는 것, 투철한 군인 정신! 이 덕에 제가 이렇게 강인하게 잘 자라왔던 것 같습니다.

주변 사람들은 저보고 이야기합니다. 군인 자녀라서 그런지 의지도 강하고 곧게 잘 자랐다고 말합니다. 저는 그런 아버지께 늘 감사하며 살아갑니다. 저를 이렇게 곧게, 강인하게 살 키워 주셔서 정말 감사하고 있습니다.

지금 동생은 사춘기라서 이런 아버지의 성격과 부딪히고 있지만, 나중에는 알게 될 것입니다. 정말 감사하게 생각할 것입니다. 저 또한 그랬으니까요.

대한민국 육군! 우리나라를 지키는 든든한 버팀목!

군인이라는 이름 하나만으로도 정말 가슴이 따뜻해져 옵니다. 그리고 앞으로도 제가 군인가족이라는 것에, 그리고 아버지와 언니가 군인이라는 것에 항상 자랑스럽게 생각하며 살아갈 것입니다.

조명희
육군 50사단 조원식 원사 가족

3월! 한국은 지금쯤 봄 기운에 무르익었을 것이다. 나는 지금 호주, 시드니에 있다. 지난 학기동안 휴학하고 아르바이트로 모은 돈으로 대학 한 학기를 남겨 두고 이곳에 왔다. 대학 졸업 전에 좋은 경험도 하고 이곳에서 마음도 새롭게 다지기 위해서다. 이곳에서 공부도 하고 일도 하면서 정말 헛되지 않은 시간을 보내고 갈 것이다.

수기 당선자를 공고하는 날 정말 마음을 졸이며 인터넷을 켰다. 그리고 당선자 명단에서 내 이름을 확인하는 순간 정말 기뻤다. 그 후 내 생활에도 많은 변화가 있었다. 일단 나도 할 수 있다는 자신감이 생겼다. 신문과 책에 내 글이 실린다는 게 정말 신기할 따름이었다. 전공이 신문방송학인지라 이런 큰 상을 받게 된 것도 너무 감사하게 생각되었다.

지금 우리 가족은 여느 때와 다름없이 잘지내고 있다. 아버지는 여전히 집에서도 명령하시고, 어머니는 우리 가족 뒷바라지에 바쁜 하루하루를 보내고 계신다. 언니도 바쁜 군생활에 잘 적응하고 있고, 동생은 이제 고3이 되어서 스트레스를 한껏 받으며 열심히 공부하고 있다. 큰 변화는 없지만 모두들 잘 지내고 있다. 나도 이곳에서 학원 다니면서 열심히 공부하고 이곳저곳 둘러보면서 많은 추억을 쌓고 있다.

군인가족이라는 것, 나는 하나의 특권이라 생각한다. 어릴 적부터 지금까지 나는 아버지가 군인이라는 게 정말 자랑스러웠다. 여기 호주에서 생활하면서 여러 나라 친구들을 만나고 있다. 친구들과 대화하면서 아버지 직업에 대한 이야기를 할 때에 나는 당당하게 우리 아빠는 군인이라고 말한다.

이곳에는 바람이 살랑살랑 부는 가을이 오고 있다. 비록 먼 곳에서 우리나라 소식을 접하며 살고 있지만 한국에 대한 애국심만은 여전하다. 《호주

310

교민잡지》,《주간한국》 등을 보면서 나는 한국 소식을 접하고 있다. 이곳에서《국방일보》를 볼 수는 없지만 이 글을 쓰면서 많은 생각을 하게 되었다. 지난해 11월은 그 기쁨이 다시금 느껴지는 뜻깊은 시간이 되었다.

(언니 조순희 하사 임관식 하던 날)
아버지 : 조원식 원사(육군 50사단)
딸 : 조명희

저희가 희망이 되어 드릴게요

오늘처럼 높고 푸른 하늘 사이로 한두 줌의 뭉게구름이 나들이하고, 상쾌한 산들바람에 코스모스 꽃잎들이 간지러워 죽겠다는 듯이 꼼지락거리며 함박웃음을 짓는 가을이 되면, 나도 모르게 많은 추억들이 떠올라 입가에 미소를 짓게 된다. 나는 이제 겨우 고등학교 2학년인 학생이지만, 아빠가 군인인 덕택에 내 또래의 그 누구보다 많은 추억을 간직하고 있다.

우리 가족은 나를 비롯해 아빠와 엄마, 그리고 남동생, 이렇게 네 식구다. 아빠는 37사단에서 인사참모로, 엄마는 국방부에서 공무원으로 재직 중이시다.

가끔 개구쟁이 짓을 해서 나를 괴롭히기는 하지만, 공부도 잘하고 제법 어른스러운 생각을 하여 귀엽게 느껴지는 내 동생은 이제 초등학교 6학년, 이름은 '상우'이다. 하지만 내 동생을 처음 보는 사람들은 초등학생이 아니라 중2~3학년 정도로 착각한다. 덩치가 요 몇 년 사이 훌쩍 커졌기 때문이다.

끝으로 나는 현재 대원외국어고등학교에 다니고 있다.

직업군인인 아빠와 공무원인 엄마는 내게 정말 자랑스럽고 존경스러운 대상이지만, 한편으론 너무나 안쓰럽게 느껴지는 분들이기도 하다. 두 분 다 나라를 지키는 국방부 아래서 20년 넘게 근무 중이시고, 오늘로써 결혼생활 18년째 기념일을 맞았지만, 그 18년 중에서 두 분이 함께 생활하신 날은 겨우 2년 11개월 정도다. 결혼 이후 아빠가 계속 전·후방에 근무하여 떨어져 사셨기 때문에, 주말에 한 번씩 만난 것을 18년간 계산했을 때 나오는 일수이다.

사실 그렇다고 매주 만난 것도 아니고 아빠의 당직 근무일 등을 제외하면 한 달에 2~3회, 그것도 내가 고등학생이 된 이후에는 겨우 한 달에 한 번 정도 만나고 있을 뿐이다.

나에게 있어서 아빠는 항상 그리운 존재다.

지금은 그래도 시험 준비와 학교생활, 학원 시간에 쫓겨 하루가 어떻게 지나가는 줄 모르게 생활하고 있지만, 얼마 전까지만 해도 가장 기다려지고 행복한 시간이 바로 우리 세 식구가 아빠를 만나러 가는 날이었다. 토요일만 되면 마음이 들떠 학교에 갔다 오자마자 짐부터 챙겨 엄마가 퇴근하시길 눈이 빠지게 기다리곤 했다.

경기도 파주, 강원도 철원, 의정부, 대구, 대전, 전주 등 아빠가 어디에 계시든 우리는 주말만 되면 설레는 마음으로 버스를 몇 번씩 갈아타면서도 피곤한 줄 모르고 아빠가 근무하고 계시는 곳을 향해 떠났으며, '만나면 무엇을 하면서 재미있게 지낼까?' 하고 행복한 고민에 빠졌다.

그러다가 버스가 목적지에 도착할 무렵이 되면 우리가 도착하는 곳에 아빠가 기다리고 계시길 기대하곤 했다. 그러나 아빠는 항상 그곳에서 우리를 반겨 주시지는 못했다. 부대 일이 바빠서 마중을 못 나오시면 우리가 택시를 타고 찾아가기도 했고, 어떤 날엔 아빠가 뒤늦게 허둥지둥 터미널에 도착하여 엄마에게 핀잔을 듣기도 했지만, 그래도 우리 가족에게는 그 시간이 가장 기쁘고 들뜬 시간이었다.

우리가 관사에 오후 늦게 도착하고 다음 날이 되면 아빠는 우리를 데리고 부대 주변 관광 명소로 나들이 가곤 했다. 임진강 주변의 많은 명소들, 산정호수, 고석정, 이름은 기억나지 않지만 북한이 내려다보였던 철원의 어느 산, 변산반도, 수목원 등 헤아릴 수 없을 정도로 많은 아름다운 장소와 아빠와 함께했던 시간들이 내 가슴속에 추억으로 남아 눈만 감으면 손에 잡힐 듯 스쳐 지나간다.

그러나 나에게 가장 행복했던 어린 시절의 추억을 말하라고 한다면, 단연코 유치원에서 아빠와 함께했던 '자연과학 학습시간'을 들 것이다. 지리산 아래 시골에서 성장하신 아빠는 복잡한 서울을 별로 좋아하지 않아 틈만 나면 나를 교외 공원으로 데리고 나가 꽃, 나무, 곤충 이름 등을 알려 주거나 사진을 찍어 주곤 하셨다. 때문에 아빠와 함께하는 시간은 마냥 행복했었고, 한편으로는 그러한 시간에 항상 굶주려 있곤 했다.

그날도 우리 유치원에서는 부모님(대부분은 엄마)을 모시고 학습 활동을 하였는데, 엄마는 회사 일로 올 수 없었기 때문에 조금 시무룩해 있었다. 그런데 갑자기 아빠가 유치원까지 찾아오신 것이다. 거기에다 학창 시절에 자연과학을 무척 좋아하셨다는 아빠는 학습 시간 내내 과학의 원리를 자세히 설명해 주고, 내 질문에 척척 답변도 잘해 줄 뿐만 아니라, 다른 사람들보다 만들기를 정말 잘해 주셨다. 나는 아빠가 그때처럼 자랑스럽고 대단한 분으로 느껴졌던 적이 없다. 유치원 선생님도 옆에 와서 칭찬해 주고 사진도 같이 찍어줘서 정말 우쭐한 기분이 들었다.

주말에 우리 가족은 1~2주일 동안 못다 했던 가족끼리의 사랑을 확인하며 행복한 시간을 만끽하다 보면 어느덧 헤어져야 할 시간에 쫓기곤 했다. 일요일 점심시간이 지나서부터 나나 동생은 '이제 몇 시간밖에 안 남았다'라며 초조하게 헤어질 시간을 헤아리곤 하였다. 그리고 드디어 해가 서녘에 기울어질 무렵 버스에 몸을 싣고 다시 서울을 향해 출발하는 우리들은 헤어짐의 아쉬움에 눈시울을 적시며 아빠가 먼발치에 보이지 않을 때까지 창밖을 내다보곤 했다.

그러던 내가 지금은 고등학생이 되어 모자라는 잠과 공부하는 시간에 동분서주하며 바쁘게 뛰어다니느라 아빠를 생각하는 시간이 많이 줄어들었지만, 가슴 한편에는 여전히 그리움이 남아 있다. 하지만 이렇게 좋은 환경에서 공부할 수 있어 정말 행복하고, 두 분이 가정을 이루고도 헤어져 사시는 아픔을 감수하면서까지 이런 기회를 주신 부모님께 진심으로 감사하고 있다. 그렇기 때문에 나는 피곤하고 지쳐도 우리 엄마, 아빠 앞에서 짜증내거나 얼굴 찌푸리지 않고 항상 밝은 얼굴로 생활하려고 노력하고 있다.

사실 아빠도 아빠지만 우리 엄마를 생각하면 정말 존경스러울 뿐이다. 결혼을 해서 줄곧 남편과 떨어져 살면서도 나와 동생을 낳아 이렇게까지 키워 놓으시고, 아내로서, 며느리로서 그리고 홀로 살고 계시는 외할머니의 맏딸로서 그 많은 역할을 다 해내며 22년간 직장생활을 꾸준히 계속하고 계시는 분이다. 엄마가 내 동생을 낳던 날, 아빠는 중요한 훈련 중이셨기 때문에 집에 오지를 못해 엄마 혼자 병원에 누워 있었다고 한다. 어떤 날엔 엄마가 교통사고로 병원에 입원해 있는데도 무슨 훈련 평가인가 받느라 병문안도 오지 못했었다고 한다. 나 같으면 참 원망스러웠을 것 같기도 한데, 아빠가 군인이기 때문에 어쩔 수 없었던 일이라며 엄마는 아주 쉽게 말씀하신다. 그렇게 엄마는 혼자만의 힘으로 모든 어려움을 이겨내셨다.

우리가 아빠를 만나러 가기 전, 엄마는 항상 "아빠 만나면 공부 못하니까 공부할 거 미리미리 다 해놔야 된다. 그렇지 않으면 아빠 뵈러 못 가!" 하고 엄포 아닌 엄포를 놓곤 하였다. 그러면 동생과 나는 꼼짝없이 해야 할 것들을 미리 할 수밖에 없었고, 그것도 모자라 몇 권의 책을 더 싸 들고 여행길에 오르곤 했었다.

엄마는 직장에서 피곤한 몸을 이끌고 집에 오면 저녁밥과 설거지를 마치고 반드시 우리들의 학습 상태를 점검하였고, 나를 위해 밤늦게까지 내 학습과 관련된 공부를 하셨다. 피곤에 지쳐 졸면서도……. 또한 인터넷에서 내게 필요한 자료를 찾아 제공하고, 서점에서 정보를 획득하는 등 내 뒷바라지를 하셨다.

휴일에는 나와 동생을 데리고 외출을 하곤 하셨는데, 주로 집에서 꽤 멀리 떨어진 도서관 주변에 가셨다. 그곳에서는 어린이들 모두가 책을 읽고 있었기 때문에 우리도 자연스럽게 책을 읽었다. 아마 엄마의 그러한 의도적인 행동이 지금도 틈만 나면 나와 내 동생이 책 읽는 것을 힘들어하지 않고 습관처럼 하게 된 동기가 되었을 것이다.

내가 중학교에 다니면서 전교 1등을 했을 때, 그리고 대원외고에 합격했을 때 눈물을 보이며 기뻐하셨던 엄마……. "대입 준비를 하는 학생도 아니면서 무슨 공부를 그렇게 밤늦게까지 하는 거냐? 1등이 반드시 좋은 건 아니야. 차라리 2, 3등 하면서 목표를 향해 계속 도전하는 것이 나태해지거나 자만하지 않고 더 노력하는 계기가 될 수 있어."라며 핀잔 아닌 핀잔을 주면서도 내심 기뻐하셨던 아빠…….

중학교 3학년 때 처음으로 학원이라는 곳을 갔을 때도 아빠는 핀잔을 주셨다. "공부 좀 작작하라."고……. 그리고 종종 휴대폰에 문자를 보내 "공부 너무 많이 하지 말고, 쉬면서 해라! 남들에게도 기회를 주고 양보하면서! 공부 못하는 친구에게도 친하게 대해 주고……."라고 조언을 해주셨다. 어쩌면 아빠의 계산이었는지도 모르겠다. 공부 열심히 하라는 말보다 열심히 하지 말라는 말이 더 기분 좋았고, 그래서 더 힘이 났으니까…….

아빠는 내가 초등학교 2학년 때, 7월경 육군대학이라는 곳에 가셨는데 12월 말 졸업을 할 때엔 우등상을 타셨다. 엄마 말로는 대학 입시나 고시 보는 것만큼 열심히 해야 하는 곳이라고 했는데, 아빠가 입교한 지 채 일주일도 안 되어 외할아버지께서 돌아가셨다.

그때 아빠가 휴가를 내서 오셨지만, 엄마가 걱정을 태산같이 하셨던 것으로 기억된다. 그 뒤로도 육대교육을 받는 동안 아빠는 우리 가족을 찾아 매 주말마다 서울로 올라오셨는데, 나와 동생은 좋아서 어쩔 줄 몰라 했지만 엄마는 무척 불안해 하셨다.

나중에 알고 보니 그때 아빠는 하루 평균 세 시간 이상 잠을 주무시지 않았다고 한다. 아빠뿐만 아니라 그곳에서 공부하는 대부분의 군인아저씨들이 그렇다고 하며, 공부할 때엔 그렇게 집중하라고 하셨다.

군인들은 참으로 대단하다는 생각이 들었다. 엄마는 그것이 군인 정신이라고 하셨다. 군인이 되면 다 그렇게 되는 것인가……?

아무튼 아빠와 엄마, 이 두 분의 성실하고 근면한 생활 태도를 보고 자란 나와 동생은 그럭저럭 엄마, 아빠 속을 썩이지 않으며 나름대로 열심히 공부하고 있다. 아빠는 이런 것이 효도라고 했다. 나중에 돈 많이 벌어 주는 것이 효도가 아니라, 무엇이든 칭찬 들을 만한 일을 하여 부모님을 기쁘게 하는 것…… 이것이 바로 효도라며 지금도 무언가 좋은 일, 잘한 일, 칭찬 들은 일만 있으면 시골 할아버지, 할머니께 전화하여 기쁘게 해드린다고 한다. 그래서 나와 동생이 학교 시험에 100점을 받거나, 상장을 받거나, 무슨 시험에 합격하거나 하면 제일 먼저 시골에 전화를 드린다.

지난 3월 17일은 우리 가족에게 가장 기쁘고 정말 뜻 깊은 날이었다. 내가 태어나서 처음으로, 우리 아빠 엄마가 결혼한 지 18년 만에, 그리고 아빠의 군복무 20년이 되는 달에 드디어 우리 집을 구입하여 입주하게 된 것이다. 한강도 가깝고, 주변에 공원과 박물관도 있고, 이곳 이촌동이 정말 마음에 꼭 든다.

동생은 자기가 넓은 방을 갖게 되자 흥분하여 어쩔 줄 몰라 했다. 비록 새집은 아니지만 엄마 아빠가 20년 가까이 맞벌이를 하시면서 허리띠 졸라매고 저축하여 모은 돈으로 이렇게 큰 아파트를 장만하게 된 것은 정말 꿈만 같다고 감격해하셨다. 거기다가 엄마가 정말 큰맘 먹고 많은 돈을 들여 집 내부를 깔끔하게 수리했기 때문에 꼭 새집 같다.

그동안 아빠와 엄마는 우리가 봐도 검소하게 생활하셨다.

만드는 것을 좋아하셨던 아빠는 내가 태어나자마자 예쁜 침대를 손수 만드실 정도였다. 그것도 폐목들을 수집해서……. 심지어는 가계부까지 쓰실 정도로 검소하게 생활하셨는데, 엄마 또한 무슨 특별한 날이 되어도 좀처럼 옷을 사지 않고, 사더라도 비싼 것은 절대 사지 않았다. 우리들에게는 필요한 것을 다 사 주시면서…….

사실 엄마 아빠의 그런 모습을 닮아서인지 나와 동생도 용돈을 함부로 쓰지 않고 꼬박꼬박 저축을 하고 있다. 당연히 그래야 하는 것으로 생각하고만 자라 왔다. 하지만 지금 와서 생각해 보면 교육이란, 말로써 가르치는 것이 아니라 행동으로 보이면 저절로 따라하게 되어 있는 것이며, 그것이 바로 산 교육이 아닌가 생각된다.

아무튼 이렇게 공부하는 습관과 검소한 생활 태도를 가르쳐 주신 부모님께 감사할 뿐이다. 그리고 "행복은 얼마나 많이 가졌느냐가 아니라, 얼마나 부족함이 없다고 느끼느냐에 달려 있다."며 항상 기

쁘게 생활하며 행복하다고 말씀하시는 아빠의 말씀처럼 나도 지금
이 정말 행복하다.

이제 나는 엄마 아빠가 잔소리하시지 않아도 스스로 나 자신을 통제
해야 할 나이가 되었다. 스스로 알아서 공부해야 하고, 스스로 진로도
결정해야 하며, 주변 사람들도 의식하면서 행동해야 할 만큼 성장했다.

오늘도 피곤한 몸을 이끌고 새벽 1시가 되어야 학원 수업이 끝나
는 나를 안전하게 집으로 데려가기 위해, 집에서 멀리 떨어진 학원
앞까지 찾아와 서성거리고 계실 엄마⋯⋯. 그리고 우리 가족을 보살
피는 지킴이인 한편, 나라를 지키는 군인으로서 오늘도 어쩔 수 없이
우리와 멀리 떨어진 타지에 홀로 남아 가을밤의 밝은 달을 쳐다보며
외로움을 달래고 계실 아빠⋯⋯. 두 분을 생각하며, 자칫 나약해지려
는 내 마음을 다잡아 본다.

아빠, 저희가 아빠의 희망이 되어 드릴게요.
우리는 군인인 아빠가 정말 자랑스러워요.

끝으로 우리처럼 군인 아빠를 두어 헤어져 살고 있는 많은 분들에
게 언젠가 온 가족이 함께 생활하는 행복한 시간이 올 것임을 기대하
며, 힘과 용기를 내라고 "파이팅"을 외치고 싶다.

류지형
육군 2군사령부 류명오 중령 가족

2006년 9월에 《국방일보》에 군인가족 수기모집 공고를 읽고 글을 써서 제출한 후 큰 기대를 안하고 있었는데, 11월 중순에 우수작으로 선정되었다는 연락을 받았다. 주변으로부터 많은 축하도 받았고, 기념패와 함께 상금도 받아 그 기분은 뭐라 말할 수 없이 좋았다. 특히 이 글을 통해 부모님께 내 마음을 전할 수 있어 무엇보다 기뻤다.

처음엔 지난날의 추억을 되새기는 의미에서 글쓰기를 시작했는데, 쓰면서 부모님에 대한 감사의 마음을 전하는 계기가 되었다. 아빠가 군인인 관계로 가족이 헤어져 생활해야 하는 아픔과 어려움도 있지만, 그 속에는 많은 행복한 시간들이 있었음을 깨닫게 되었다. 또한 한편으로는 우리처럼 멀리 떨어져 살고 있는 또 다른 군인가족들에게 희망과 용기를 전해주고 싶었다.

그동안 우리 집에는 많은 변화가 있었다. 37사단에 근무하시던 아빠는 지난해 말에 또다시 부대를 옮겨 이번에는 집에서 더 멀리 떨어진 대구로 가셨다. 동생은 초등학교를 졸업하고 이제 어엿한 중학생이 되었으며, 나는 드디어 대입 문제와 씨름해야 하는 고교 3학년생이 되었다.

우리 모두 각자가 자기의 위치에서 최선을 다하는 가운데 엄마는 집 안에 화초를 기르기 시작했으며, 화분이 하나씩 하나씩 늘더니 이젠 꽤 많아졌다. 아빠가 집에 오시는 날이면 화분갈이도 하고 새로운 종류의 식물을 들이기도 하는데, 그 만큼 우리 집안에 행복이 화사하게 쌓여 가는 것 같아 정말 흐뭇하다.

끝으로 이렇게 내 마음을 전할 수 있도록 기회를 제공해 주고, 우리 가족의 사랑을 더욱 공고히 하도록 계기가 되어 준 군인공제회에 진심으로 감사를 드린다.

아빠 : 류명오 중령(육군 2군사령부)
엄마 : 강민경(국방부 전산소)
아들 : 류지형(서울 대원외국어고 3년)
동생 : 류상우(서울 용산구 용강중학교 1년)

우리 아빠는 대한민국의 군인

우리 아빠는 대한민국의 군인입니다. 그중에서도 우리나라의 하늘을 지키는 공군입니다. 근사한 양복에 넥타이를 매고 까만 서류가방을 손에 쥐고 차를 타고 출근하는 다른 친구들의 아버지와는 다른 모습으로, 늘 어두운 녹색 군복을 입으시고 365일 변함없는 차림으로 여름에도 더운 군화를 신으신 채로 출근을 하십니다. 그런 아빠가 너무나 자랑스럽습니다.

저는 '공군부대'에 살고 있습니다. 엄마와 아빠는 수원에서 저와 동생을 낳으시고 강원도 원주의 부대로 전근 가시면서부터는 쭉 관사 내에서 살고 있습니다. 군인 아버지를 두고 있는 특혜로 원주에 살 때부터 지금 청주에 살 때까지 도둑 한 번 맞은 일 없이, 앞뒤로 푸른 산이 있는 부대 안에서 편안하게 지내 왔습니다.

아빠는 군인이라는 직업을 가지고 있지만 늘 자상하시고 다정하십니다. 친구들이 "너희 아빠 군인이신데 무섭지 않으셔?" 하고 물을 때마다 "아니야, 오히려 군인 아빠들이 더 자상해."라고 대답합니다. 내 주위에는 항상 나처럼 군인의 딸, 아들인 친구들과 친구처럼 다정하고 편안하게 지내는 아빠의 모습을 볼 수 있기 때문입니다.

그래서인지 '군인의 딸'이라는 생각을 잊고 말썽을 부리기도 했습니다. 자상한 아빠의 성격을 알기 때문에 무슨 잘못을 해도 너그럽게 용서해 주실 거라고 생각했습니다. 학원을 빠지고 친구들과 밤늦도록 놀다가 들어오기도 했고, 일찍일찍 다니라는 아빠의 말에 오히려 화를 내며 무안하게 만들기도 했습니다.

서로서로의 집안 사정을 훤히 알고, 누가 누구의 딸인지 아들인지 모두 알고 있는 부대 안에서 살고 있다는 걸 잊고 이리저리 뺀질거리며 나가 놀기만 하는 딸에게 "네가 어디에서 뭘 하고 있는지 옆집 아주머니가 보고 알려 주시고, 위층 아주머니가 보고 알려 주시는 거 모르니? 아빠 엄마 속 그만 썩이고 공부 열심히 하자." 하고 말씀하시는 엄마에게도 미안함을 느끼지 않았습니다.

학교에서 배운 대로라면, 공동체 의식이 무너지고 아파트에 살면서 서로 옆집에 누가 살고 있는지 윗집에 누가 이사를 왔는지도 모르고 살아가는 단절된 사회가 되었다고 합니다. 그런데 이곳은 오히려 몇 동 몇 호에 살고 있는 누구는 계급이 무엇이고, 어느 부대에 근무하고 있는지를 훤히 알고 있습니다. 좀 이상하기도 하고, 엄마 아빠 모르게 놀고 싶어도 그러지 못하고 매번 들켜 불편하다고 느낀 적이 한두 번이 아니었습니다.

　공군부대는 비행기의 소음 때문에 도시 한가운데에 있을 수 없다는 것을 알고 있습니다. 그래서 지금까지 학교에 단 한 번도 걸어가 본 일이 없습니다. 항상 아침 일찍 일어나 버스를 타고 통학합니다. 시내버스도 다른 지역보다 빨리 끊기기 때문에 교통도 매우 불편합니다. 밤늦도록 돌아다니다가 집으로 돌아갈 버스가 끊겨 전화를 걸면, 아빠는 다음 날 아침 일찍 출근하셔야 하는 피곤한 몸을 이끌고 나와 "그러니까 일찍 다니라고 했지?" 하고 가벼운 잔소리를 합니다. 그러나 나는 그런 아빠의 피로는 생각도 안 하고 "누가 부대에 살자고 했어? 왜 버스도 안 다니는 구석에 살면서 그래?" 하고 쏘아 붙이기도 했습니다.

　강도며 도둑이며 무서운 사람들로 밖에 나가기조차 두려운 세상에, 아주 어두운 밤에도 하늘에는 별들이 떠 있는 살기 좋은 곳이 바로 우리 동네라는 걸 알면서도 말입니다.

　아빠는 나중에는 꼭 밖에 나가서 살자며 저를 달래 주셨습니다. 매일 부대에 들어가셨다가 혹시라도 비상이 걸리는 날이면 바로 집을 다시 나가셔야 하는 아빠의 직업을 알면서도, 나만 편하자고 투정을 부린다는 생각은 하지도 못했습니다. 아빠는 늘 편안한 사무실에서 편안하게 시간을 보내다가 집으로 돌아온다고 생각했습니다. 늘 버스를 타고 20분이나 되는 거리를 오고가는 내가 제일 힘들고 고생스러운 줄로만 알았고, 군인 아빠를 두었다는 것이 불편하다고 생각하기까지 했습니다.

한 살씩 나이를 먹고, 학교와 학원에서 여러 친구들을 만나면서 나는 참 행복한 가정에서 사랑받으며 살고 있다는 것을 알았습니다. 경기 침체가 계속되고 나날이 높아져 가는 실업 대란 속에서 살아남지 못하고 가정에서도 설 자리를 잃어버린 아버지를 둔 친구들도 많았습니다. 그에 반해서 정년까지 보장된 군인이라는 안정된 직업을 갖고 일하시는 아빠로 인해 내가 받고 있는 혜택들에 대해 알게 되었고, 그러면서 더욱 우리 아빠는 쉽게 월급을 받아온다고 생각했습니다.

학교에서 나오는 운영비나 수업료도 모두 나라에서 내어 준다는 생각에 열심히 할 생각보다는 대충대충 생활하려고 했고, 가끔 아빠가 야근을 하고 오는 날이면 그냥 그런가보다 하고 별 생각도 하지 않았습니다.

그러다가 같은 부대에 살고 있는 친구의 아빠와 우리 아빠가 다르다는 것을 알았습니다. 공군사관학교를 졸업하시고 파일럿으로 비행기를 직접 조종하는 친구의 아빠와 달리, 우리 아빠는 비행기를 타지도 않고 공군사관학교를 졸업하지도 않았기 때문에 친구 아빠보다 못하다고 생각하게 되었습니다. 학교 선생님이나 학원에서 또는 다른 누군가가 아버지의 계급이 뭐냐고 물어보면 "소령이요.", "중령입니다." 하고 말하는 친구들과는 달리 "원사요." 하고 말하는 것이 부끄럽다고 생각하기도 했습니다.

중학교에서 고등학교를 가고 대학교에 대해 고민을 하게 되면서부터 아빠를 더욱 무시하게 되었습니다. 자랑스럽게 우리 아빠는 군인이라고 말을 하면서도 친구들이 "그럼 너희 아빠도 비행기 타시는 거야?" 하고 물을 때면 우물쭈물 대답도 못 하고 부끄러워만 했습니다.

어느 날 담임선생님께서 대학에 대한 이야기를 하시던 중 공군사관학교, 육군사관학교 나와서 장교로 편안하게 살아야지 부사관으로 힘들게 살 거냐는 말씀에 고개를 들 수 없었습니다. 사관학교 출신인 장교들과 비교하며, 부사관을 무시하는 듯한 말에 화가 나기도 했습니다. 그날 이후로 더욱 '군인의 딸'이라는 것을 자랑스러워하기는 커녕, 사관학교 출신이 아닌 아빠를 부끄러워만 했던 철없는 딸이었습니다.

사관학교 나온 친구의 아빠보다 우리 아빠는 계급도 낮고, 월급도 적다는 생각에 아무도 뭐라 하지 않는데도 혼자서 창피해 하기도 했고, 괜히 그 친구에게 질투심을 느끼기도 했습니다. 늘 멋지고 당당하게만 느껴졌던 아빠의 모습을 내가 초라하게 만들었고, 내 스스로가 우리 아빠를 무시하고 있었습니다.

그러던 어느 날 아빠에게 물었습니다.

"아빠는 부대에서 하는 일이 뭐야?"

다른 아저씨들처럼 비행기를 타지 않는 공군인 아빠가 부대에서 하는 일이 무엇일까 궁금해졌습니다. 아빠는 "비행기가 훈련 전에 뜰 수 있도록 점검을 하는 일"이라고 말씀해 주셨습니다. 나는 아빠의 한마디를 듣고 아무렇지도 않은 척하면서 많은 생각을 하게 되었습니다. 비행기를 타지 않는 공군이라며 아빠를 무시했던 나 자신이 부끄럽고 창피해졌습니다.

분명 아빠는 차를 타고 20분도 넘는 거리에까지 들리는 소음이 굉장한 비행기를 점검하기 위해 반나절을 꼬박 부대에서 왔다 갔다 하셨을 테고, 사고 없이 무사히 하루의 훈련을 마칠 수 있도록 우리 집에서 하시는 것처럼 꼼꼼하고 정확하게 맡은 바 임무를 충실히 이행하실 거라고 생각했습니다.

무엇보다도 아빠는 비행기를 조종하는 일도 아닌 공군이라는 직업을 가지고 있으면서도 자부심과 자신감을 갖고 계셨습니다. 빛나는 주연보다 노력하는 조연의 자리에 있는 아빠의 모습을 생각하며 나는 아빠가 한없이 자랑스러워졌습니다. 정확하게 아빠가 부대에서 맡은 일이 무엇인지, 어떤 것인지는 알지 못합니다.

하지만 우리 아빠는 대한민국의 군인이기 때문에 저는 아빠가 자랑스럽습니다. 남들에게 멋지게 보이는 주인공은 아니지만, 그들 옆에서 든든하게 자리를 지켜 온 아빠는 분명히 없어서는 안 될 중요한 사람이라고 믿고 있습니다.

어려운 집안 사정에 대학보다는 실업계 학교를 택하고, 일찍 취직해 돈을 벌어야만 했던 아빠의 어린 시절을 알게 되었습니다. 그래서 늦게나마 부대 아저씨들과 함께 야간 대학을 다니시면서 열심히 공부하시고, 결국 대학졸업장을 받으셨습니다.

대학이 아닌 공군기술고등학교를 나와서 직업군인이 된 아빠를 부끄러워하던 못된 딸의 소행을 아셨던 것이었는지, 졸업장을 받으시던 날 "이제는 어디 가서 아빠 학력 물어보면 꼭 대졸이라고 말하렴." 하고 웃으시던 아빠의 모습이 잊혀지지 않습니다.

그런 아빠를 부끄러워했던 딸이라 너무 죄송스럽습니다. 이제는 정말 우리 아빠가 세상에서 제일 멋지고 가장 자랑스럽게 느껴집니다. 어디에서든 나는 대한민국 군인의 딸이라는 자부심을 갖고 생활할 수 있게 되었습니다. 헌병들이 365일 24시간 내내 보초를 서며 지켜 주고 있는 관사에 살고 있다는 것이 남들에게는 없는 특권이라는 것도 잘 알고 있습니다.

이제는 자랑스러운 아빠의 자랑스러운 딸이 되도록 노력하려고 합니다. 나라를 지키며 힘들게 벌어 오는 아빠의 월급으로 비싼 학원에 다니고 과외를 하면서도 고마움을 몰랐지만, 이제부터는 열심히 공부하는 딸의 모습을 보여 드리겠다고 스스로에게 다짐했습니다.

그러던 중 아빠가 "제대하고 뭘 하면 좋을까?" 하고 물어 오셨습니다. 그러고 보니 아빠에게 군복을 입을 수 있는 시간이 이제는 채 10년도 남지 않았다는 걸 알았습니다. 언제까지나 아침에는 녹색 군복에 까만 군화를 신으시고 집을 나서실 것만 같았던 아빠에게 다른 직업이 생길 것이라고는 생각도 못 했습니다.

내가 초등학교에 들어가고 중학생이 되어서 어느덧 고등학교 2학년이 된 사이에 아빠도 상사에서 원사로 진급을 하셨고, 이제는 9년 남짓 남은 시간 동안 다른 어떤 일을 해야 할까 고민 중이신 모습을 보니 익숙하지 않았습니다.

어느 토요일, 항상 집에 계시던 아빠가 아침 일찍부터 집을 나서시는 모습을 잠이 덜 깬 모습으로 배웅했습니다. 그리고 엄마께 "아빠, 오늘 토요일인데 어디 가셨어?" 하고 물었습니다.

"중장비 자격증 시험 보러 가셨어."

고등학교 때부터 배운 것이라고는 군인이 되어 나라를 지키는 일 밖에 모르셨던 아빠가 얼마 남지 않은 시간 동안 여러 가지를 배우시려는 모습에서 알 수 없는 기분이 들었습니다. "빵집 같은 거 하면 좋겠다!" 하고 말하는 나에게 아빠는 "그럼 네가 다 먹으려고?" 하고 웃으시며 말씀하십니다.

"피자집이나 치킨집은 어때?"

"왜 다 네가 좋아하는 것만 하라고 하는 거니?"

제대 후의 생활을 설계하며 아빠와의 대화가 많아지고 있는 요즘…… 아빠가 군인이 아닌 다른 직업을 갖는 일을 상상해 봅니다. 하지만 아빠는 제대 후에도 제게 영원히 세상에서 가장 늠름한 대한민국의 군인이고 멋진 아버지일 거라고 생각합니다.

대한민국 군인의 딸로서 올바른 마음가짐을 가지고, 앞으로도 아빠가 가르쳐 주셨고 아빠가 살아오신 대로 남들에게 피해 주는 일 없이 올바르게 봉사하는 마음으로 살아가려 합니다. 자랑스러운 아빠에게 자랑스러운 딸이 되도록 자부심을 갖고 생활할 것입니다.

김주혜
공군 29전대 김홍중 원사 가족

고등학교 2학년 여름방학 때쯤 아빠의 권유

로 《국방일보》에서 주최하는 수기공모에 참여했습니다. 어느덧 시간이 이렇게 흘렀습니다.

글짓기나 논술이란 것은 배워 본 적도 없고 수필이라는 것도 어떻게 써야 할지 몰랐습니다. '군인가족 수기공모'라는 이 행사에 어떠한 글로 참여를 하고, 무슨 글을 어떻게 시작해야 할지 몰라 한참을 망설였습니다. 그러다가 나의 생각을 적어 가며 군인인 우리 아빠와 나 사이의 일들을 써내려 갔고 별 기대조차 하지 않고 접수를 하게 되었습니다. 그냥 한번 참여해 보는 것도 나쁘지 않을 거라는 아빠의 말에 한번 써 보겠다고 얘기했고, 그렇게 글을 쓰기 시작했습니다. 접수까지 마친 후 한 달, 그리고 두 달이 지나 내가 이 행사에 참여했다는 사실조차 잊고 있었을 쯤, 선배들의 수능 응원을 마치고 아침에 집에 돌아오던 길에 출근하시던 엄마께 '우수상'을 받게 되었다는 소식을 들었습니다. 그때 너무 기쁘고 설레던 일이 엊그제 같습니다.

아빠와 나에 대해 글로 쓰면서 그동안 군인인 아빠의 딸로 태어나 자라온 나에 대해, 그리고 우리나라를 지키고 우리 가족을 지키는 우리 아빠에 대해 다시 한 번 생각해 볼 수 있었던 의미 있는 시간이었습니다. 물론 지금도 나는 가끔 아빠에게 불평도 하고 화도 내지만 처음 아빠를 주제로 글을 쓸 때와 마찬가지로 아빠가 너무나 자랑스럽습니다. 이런 기회를 만들어 준 '군인가족 수기공모'는 오랫동안 기억에 남을 것입니다.

아빠 : 김홍중 원사(공군 29전대)
엄마 : 이상례
딸 : 김주혜
동생 : 김주희, 김주란

반 군인으로 살아가기

영호야! 인간에게 있어서 고향이란 도대체 무엇일까? 학교 선생님께서는 "고향이란 인간이 인식하는 최초의 공간"이라고 하셨어. 즉, 인간은 고향을 통해 자아를 인식하고, 사회를 인식하며, 조국을 인식한다는 뜻이겠지. 물론 인간에게 있어서 모든 인식은 고향을 바탕으로 하여 이루어지니까 맞는 말일 거야. 하지만 내 생각에는 '고향이란 어머니 젖내음처럼 영원한 안식처일 뿐만 아니라 복잡 다양한 현실을 지탱해 주는 보이지 않는 힘'이라고 생각해. 왜냐하면 고향이라는 단어는 따뜻하고 편안한 이미지를 가지고 있기 때문일 거야. 그래서 고향은 생각만으로도 우리에게 어머니 품처럼 안락한 느낌을 주는 거겠지? 따라서 객지에서 힘들게 생활하는 사람들은 고향 생각을 하며 잠시나마 피곤을 잊는 것 아니겠어? 분명 도시의 회색빛이 주는 억압과 강요에 지친 그들에게 녹색의 향취는 피로회복제가 틀림없을 거야.

영호야! 고향은 생각만 해도 마음이 편안해지는 안식처지만, 나에게는 불행히도 고향에 대한 추억이 별로 없단다. 왜냐하면 태어나기는 대전의 한 병원에서 태어났지만, 7개월 만에 다시 경남 고성으로 이사를 하였고, 일 년 만에 또다시 충북 증평, 그리고 충남 부여, 서울, 대구 등 아버지의 부임지를 따라 평균 일 년에 1회씩, 그러니까 지금까지 무려 20회나 이사를 하다 보니 딱히 고향이라고 할 만한 곳이 없단다. 하지만 어렴풋이 기억나는 곳은 충남 부여에서의 생활인데, 집 근처에 커다란 강이 있었고, 그곳에서 누나와 물장구치며 놀았지. 한번은 강물에 휩쓸려 신발을 떠내려 보냈던 기억이 있는데, 얼마나 놀랐던지……. 비록 어머니께서는 괜찮다고 하셨지만 아마도 그날의 일은 나에게 꽤나 큰 충격이었으므로 고등학생이 된 지금까지도 내 뇌리에 남아 있단다.

영호야! 언젠가 너는 단조로운 일상을 깨기 위해 다른 학교로 전학 가고 싶다고 말한 적이 있지? 물론 학교 옮기는 것은 새로운 세계를 만날 수 있고 또한 많은 친구를 사귈 수 있다는 좋은 점도 있지만, 그에 반해 나쁜 점이 더 많단다. 특히 나와 같이 전학을 많이 다닌 학생들이 공통적으로 느끼는 것이지만, 항상 긴장 속에서 학교생활을 해야 한다는 거야. 너도 알겠지만 나는 초등학교 여섯 번과 중학교 세 번, 고등학교 한 번을 전학했단다. 그러다 보니 친구를 사귈 만하면 다시 헤어졌고, 지금까지 마음을 터놓고 이야기할 수 있는 친구는 별로 없는 것 같구나. 특히 일 년에 두 번씩이나 전학한 중학교 때엔 정말 견디기가 힘들었어. 영호야! 너 텃세라는 것 알지? 서울에서 안양에 있는 중학교로 전학 갔을 때의 일인데, 전학생이 오면 으레 물어보는 질문 있잖아? "공부는 잘하니?", "싸움은 잘해?" 등등. 그래서 "어, 그래. 지난번 학교에서 5등 했으니까 여기서도 그 정도는 하지 않겠어? 그리고 태권도 삼 년 정도 했지만 친구들과 싸워 본 적은 없단다."라고 대답했더니만, 나의 이런 태도가 거기 있는 친구들에게는 무척이나 거만하고 못마땅했었나 봐. 담임선생님께서는 새로 전학 온 친구와 사이좋게 지내라고 말씀하셨지만, 다들 반응은 '재수 없다'는 식이었고, 심지어 슬슬 시비를 걸어오는 녀석들도 있었지 뭐니.

영호야! 생각해 봐라. 중학교 때엔 다들 혈기가 왕성하고, 무시하거나 참는 것에도 한계가 있는 나이잖아? 그러지 않아도 환경이 바뀌어 무척이나 스트레스를 받고 있었던 터인데……. 드디어 나를 향한 비난이 일정 수위를 넘어서자 결국 주먹을 들게 되었단다. 가장 설치는 녀석 중 한 녀석을 향하여 주먹을 날렸는데, 글쎄·나는 별로 힘없이 때렸는데도 한 방에 나가떨어지는 것 있지? 그것으로 평정은 되었지만, 결국 아버지께서 학교로 호출되시는 불상사가 일어나고 말았단다.

영호야! 대부분의 아버지가 그러하듯이 우리 아버지도 무척이나 무뚝뚝하셔. 그런데 부전자전이라고, 나 또한 감정 표현을 제대로 못하는 편이다 보니, 그때까지 아버지와의 관계는 늘 썰렁했지 뭐니.

중학교에 입학할 때까지만 해도 아버지가 그저 무섭다는 고정관념 밖에는 없었어. 그런데 아버지가 자식의 일로 처음 학교에 호출되신 날, 나는 아버지의 나약함을 처음 보았단다. 그렇게 강인하고 의젓했던 아버지셨지만 담임선생님과 내게 맞은 학생 부모 앞에서는 연신 머리를 조아리며 어쩔 줄을 모르셨어. 자식이 도대체 뭐라고……. 총알이 빗발치던 싸움터에서도 눈 하나 깜짝 안 하시던 아버지셨지만 자식의 문제 앞에서는 결국 고개를 떨어뜨리고 마셨어. 교무실에서 나오시는 아버지를 보고 "아버지, 제가 잘못했어요."라고 말씀드리며 눈치를 살피자, 씨익 웃으시며 "난 괜찮다. 친구들과 사이좋게 지내고, 공부 잘해라."라며 뚜벅뚜벅 교문을 나가셨지 뭐니. 물론 아버지께서는 할 말이 많으셨겠지만 내가 주눅이 들까 봐 말씀을 안 하셨을 거야. 하지만 영호야! 아버지는 비록 나에게는 말씀을 안 하셨지만 아버지의 말없는 눈빛에 담긴 사랑이 얼마나 큰지를…… 그리고 아버지가 삶에 겨워 홀로 흘리시는 눈물이 얼마나 강한 것인지를 잘 알고 있단다. 왜냐하면 직업군인의 길이 아무리 힘들고 고통스러워도 당신의 길을 가면서는 결코 눈물을 흘리지 않던 아버지가 자식의 문제 앞에서는 여지없이 움츠러들고 말았기 때문이야.

영호야! 그 사건 이후 내가 어떻게 변했는지 아니? 나는 그저 평범한 중학생이 되고자 고개를 숙이기로 했어. 쉬는 시간에 머리를 툭툭 치고 지나가는 녀석들에 대해서도, 들으라는 듯이 무슨 욕지거리를 하는 녀석들에 대해서도 난 대응을 하지 않았어. 왜냐하면 더 이상 아버지에게 실망을 끼쳐드릴 수는 없었기 때문이야.

영호야! 너는 길거리에서 군인아저씨들을 보면 어떤 생각이 드니? 절도와 강인함, 그리고 일목요연한 언변 등이 생각나지 않겠어? 나는 지금까지 십수 년을 부대 안에 있는 관사에서 생활하다 보니 그들의 생활에 대하여 조금은 알고 있단다. 우리 아버지도 무려 30년 가까이 군대생활을 하셨지만 절도와 강인함에 있어서는 절대로 흐트러지시는 법이 없었어. 언제나 20대 청춘을 유지하셨지 뭐니. 그런데 영호야! 지난여름 아버지와 함께 대중목욕탕에 갔다가 매우 놀란 적이 있단다. 그날 각자 머리를 감고 몸을 씻다가 아버지께서 먼저 내 등을 밀어 주셨어. 그리고 나도 아버지 등을 밀어드리게 되었는데, 글쎄 아버지가 등을 돌려대고 앉으셨을 때 나는 내 눈을 의심하지 않을 수 없었단다. 왜냐하면 지금까지 흰 머리카락이 약간은 있으신 줄 알았지만 이렇게 많으실 줄은 몰랐기 때문이야. 그리고 왜소해지신 뒷모습은 내가 어렸을 적에 한 팔로 나를 번쩍 들어올리시고 껄껄 웃으시며 당당하셨던 그 모습이 전혀 아니었지 뭐니. 그래서 나는 그날 흐르는 눈물을 훔치느라 애를 먹었단다. 하지만 그 상황에서 "아버지, 항상 건강하셔야 돼요."라고 말씀드려야 하는 건데 그러지를 못한 것을 보면 나는 분명 바본가 봐.

영호야! 그나저나 우리 아버지는 왜 이렇게 많이 늙으신 걸까? 정말 속상해 죽겠어. 그리고 어쩌다가 아버지의 발을 보고 있노라면 서글플 때가 많이 있단다. 두껍고 노랗게 변형된 발톱 때문인데, 하루 종일 공기가 통하지 않는 전투화를 신어야 하고, 또한 힘든 훈련을 많이 하시다 보니 양쪽 엄지발가락 발톱이 모두 빠지고 다시 나기를 여러 번 하셨어. 하지만 나는 이렇게 고생을 하시는 아버지께 늘 투정만 부렸으니 정말 바보가 틀림없겠지?

영호야! 지난번 병영체험 때 부대 내에 있는 관사에서 살면 군인아저씨들도 매일 만나고, 또한 무섭지도 않아서 좋겠다고 했었지? 물론 네가 말한 대로 관사에서 살면 좋은 점도 많단다. 하지만 '사람은 사회적 동물'이라고 하잖아? 서로 어울려 살아야 하는데, 부대가 주로 첩첩산중에 있는 경우가 많아서 관사 역시 민가와 떨어져 있는 경우가 대부분이란다. 거기다가 교통도 불편하여 학교가 끝나면 친구들과 놀지도 못하고 집에 가기가 바쁘단다. 그러니까 군 관사에서는 눈만 뜨면 만나는 사람들, 그들은 학교 친구나 민간인이 아니라 바로 군인아저씨들이었어. 그러니 한번 생각해 봐. 동네에 모여 사는 친구들이 얼마나 부러웠겠니? 하지만 이 문제는 나보다도 어머니가 더욱 심각했단다. 왜냐하면 그래도 나는 학교 가면 친구들이라도 만나잖아. 그런데 어머니는 하루 종일 혼자 계실 때가 많았어. 그러니 말은 안 하셨지만 얼마나 힘이 드셨을까? 그렇지만 어머니께서는 비록 국가의 안전보장과 국토 방위하는 군인은 아니셨지만, 그래도 이런 일을 하는 아버지를 내조한다는 사명감으로 버티셨을 거야. 정말 존경스럽지 않니?

영호야! 초등학교 저학년 시절, 한번은 학교에서 여름방학 과제로 곤충 채집과 식물 채집을 내 주었어. 나는 부담이 되는 이 숙제들을 하루 빨리 해치울 생각으로 방학이 시작되는 날부터 곤충 채집을 시작했지. 하지만 매미며 잠자리 등이 내 손에 잡힐 리가 없었어. 다행히 내가 잠자리채를 들고 나가면 군인아저씨들이 따라다니면서 곤충들을 잡아주었지 뭐니. 그래서 나는 일주일 만에 비누상자에 곤충 채집을 완성할 수 있었단다. 비록 엉성하긴 하지만 말이야. 그때 매미와 잠자리를 잡아주던 김 상병 아저씨와 강 일병 아저씨, 지금 어디에서 무엇을 하며 살고 계신지 한번 만나 보았으면 좋으련만……상당히 어려운 일이겠지?

영호야! 식물 채집도 꽤나 부담이 되는 과제였는데, 그것은 퇴근 후에 아버지께서 도와주셨어. 날씨가 선선한 저녁시간을 택해 나는 아버지와 함께 작은 모종삽과 바구니, 그리고 신문지 뭉치를 들고 부대 인근에 있는 야산으로 올라갔어. 그리고 나는 질경이랑 토끼풀 등 내 마음에 드는 식물들만 골라 뽑았는데, 아버지께서는 내가 이름도 모르는 식물들은 잘도 고르셨어. 이윽고 바구니가 가득 차자 아버지와 나는 편평한 풀밭에 자리를 잡고 앉아서, 지금까지 캔 식물들을 신문지 위에다가 가지런히 올려놓았지 뭐니. 그리고 아버지께서는 식물 하나하나에 대해서 이름도 가르쳐주시고, 또한 그 식물들의 생리에 대해서도 설명을 해주셨단다. 그런데 한창 흥이 나서 설명을 해주시는 아버지를 쳐다보니 마치 학생들을 인솔하고 야외 실습 나온 우리 선생님 같았지 뭐니. 그리고 그날 저녁 아버지는 식물들의 잎과 뿌리를 잘 손질하여 신문지 사이에 넣은 후, 무거운 맷돌로 눌러 놓으셨어. 나는 그날 무섭게만 느껴지던 아버지가 이렇게 자상한 면도 있다는 것을 알고 참으로 흐뭇했었단다.

그리고 영호야! 너는 연탄보일러 아니? 지금은 형편이 좋아져 군 관사에도 지역에 따라 가스보일러나 기름보일러를 사용하지만, 내가 초등학교에 입학하기 전까지만 해도 관사에서는 연탄보일러를 사용했어. 매년 가을만 되면 어김없이 월동 준비로 관사 뒤에 있는 조그만 창고에 연탄을 가득 쌓아놓았는데, 놀이터가 별도로 없던 관사 지역 꼬맹이들에게는 연탄창고가 그들의 놀이터가 되곤 했단다. 영호야! 너도 알다시피 연탄가루는 한번 몸에 묻으면 잘 지워지지도 않잖아. 그런데 우리는 군인아저씨들이 훈련할 때 얼굴에 바르는 위장크림을 흉내 내어, 연탄가루에 침을 섞은 후 손과 얼굴에 바르곤 했단다. 그러니 한번 생각해 봐. 그때 그 모습이 얼마나 우습냐? 우리는 서로의 얼굴을 보고 낄낄 웃었지만, 결국 어머니께는 꾸중의 대상이 되었단다. 결국 손을 호호 불며 어머니께서는 내 몸을 씻기기 위해 연탄불에 물을 데우셨고, 아울러 내게 철저히 당부하셨어. "다시는 그러지 말라."고……. 왜냐하면 연탄가루는 위장크림과 달라서 피부가 다칠 수가 있대.

그런데 영호야! 연탄보일러는 지금 생각해도 너무나 불편했어. 생각해봐. 추운 겨울날 어머니께서는 매일 새벽, 잠을 몰아 내시고 일어나 꺼져 가는 연탄불을 갈고 다시 잠자리에 드는 수고스러움을 감수해야만 했단다. 그리고 연탄가스가 방으로 조금이라도 들어오는 날에는 하루 종일 머리가 멍멍하기도 했어. 심지어 어느 날은 전날 먹은 저녁밥을 토해 내기도 했단다. 그러니 그 당시에는 얼마나 고생했겠니? 그런데 지금은 세월이 흘러, 군 관사에도 가스보일러나 기름보일러를 사용하게 되었으니 얼마나 행복한 거니?

340

영호야! 그런데 너는 직업군인을 어떻게 생각하니? 물론 너도 군인은 '대한민국의 안전보장과 국토방위의 신성한 의무를 수행하는 사람들'이라는 것쯤은 알 거야. 특히 직무 특성상 항시 위험에 노출되어 있고, 낯설고 열악한 전후방 곳곳에서 투철한 사명감 하나로 복무하고 있는 사람들이잖아. 그래서 우리들이 편안하게 생활도 하고, 공부도 하며, 여가를 즐길 수 있는 것 아니겠어?

그런데 영호야! 최근 들어 직업군인들이 각종 비리와 군기 문란 사고에 연루되어 국민들의 군에 대한 신뢰를 손상시키는 경우가 종종 발생하고 있어 군인가족들을 슬프게 한단다. 이러한 사고가 발생하는 원인은 사회 일각의 도덕적 해이와 물질만능주의, 이기주의적 경향이 군 내부에도 영향을 미치고, 직업군인들이 그러한 가치관에 오염되고 있기 때문이란다. 그러나 무엇보다도 중요한 것은 군과 사회 간의 발전 격차가 심화됨에 따라서 직업군인 스스로 군을 낙후된 집단으로 인식하는 경향이 있기 때문인데, 그동안 직업군인들이 가지고 있던 높은 자부심과 긍지가 물질만능주의 앞에 흔들리고 있는 것 같아 매우 안타깝단다. 한번 생각해 봐. 직업군인은 국토방위의 신성한 역할과 의무에서 보람을 찾아야 하는데, 보수나 문화혜택을 가지고 가치판단의 기준으로 삼는다면 누가 직업군인을 존경하겠어. 그렇게 생각하지 않니?

영호야! 세상이 변하고 인심도 따라 변하고, 군인들의 생활도 변한 것은 틀림없단다. 그러나 아무리 세상이 변하고 물질만능주의가 횡행한다고 해도 분명한 게 있다면 국방은 튼튼히 해야 하며, 국방은 군인들의 애국심과 충성심으로부터 나온다는 사실이야. 따라서 대한민국이 존재하는 한, 군인도 존재해야만 하겠지. 영호야! 너는 어떻게 생각할지 모르지만 분명 군인들은 자신을 지킬 뿐만 아니라 대한민국을 지키는 사람들이란다. 지금 이 순간에도 최전방 경계초소에서는 아침 이슬에 옷을 적시며, 두 눈을 부릅뜨고 경계 근무에 열심인 국군 장병들이 있다는 사실을 기억해야 한단다. 그래서 나는 이세상이 어떻게 변하고, 또한 누가 뭐라고 하던 간에 그들의 애국심과 충성심으로 대한민국의 하루하루가 지탱되고 있다는 말을 믿고 싶단다. 영호야! 너도 나와 같은 생각이길 바란다.

신현상
육군 66사단 신영균 중령 가족

오늘 아침에도 어김없이 기상나팔 소리에 잠을 깼다. 이제 또다시 하루가 시작되는 것이다. 비록 군복을 입은 군인은 아니지만 군인이라는 직업을 가진 아버지 덕분에 반 군인으로 살아가고 있다.

반백의 아버지, 늘 청춘이실 것만 같았던 아버지께서도 세월을 속일 수는 없는 것 같다. 그래서인지 요즘 들어 아버지는 무척 수척해 보이시고, 또한 피곤해 하신다. 새벽이나 밤늦게 들어오셔서 코를 골며 주무시는 아버지의 모습을 볼 때마다 내 마음이 너무 아프다. 하지만 아버지께서는 아무리 힘이 드셔도 지금의 직업이 제일 좋으시다며 아무런 불평도 안 하신다. 나는 아버지의 그런 모습을 볼 때마다 아버지가 직업군인이라는 것이 참으로 자랑스럽다. 나라를 사랑하시는 그 마음, 언제나 나라의 안전 보장을 위해 노력하시는 모습 등이 아버지와 함께 있기 때문이다.

나 또한 이제부터 반 군인의 길이 어렵고 힘들지라도 헌신과 봉사를 가치 덕목으로 하는 직업군인의 자녀로서 나에게 주어진 소임을 다할 것이다. 아버지께서 하시고 있는 일들이 누군가는 반드시 해야 하는 소중한 일임을 깨닫고, 항상 아버지께 감사하는 마음으로 열심히 공부해야겠다고 다짐해 본다.

아빠 : 신영균 중령(육군 66사단)
아들 : 신현상(가평고등학교 2년)

또 다른 세상의 연가

1판 1쇄 인쇄 2007년 4월 18일
1판 1쇄 발행 2007년 4월 23일

지은이 | 군인가족 28인
엮은이 | 국방일보
발행인 | 박근섭
편집인 | 방지선
책임편집 | 최가영, 목유경, 임수현
펴낸곳 | 민음사출판그룹 (주) 황금나침반

출판등록 | 2005. 6. 7. (제16-1336호)
주소 | 135-887 서울 강남구 신사동 506 강남출판문화센터 4층
전화 | 영업부 (02)515-2000 / 편집부 (02)514-2642 / 팩시밀리 (02)514-2643
홈페이지 | www.gdcompass.co.kr

값 12,000원

ⓒ 국방홍보원, 2007. Printed in Seoul, Korea

ISBN 978-89-92483-14-8 03810